奥数难题谁怕谁

小学数学应用题解题技巧集中展示

王本龙◎编著

湘潭大學出版社
XIANGTAN UNIVERSITY PRESS

图书在版编目（CIP）数据

奥数难题谁怕谁 : 小学数学应用题解题技巧集中展示 / 王本龙编著. -- 湘潭 : 湘潭大学出版社, 2024. 10. -- ISBN 978-7-5687-1545-4

Ⅰ. G624.503

中国国家版本馆 CIP 数据核字第 2024NM5123 号

奥数难题谁怕谁——小学数学应用题解题技巧集中展示

AOSHU NANTI SHUIPASHUI——XIAOXUE SHUXUE YINGYONGTI JIETI JIQIAO JIZHONG ZHANSHI

王本龙 编著

责任编辑：肖　萑
封面设计：李　平
出版发行：湘潭大学出版社
社　　址：湖南省湘潭大学工程训练大楼
电　　话：0731-58298960 0731-58298966（传真）
邮　　编：411105
网　　址：http://press.xtu.edu.cn/
印　　刷：长沙印通印刷有限公司
经　　销：新华书店
开　　本：787 mm×1092 mm 1/16
印　　张：17.5
字　　数：286 千字
版　　次：2024 年 10 月第 1 版
印　　次：2024 年 10 月第 1 次印刷
书　　号：ISBN 978-7-5687-1545-4
定　　价：69.80 元

前　言

我们中华民族自古以来就有着重视孩子教育的优良传统，家长们都期望孩子长大后能成为对国家有用的人才。然而，由于每个家庭的培养方式不同，最终的效果也参差不齐。

本书专为家长辅导孩子以及孩子自学成才而著。

一、注重解题技巧，助力家长辅导与孩子自学

书中不仅提供了每道题目的正确答案，更着重分析了为什么是这个答案。通过这些分析，家长能够轻松理解并辅导孩子，孩子也能更好地理解和自学，从而达到事半功倍的学习效果。

二、题型全面，涵盖小学数学应用题全部难点

小学数学主要难在应用题，本书将小学数学应用题汇集于一体，并按题型进行分类，每种题型都选取了具有代表性的题目，集中展示解题技巧。其中包含相当一部分难题，达到了省、市及国家级小学奥数竞赛题的水平。通过深入浅出的分析，这些难题变得易于理解，不再神秘。

三、创新解题方法，提升思维能力

本书向读者推荐了许多创新的解题方法，这些方法既准确又快捷,能够拓展读者的思维能力,为中学的数、理、化学习奠定坚实基础。

四、好书进家庭,益处多多

借助本书,家长辅导孩子将更加轻松,孩子也能锻炼自主学习的能力。这既节省了家庭经济开支,又免除了孩子外出求学的路途奔波之苦。家人携手攻克难题,增进家庭温馨。真可谓一书在手,幸福长久,家长辅导有方,孩子优秀出众。

本书得到了众多家长的热心支持和宝贵建议,同时借鉴了《全国金牌奥赛试题汇编》和《历年全国小学数学奥林匹克题解》中的部分题型进行创新。在此,作者深表感谢。

尊敬的读者,本书若有不足之处恳请各位读者不吝赐教,您可以拨打联系电话:15211137391。让我们共同为孩子们的健康成长做点力所能及的事情。

本书作者

目录

Contents

第1讲　鸡兔同笼趣味多

鸡兔同笼问题的基本题型是已知一个笼里鸡跟兔的总头数与总脚数，要求求出笼里有几只鸡和几只兔。解答这类问题时，一般可以先假设笼子里全是鸡或者全是兔，再通过脚的数量变换来求得鸡跟兔的实际数量。不过，鸡兔同笼是一种题型，在具体题目中，不一定会出现鸡跟兔的名称，但类似题型的解题方法基本相同。

1 笼子里有若干鸡和兔，一共有 12 个头，38 只脚，求鸡跟兔各有几只？

【解题思路】因为鸡与兔都是 1 个头，从头的数量上是找不到答案的，所以只能从脚的数量来分析。先假设笼子里全是兔子，每只兔子有 4 只脚，那么笼子里应该有脚 4×12=48(只)。现在为什么只有 38 只脚，少了 10 只脚呢？因为笼子里关的不全是兔子，而是有一些鸡在里面，刚才假设中是把每只鸡也当作有 4 只脚来计算的，所以才出现实际跟假设差 10 只脚的情况。实际每只鸡要比每只兔少 2 只脚，这就说明笼子里鸡有 10÷2=5(只)，兔有 12−5=7(只)。

可列式计算：

假设笼子里全是兔子则有脚：4×12=48(只)

鸡的只数：(48−38)÷2=5(只)

兔的只数：12−5=7(只)

验算：5+7=12(个)头，5×2+7×4=38(只)脚 符合题意

答：笼子里有 5 只鸡，7 只兔。

此题也可假设笼子里全是鸡来解题，思路是类似的。

2 笼子里有鸡与兔共 90 只，鸡的脚比兔的脚总数多 60 只，求笼子里鸡跟兔各有多少只？

【解题思路】因为鸡的脚要比兔的脚总数多 60 只，也就是 $60\div2=30$（只）鸡，假设暂时把这 30 只鸡拿到笼子外面来，那么，笼子里鸡与兔子还剩 $90-30=60$（只）。这 60 只里鸡跟兔子的脚数是相等的，因为 2 只鸡与 1 只兔的脚的数量相等，就把 2 只鸡跟 1 只兔看成一组，用 $60\div3=20$（组），所以笼子里有鸡 $20\times2=40$（只），有兔 $20\times1=20$（只）。再把笼子里的 40 只鸡加上暂时拿到笼子外面的那 30 只鸡，就能回答题目中的问题了。

可列式计算：

假设先拿走 30 只鸡：$90-30=60$（只）

剩下的按 2 只鸡跟 1 只兔分为一组：$60\div(2+1)=20$（组）

鸡的只数：$20\times2+30=70$（只）

兔的只数：$20\times1=20$（只）或者 $90-70=20$（只）

验算：$2\times70-4\times20=60$（只）脚 符合题意

答：笼子里有 70 只鸡，20 只兔。

3 100 个和尚吃 100 个包子，大和尚 1 人吃 3 个，小和尚 3 人吃 1 个，求大和尚跟小和尚各有多少人？

【解题思路】如果把 1 个大和尚跟 3 个小和尚放在一个组里面，则不是刚好 4 个和尚吃了 4 个包子吗？再求 100 个和尚有多少个这样的小组，然后就能求出大和尚与小和尚的人数来。现在把和尚分成 $100\div4=25$（组），那么大和尚有 $1\times25=25$（人），小和尚有 $3\times25=75$（人）。这 25 个大和尚吃了 $25\times3=75$（个）包子，75 个小和尚吃了 $75\div3=25$（个）包子。$25+75=100$，这正好是 100 个和尚吃掉 100 个包子。

可列式计算：

1 个大和尚跟 3 个小和尚为一组：$100\div(3+1)=25$（组）

大和尚人数：$1\times25=25$（人）

小和尚人数：$3\times25=75$（人）

验算：$3\times25+75\div3=100$（个）包子 符合题意

答：大和尚有 25 人，小和尚有 75 人。

4 王叔叔选择在晴天与雨天植树，他每个晴天植树 20 棵，每个雨天植树 12 棵，他在 15 天的时间里，共植树 260 棵。求在这 15 天时间里，有几天是雨天？几天是晴天？

【解题思路】只要把雨天当作鸡，把晴天当作兔来解答就行了。假设这 15 天全是晴天，那么王叔叔可植树 15×20＝300（棵），可是，实际植树是 260 棵，比假设的少 300－260＝40（棵），说明这 15 天不全是晴天；因为王叔叔雨天要比晴天少植树 20－12＝8（棵），所以可求出其中的雨天为 40÷8＝5（天），晴天为 15－5＝10（天）。

可列式计算：

假设全是晴天则比实际植树多：15×20－260＝40（棵）

雨天：40÷（20－12）＝5（天）

晴天：15－5＝10（天）

验算：20×10+12×5＝260（棵）符合题意

答：这 15 天中，有 10 天是晴天，有 5 天是雨天。

5 有一种九头鸟，它有 9 个头，1 条尾巴；还有一种六尾鸟，它有 1 个头，6 条尾巴。笼子里关着这两种鸟，它们共有 135 个头，174 条尾巴，求笼子里各有九头鸟跟六尾鸟多少只？

【解题思路】先假设这 135 个头都是九头鸟的，那么就只有 135÷9＝15（条）尾巴，比 174 条尾巴少了 174－15＝159（条），这是将六尾鸟当成九头鸟计算出来的结果。现在可以这样做，将 9 只六尾鸟去替换 1 只九头鸟出来，这时笼子里鸟的头数不会变，尾巴数却变化了，这样换一次，就增加了 6×9－1＝53（条）尾巴；到这里就好办了，只要求出少了的 159 条尾巴需要替换几次就行了；因为 159÷53＝3（次），所以说，笼子里原有六尾鸟 9×3＝27（只），再计算出 135－27＝108（个）头，这就是九头鸟头的个数；因为 1 只九头鸟有 9 个头，所以九头鸟的只数为 108÷9＝12（只）。笼子里有 12 只九头鸟，27 只六尾鸟。

可列式计算：

假设全是九头鸟的尾巴数：135÷9＝15（条），比 174 条尾巴少了：174－15＝159（条）

用 9 只六尾鸟换 1 只九头鸟的尾巴增加数：6×9－1＝53（条）

需要替换的次数：159÷53=3（次）

原有六尾鸟：9×3=27（只）

原有九头鸟：（135−27）÷9=12（只）

验算：9×12+1×27=135（个）头，1×12+6×27=174（条）尾巴 符合题意

答：笼子里有九头鸟 12 只，有六尾鸟 27 只。

6 有红、黄两种颜色的文具盒，共装钢笔 145 支；如果将两种文具盒的数量互换后，则只能装钢笔 135 支。已知每个红色文具盒能装钢笔 5 支，每个黄色文具盒能装钢笔 3 支，求红、黄两种颜色的文具盒各有多少个？

【解题思路】这道题目跟鸡兔同笼问题是同类型的，只是把 2 只脚跟 4 只脚换成了 3 支钢笔跟 5 支钢笔而已。因为红色文具盒要比黄色文具盒能多装 5−3=2（支）钢笔，所以从两种文具盒调换后所装的钢笔数可以知道，红色文具盒要比黄色文具盒多（145−135）÷（5−3）= 5（个）；确定了这个数字后，再接着往下分析，如果将这多出来的 5 个红色文具盒及装的钢笔暂时放在一旁，那么剩下的两色文具盒数量相等且一共装有钢笔 145−5×5=120（支），现在将一红一黄的两个文具盒看成一组，每组就装有钢笔 5+3=8（支），再用 120÷8=15（组），就知道黄色文具盒是 15 个；这样就能算出红色文具盒的个数来。

可列式计算：

红色文具盒比黄色文具盒多：（145−135）÷（5−3）= 5（个）

黄色文具盒：（145−5×5）÷（5+3）= 15（个）

红色文具盒：15+5=20（个）

验算：5×20+3×15=145（支）或者 5×15+3×20=135（支） 符合题意

答：红色文具盒有 20 个，黄色文具盒有 15 个。

7 有一次，某学校的老师跟学生共 88 人去山上种树，老师每人种 4 棵，学生每人种 1 棵，这次他们一共种了 172 棵树，求这次参加种树的老师跟学生各有多少人？

【解题思路】按照已知条件来分析，一个老师种 4 棵，一个学生种 1 棵，假设这 88 人全部是老师们的话，那么就可以种树 88×4=352（棵）；比实际种树数多出了 352−172=180（棵），这是因为在假设中，把学生当成老师来看待的，所

以学生是 180÷(4−1)=60(人)，老师就是 88−60=28(人)。

可列式计算：

假设这些树全部由老师来种，可种树：88×4=352(棵)

比实际种树数多：352−172=180(棵)

学生人数：180÷(4−1)=60(人)

老师人数：88−60=28(人)

验算：28×4+60×1=112+60=172(棵) 符合题意

答：这次参加种树的老师有 28 人，学生有 60 人。

8 有同学将一些石子装进不同的盒子里。甲盒里装 8 个小石子，乙盒里装 6 个小石子跟 2 个大石子，丙盒里装 6 个小石子跟 1 个大石子。现有这三种盒子共 17 个，里面共装有小石子 120 个跟大石子 11 个，求甲、乙、丙这三种盒子各有多少个？

【解题思路】这也是鸡兔同笼类型的题目，只是将鸡跟兔变成了三种盒子而已。因为这三种盒子里都装有小石子，所以先在小石子这里寻找突破口。假设这三种盒子全是装着 6 个小石子的，那么就有小石子 17×6=102(个)，比题目中的 120 个少了 120−102=18(个)，这是因为将装 8 个小石子的甲盒当作装 6 个小石子的乙、丙两种盒子来看的，所以甲盒就是 18÷(8−6)=9(个)；那么，装 6 个小石子的乙、丙盒的个数和就是 17−9=8(个)；知道了甲盒的个数，现在可以进行下一步计算了，再把这 8 个盒子假设全部装了 2 个大石子，那么共有大石子 8×2=16(个)，比实际装有的 11 个大石子多了 5 个，这是因为将装一个大石子的丙盒也当做装两个大石子的乙盒来计算的，所以丙盒就是 5÷(2−1)=5(个)；知道了丙盒的数量，则乙盒就是 8−5=3(个)。

可列式计算：

假设这三种盒子全部装 6 个小石子：17×6=102(个)，

比实有的 120 个少：120−102=18(个)

甲盒个数：18÷(8−6)=9(个)

乙、丙盒个数和：17−9=8(个)

假设这 8 个盒子全部装 2 个大石子：8×2=16(个)

比实际大石子多：16−11=5(个)

丙盒个数：$5\div(2-1)=5$(个)

乙盒个数：$8-5=3$(个)

验算：3种盒共装小石子$8\times9+6\times(5+3)=120$(个)，装有大石子$2\times3+1\times5=11$(个) 符合题意

答：甲、乙、丙盒分别是8个、3个跟5个。

9 甲、乙两人扔石头比赛，规定每次击中前面树干时加10分，击不中时减6分。两人各投击了8次石头，共得112分，其中甲比乙多得16分，求甲、乙两人各击中了几次树干？

【解题思路】根据题意，可以先求出每人的得分，再进行下一步计算。将$(112+16)\div2=64$(分)，这就是甲的得分数；$(112-16)\div2=48$(分)或者$112-64=48$(分)这就是乙的得分数。

知道了两人各自的得分数以后，就可以用鸡兔同笼的方法来解题了。假设甲8次全击中，他应得80分，实际少得$80-64=16$(分)，说明他不是8次全中；因为一次没击中，不但不能加10分，而且要减少6分，这一加一减就比击中时少得16分了，现在正好少$16\div16=1$(次)，说明甲击中7次，1次没中。

再假设乙的8次全中，他应得80分，但他只得了48分，$80-48=32$(分)，说明乙也没有全中；用$32\div16=2$(次)，就是说，乙击中树干6次，2次没中。

可列式计算：

甲得分：$(112+16)\div2=64$(分)

乙得分：$(112-16)\div2=48$(分)

甲没击中次数：$(10\times8-64)\div(10+6)=1$(次)

乙没击中次数：$(10\times8-48)\div(10+6)=2$(次)

验算：甲得分：$7\times10-1\times6=64$(分)，乙得分：$6\times10-2\times6=48$(分)，甲、乙得分之和：$64+48=112$(分)，甲比乙多：$64-48=16$(分) 符合题意

答：甲、乙两人分别击中了7次与6次树干。

这里要特别注意，在计算时，为什么一次没击中要减少16分，在验算时只减少6分呢？因为在计算时，是把没击中的次数假设成击中的次数来计算，在假设击中时已经虚加了10分，再加上它在比赛规则中要扣的6分，不正好是虚加了16分吗？验算是按比赛规则、按实际数字来计算的。

10 一张试卷上有 20 道题，规定答对一道题得 5 分，答错一道题扣 2 分。小刚考后得了 86 分，求小刚一共答对了多少道题？

【解题思路】假设小刚这 20 道题目全部做对了，他应该得 5×20＝100(分)，现在是 86 分，说明他做错了(100−86)÷(5+2)＝2(道)。

可列式计算：

假设小刚全做对应该得：5×20＝100(分)

小刚做错：(100−86)÷(5+2)＝2(道)

小刚做对：20−2＝18(道)

验算：5×18−2×2＝86(分) 符合题意

答：小刚一共做对了 18 道题。

11 某超市从批发市场购进 220 支钢笔，共付款 2 160 元。三种型号的钢笔单价分别为 7 元、9 元与 12 元，已知 7 元跟 9 元的钢笔购进数量相同，求三种钢笔各购进多少支？

【解题思路】此题类似鸡兔同笼问题，把购进总数当作鸡、兔的头，把价格当作它们的脚。但这里的价格有 3 种，鸡、兔的脚只有 2 种，怎样才能将 3 种不可比的数字变成 2 种可比的数字呢？这里 7 元跟 9 元的钢笔购进数量相同，可以求出平均价后(这里特别提示一下，只有当两种物品数量相等时，才可以直接用两种价格相加后除以 2 来求平均值)，把它俩当成一种钢笔来看待，(7+9)÷2＝8(元)；假设这批钢笔的进价都是 8 元，应付款应该是 8×220＝1 760(元)，比实际少付款 2 160−1 760＝400(元)，这 400 元是因为购进一部分 12 元的钢笔才多付出的，那么可以先求出购进 12 元钢笔的数量：400÷(12−8)＝100(支)，再求出另外两种钢笔的购进数量。

可列式计算：

7 元跟 9 元钢笔的平均价：(7+9)÷2＝8(元)

假设钢笔购进价全是 8 元的应付款：8×220＝1 760(元)

比实际少付 2 160−1 760＝400(元)

购进 12 元钢笔的数量：400÷(12−8)＝100(支)

购进 7 元跟 9 元钢笔各自的数量：(220−100)÷2＝60(支)

验算：购进钢笔数 100+60×2＝220(支)

共付款 12×100+7×60+9×60=2 160(元) 符合题意

答：购进 12 元的钢笔 100 支，9 元与 7 元的钢笔数都是 60 支。

12 某班有同学 42 人参加数学考试，试卷上有 6 道题，他们共答对 155 道题，其中做对 1 道题的有 4 人，做对 4 道题的有 1 人，做对 6 道题的有 7 人，做对 2 道题跟 3 道题的人数一样多，没有人交白卷，求做对 5 道题的有多少人？

【解题思路】 这道题目看起来有一点复杂，不要着急，一步一步地分析下去。先把已知做对题目的人数跟做对的题数减出去，那么剩下的人数是 42−7−4−1=30(人)，剩下答对的题是 155−42−4−4=105(道)，这就是说，剩下的 30 个同学共做对了 105 道题；因为做对 2 道题跟 3 道题的人数一样多，可以求出这些同学们平均做对了(2+3)÷2=2.5(道)；现在假设这 30 个同学都做对了 5 道题，就是 5×30=150(道)，但实际上只做对了 105 道题，少做对了 150−105=45(道)，少做对这些题，是因为有部分同学只做对了 2.5 道题，才出现这种情况的。到这里就可以把这些人数计算出来。

可列式计算：

减去已知答对题人数后剩下的人数：42−7−4−1=30(人)

减去已答对题数后剩下的题数：155−42−4−4=105(道)

做对 2 道与 3 道题的同学们平均做对的题数：(2+3)÷2=2.5(道)

假设这 30 个同学都做对了 5 道题：5×30=150(道)

做对 2 道与 3 道题同学的人数和：(150−105)÷(5−2.5)=18(人)

做对 5 道题同学的人数：30−18=12(人)

验算：

考生共做对的题数：5×12+2.5×18+6×7+4+4=155(道)

考生总人数：12+18+7+4+1=42(人) 符合题意

答：做对 5 道题的有 12 人。

13 一汽车司机帮某公司运送花瓶，双方协议，一个花瓶运费 10 元，损坏一个花瓶不但不给运费，还要扣损失费 30 元。司机这一车共运送花瓶 600 个，最后赚得 5 120 元，求这趟运送共损坏花瓶多少个？

【解题思路】这也是一道类似的鸡兔同笼问题。可以假设这次没有损坏一个花瓶，那么司机应得运费 10×600＝6 000(元)，可是他实得 5 120 元，少得了 6 000－5 120＝880(元)；如果损坏一个花瓶，司机不但得不到那 10 元的运费，还得扣掉 30 元，这一减一加就要减少 40 元，现在看这 880 元里有多少个 40 元，就说明损坏了多少个花瓶。

可列式计算：

假设没损坏花瓶应得运费：10×600＝6 000(元)

被扣运费：6 000－5 120＝880(元)

损坏花瓶：880÷(10+30)＝22(个)

答：司机这趟运送共损坏花瓶 22 个。

14 张大爷种了一批大桃树跟小桃树共 22 棵。桃子成熟时，大桃树平均每棵收获桃子 560 个，小桃树平均每棵收获桃子 320 个，一共收获桃子 8 720 个。求张大爷家有大桃树跟小桃树各多少棵?

【解题思路】这是一道类似于鸡兔同笼的应用题。大、小桃树的棵数相当于鸡、兔的头，桃子数相当于鸡、兔的脚。假设张大爷家种的都是大桃树，那么就能收获桃子 560×22＝12 320(个)，现在实际收获 8 720 个，少了 12 320－8 720＝3 600(个)，这是因为将小桃树的桃子当成大桃树的桃子来计算的。而通过这样的数量差，就能求出小桃树的棵数来，用(12 320－8 720)÷(560－320)＝15(棵)。

可列式计算：

假设都是大桃树可收获桃子：560×22＝12 320(个)

比实际多：12 320－8 720＝3 600(个)

小桃树的棵数：(12 320－8 720)÷(560－320)＝15(棵)

大桃树的棵数：22－15＝7(棵)

验算：560×7+320×15＝8 720(个) 符合题意

答：张大爷家有大桃树 7 棵，小桃树 15 棵。

15 某仓库存有一批化肥，需要 57 辆小货车或者 38 辆大货车才能一次性运完，已知每辆大货车比小货车能多装 5 吨，求仓库这批化肥一共有多少吨?

【解题思路】题目中告诉了大、小货车载重量的差别，以及两种型号的货车能一次性拉完货物的车辆数。要想求出这批化肥的总量，就必须求出一种货车的载重量才可以；可以假设用 38 辆小货车来运，看看会剩下多少化肥，或者假设用 57 辆大货车来运，看看会差多少化肥；通过这种假设，就可以求出小货车或大货车的载货量，再进一步求出这批化肥的总量来。

可列式计算：

假设用 38 辆小货车来运，则剩下化肥：5×38＝190（吨）

每辆小货车载货量：190÷（57－38）＝10（吨）

每辆大货车载货量：10+5＝15（吨）

仓库化肥总量：10×57＝570（吨）或者 15×38＝570（吨）

答：仓库这批化肥一共有 570 吨。

16 某学校买进一批篮球、足球跟排球共 34 个，共付款 3 162 元；其中，篮球、足球跟排球的单价分别是 120 元、78 元跟 60 元，又知买进的足球跟排球一样多，求这三种球各买进多少个？

【解题思路】从已知条件中知道，学校买的足球跟排球一样多，可以求出这两种球的平均价格后，将它们看作是一种球来进行计算，这样就是把不可比的数字变成了可比的数字，足球跟排球的平均价是（78+60）÷2＝69（元），知道了这两种球的平均价后，就可以直接运用鸡兔同笼的基本计算方法来解题了；假设学校买的全是篮球，就要付款 120×34 ＝4 080（元），比实际多 4 080－3 162＝918（元），这 918 元是将足球、排球的平均价格当作篮球价格计算时才多出来的钱数，可以借此求出买进足球跟排球的个数和，用 918÷（120－69）＝18（个）；于是，到这里就能求出篮球的个数来。

可列式计算：

假设学校买的全是篮球，需付款：120×34 ＝4 080（元）

比实际多付款：4 080－3 162＝918（元）

足球跟排球的个数和：918÷（120－69）＝18（个）

篮球的个数：34－18＝16（个）

足球（排球）的个数：18÷2＝9（个）

验算：120×16+78×9+60×9＝3 162（元）符合题意

答：学校买进 16 个篮球，9 个足球跟 9 个排球。

第2讲 和差一路笑呵呵

和差问题，就是知道了两个或多个数的和，以及它们之间的差，然后求这些数是多少的问题。和差问题的基本计算方法：（和+差）÷2=较大数，（和−差）÷2=较小数。

1 甲、乙两个水池一共储水 800 千克，其中甲水池比乙水池多储水 100 千克，求甲、乙两水池各储水多少 千克？

【解题思路】 这道题目是标准的和差问题，甲、乙水池储水量的和是 800 千克，差是 100 千克。就按照和差问题的基本计算方法来解答就行了。

可列式计算：

甲水池的水：(800+100)÷2=450(千克)

乙水池的水：(800−100)÷2=350(千克)或者 800−450=350(千克)

答：甲、乙两水池分别储水 450 千克和 350 千克。

2 甲、乙两班学生共有 96 人，如果从甲班借 3 名同学到乙班，两班学生就一样多。求甲、乙两班原来各有学生多少人？

【解题思路】 从甲班借 3 名同学到乙班，两班学生相等，这里需要注意的是，甲班不是比乙班多 3 人，而是多 3×2=6(人)，这就是甲、乙两班相差的人数。有了两班学生的总数及相差数，就可以运用和差问题的基本计算方法来解题目了。

可列式计算：

甲班人数：(96+3×2)÷2=51(人)

乙班人数：(96−3×2)÷2=45(人)

验算：51−3=45+3=48(人) 符合题意

答：甲、乙两班原有学生分别为51人和45人。

3 甲、乙两筐西红柿共有615个，如果往甲筐再放入26个，从乙筐拿出53个，这时两筐西红柿的个数相等，求原来两筐各有西红柿多少个？

【解题思路】 由题意可知，甲、乙两筐西红柿共有615个，且乙筐比甲筐多，甲、乙两筐相差26+53=79(个)。现在知道了两筐西红柿的总数跟相差的个数，那么就是标准的和差问题了。

可列式计算：

乙筐的西红柿比甲筐多：26+53=79(个)

甲筐有西红柿：(615−79)÷2=268(个)

乙筐有西红柿：(615+79)÷2=347(个)

验算：268+26=347−53=294（个）符合题意

答：甲、乙两筐原有西红柿分别为268个和347个。

4 某车间有男、女工人16人在共同加工一批零件，如果男工人每天加工3个零件，女工人每天加工2个零件，那么，当天的工作任务正好可以完成；如果把当天的男、女工人人数对调一下的话，那么，就有两个零件无法完工，求车间原有男、女工人各多少人？

【解题思路】 这个车间肯定是男工人多一些。如果女工人多的话，等调换后，那么男工人就多一些，这样当天不但不会剩下2个零件未完工，而且当天还可以超额完成任务；在已知条件中，男工人跟女工人每天加工的零件数量只相差1个，现在剩下2个零件，说明有2个男工人调换成了女工人，就是说，原有男工人要比女工人多2÷(3−2)=2(人)。

可列式计算：

车间男工人要比女工人多：2÷(3−2)=2(人)

男工人：(16+2)÷2=9(人)

女工人：(16−2)÷2=7(人)

验算：3×9+2×7＝41（个），3×7+2×9＝39（个），41−39＝2（个）符合题意

答：车间原有男、女工人分别是 9 人和 7 人。

5 有 3 桶矿泉水，如果每次都把不同的两桶水放在一起称，它们的重量分别是 66 千克、58 千克跟 72 千克。求最重的那桶矿泉水的重量是多少千克？

【解题思路】按照题目中称重量的方法，是无法直接得知哪桶矿泉水是最重的。如果把 3 次称重量的数字加起来，就等于这 3 桶水都称了 2 次，相当于 3 桶水总重量的 2 倍，用这 2 倍的重量除以 2，就是这 3 桶水的总重量了。到这里知道了 3 桶水的总重量，还知道这 3 桶水中每 2 桶水的重量和，只要用 3 桶水的总重量减去重量最小的那两桶水的重量和，就是最重的那桶水的重量。

可列式计算：

3 桶水的总重量：（66+58+72）÷2＝98（千克）

最重的那桶水的重量：98−58＝40（千克）

答：最重的那桶矿泉水的重量是 40 千克。

6 甲、乙、丙三人在山上一共种树 207 棵，其中，甲比乙多种 9 棵，乙比丙多种 6 棵。求甲、乙、丙三人各种树多少棵？

【解题思路】这是一道和差题目，只是增加了一个人数而已。先按照计算方法来，把它们的差加进去除以 3 试试看，那么，甲种树（207+9+6）÷3＝74（棵），乙种树 74−9＝65（棵），丙种树 65−6＝59（棵），三人相加 74+65+59＝198（棵），怎么比总数少 9 棵呢，原来刚才只加了两两之间的差是不行的，要想求甲种的棵数，应当加上乙、丙跟甲的差才可以，这里乙比甲少种 9 棵是已知的，其实丙比甲少种 6+9＝15（棵），而不是 6 棵；到这里就知道，甲种树的棵数应该是（207+9+15）÷3＝77（棵），求出甲的数字后，就能找到题目的答案了。

可列式计算：

甲种树：（207+9+15）÷3＝77（棵）

乙种树：77−9＝68（棵）

丙种树：68−6＝62（棵）

验算：62+68+77＝207（棵）符合题意

答：甲、乙、丙三人分别种树 77 棵、68 棵与 62 棵。

7 甲、乙、丙、丁四人共搬运900块红砖。甲、乙搬运的数量之和比丙、丁的数量之和多60块，丙比丁多搬20块。甲搬运了180块。求乙、丙、丁这三人各搬运了多少块红砖？

【解题思路】这是一道标准的和差题目，只是人数多一点而已。先求出甲和乙搬运的总块数，用(900+60)÷2=480(块)，这480块就是甲和乙搬运的总块数；那么丙和丁搬运的总块数就是(900−60)÷2=420(块)，或者900−480=420(块)；再根据已知条件去计算出乙、丙、丁每人的搬运数。

可列式计算：

甲和乙搬运的总块数：(900+60)÷2=480(块)

丙和丁搬运的总块数：(900−60)÷2=420(块) 或者 900−480=420(块)

乙搬运的块数：480−180=300(块)

丙搬运的块数：(420+20)÷2=220(块)

丁搬运的块数：(420−20)÷2=200(块)

答：乙、丙、丁各人搬运的红砖分别是300块、220块跟200块。

8 一个塑料盒里放着好多彩色球，盒里有38个不是红球，有56个不是黄球。红球加黄球一共是76个，求塑料盒里的红球跟黄球各有多少个？

【解题思路】这道题目有一个关键的地方，就是这盒子里面的各种颜色的球的个数是固定不变的。其实题目是拐了一个弯说的已知条件，红球加其他彩色球等于多少，黄球加其他彩色球等于多少；有38个不是红球，就表示黄球加上其他彩色球等于38个，有56个不是黄色球，就表示红球加上其他彩色球等于56个。因为其他彩色球的数字是固定的，所以可以确定，红球要比黄球多，而且是多56−38=18(个)。现在既然知道了红球跟黄球的和以及两者的差，那么就是标准的和差问题了。

可列式计算：

红球比黄球多：56−38=18(个)

红球：(76+18)÷2=47(个)

黄球：(76−18)÷2=29(个)

答：塑料盒里的红球跟黄球分别是47个跟29个。

第3讲　和倍题中分你我

和倍问题，就是已经知道两个或多个数字的和，以及这两个数或者多个数之间的倍数关系，再求出这两个或多个数是多少的题目，就把它叫作和倍问题。和倍问题的关键是要先确定题目中最小的数字为1倍量，然后根据其他数字跟最小数字的关系，先求出最小数，再依次求出较大的那些数来。

基本计算方法：和÷（倍数+1）=1倍量。

1 甲、乙两人一共有13个苹果，甲比乙的2倍还少2个，求甲、乙各有多少个苹果？

【解题思路】这道题目应该这样做。甲、乙两人的和是13个，甲比乙的2倍还少2个，不好直接计算。现在想办法，暂时从外面借2个苹果给甲，甲就正好是乙的2倍了。这样一来，他俩的总数是15个，乙是最小数，是1倍，甲是2倍。再把总数按3倍分开，用15÷(2+1)=5(个)，那么乙是1倍，就是5×1=5(个)，甲是2倍，就是5×2=10(个)。因为甲不是真正的2倍，是靠借了2个苹果进来才凑成2倍的，现在应该把这2个苹果还给真正的主人了，所以甲是10−2=8(个)。

可列式计算：

乙的苹果：(13+2)÷(2+1)=5(个)

甲的苹果：5×2−2=8(个)

验算：8+5=13(个)，5×2−2=8(个) 符合题意

答：甲、乙各有苹果8个与5个。

2 甲、乙两人共有17个苹果，甲比乙的2倍还多2个，求甲、乙各有多少个苹果？

【解题思路】上面那道题是2倍少2个，现在这道题是2倍多2个，刚才是先加进来再减出去，现在应该是先减出去再加进来。把总数17先减去2，得到数15，把15÷(2+1)=5(个)，这5个就是乙的。再计算5×2=10(个)，把暂时减出去的2个加进来就是10+2=12(个)，这12个就是甲的苹果数。

可列式计算：

乙的苹果：(17−2)÷(2+1)=5(个)

甲的苹果：5×2+2=12(个)

答：甲、乙各有苹果12个与5个。

先用这两道简单的题目来说明和倍问题的基本计算方法，在和倍题目中，经常会遇到这类甲比乙的几倍多几或者少几的问题。刚才计算时把少的2个苹果加进来，把多的2个苹果减出去，这都是为了凑成整数倍，便于求出1倍量而采取的一种变通办法，等计算出1倍量后，再计算实际数量时，必须把变通计算时减出去的加进来，把加进来的减出去，这才是和倍问题的基本计算过程。只要把这点理解透了，以后遇上人数多一些，数字复杂一些的问题，都可以用这种办法，去求出题目的正确答案来。

3 山上4个小动物共有果子159个，把乖乖兔的果子数乘以2，把聪明猴的果子数减去3，把粗心猫的果子数除以2，把懒懒狗的果子数加上6，那么，它们各自的果子个数就相等。求这4个小动物各有果子多少个？

【解题思路】初步分析一下已知条件，就知道乖乖兔的果子最少，可以把它看作1倍；把聪明猴的果子减去3个后，它的果子就是乖乖兔的2倍；把粗心猫的果子除以2，跟乖乖兔的2倍一样多，那么粗心猫就是乖乖兔的4倍；懒懒狗增加6个后，就是乖乖兔的2倍。那么，它们的总份数就是1+2+4+2=9倍。因为它们这9倍是聪明猴拿了3个出去，懒懒狗拿了6个进来，才凑成9倍的，所以，要将现有的159个，再加上懒懒狗拿进来的6个，减去聪明猴拿出去的3个，就是159−3+6=162(个)，这162个果子才凑成整数倍的9倍；确定这9倍后，用162÷9=18(个)就是乖乖兔的果子数。再根据题目中给出的相关条件计算出它们口袋里的果子数就行了。

可列式计算：

乖乖兔的果子数：(159−3+6)÷(1+2+4+2)=18(个)

聪明猴的果子数：18×2+3=39(个)

粗心猫的果子数：18×4=72(个)

懒懒狗的果子数：18×2−6=30(个)

验算：18+39+72+30=159(个) 符合题意

答：乖乖兔、聪明猴、粗心猫跟懒懒狗的果子分别是18个、39个、72个跟30个。

4 有两棵柿子树，甲树上有160个柿子，乙树上有200个柿子。要想使甲树上的柿子是乙树上柿子的3倍，求需要从乙树上移出多少个柿子放到甲树上？

【解题思路】因为甲、乙两棵树上共有柿子160+200=360(个)，这个总和是不变的；现在要使甲树是乙树的3倍，那么乙树就变成最小的1倍了，两棵树柿子的总数有了，倍数和有了，最小的1倍数也找到了，这就变成标准的和倍题了。把360÷(3+1)=90(个)，这90个就是乙树上剩下的柿子数，原来乙树上有柿子200个，现在只剩下90个，那么就是拿了200−90=110(个)到甲树去。

可列式计算：

乙树上应留柿子：(160+200)÷(3+1)=90(个)

从乙树上移到甲树上的柿子：200−90=110(个)

验算：(160+110)÷(200−110)=3倍 符合题意

答：需要从乙树上移出110个柿子放到甲树上。

5 甲、乙、丙三个筐，各装有同样的果子若干个，先将甲筐果子的$\frac{1}{3}$放入乙筐，再将乙筐的$\frac{1}{5}$倒入丙筐，这时三个筐里面的果子一样多。如果丙筐原来有果子30个，求甲、乙两筐原来各有果子多少个？

【解题思路】先来看乙筐跟丙筐，乙筐将自己的$\frac{1}{5}$放入丙筐后，两筐果子一样多。那可以这样想，将乙筐果子分成5份，拿1份给丙筐后，自己还有4份，又因为丙筐得到乙筐的 1 份后跟它相等，那么就有：5 份乙−1 份乙＝丙+1 份乙，也就是 3 份乙＝丙＝30(个)。到这里就知道，乙筐放进丙筐的那一份就是 10 个果子。最后甲、乙、丙三筐都是 40 个果子，可以去倒算甲、乙两筐的原有果子数，甲筐剩下的$\frac{2}{3}$是 40 个，那么，甲筐原有：$40\div\frac{2}{3}=60$(个)，乙筐原有：40+10−20＝30(个)。

可列式计算：

丙筐得到乙筐的 1 份后跟它相等：5 份乙−1 份乙＝丙+1 份乙，3 份乙＝丙＝30(个)，1 份乙＝10(个)

乙筐现有果子：10×4＝40(个)

甲筐原有果子：$40\div\frac{2}{3}=60$(个)

乙筐原有果子：40+10−20＝30(个)

验算：

甲筐现有果子：$60-60\times\frac{1}{3}=40$(个)

乙筐现在果子：$30+20-(30+20)\times\frac{1}{5}=40$(个)

丙筐现有果子：30+10＝40(个) 符合题意

答：甲筐、乙筐原有果子分别是 60 个与 30 个。

6 甲、乙两个池塘的鱼共有 1 000 条，甲池塘鱼的 4 倍比乙池塘鱼的 3 倍还多 1 200 条，求甲、乙池塘各有鱼多少条？

【解题思路】这道题目的关键是在这个 4 倍数上。因为两个池塘鱼的总和是 1 000 条，假设把两个池塘的鱼都扩大成 4 倍的话，就变成了 4 000 条鱼，不过要注意，假设 4 000 条鱼，是 4 个甲池塘跟 4 个乙池塘假设鱼数的和，所以说，甲、乙池塘在其中是各占 4 倍的。再看题目中的条件，甲池塘鱼的 4 倍比乙池塘鱼的 3 倍还多 1 200 条，从这里可以知道，如果将这 1 200 条鱼暂时从4 000 条鱼中减掉，就等于甲池塘的 4 倍鱼数减掉了 1 200 条，这时甲池塘的鱼就只相当于乙池塘的 3 倍，不再有多的鱼了。到这里问题就比较清楚了，将甲池塘相当于乙池塘这3倍加上乙池塘本身的4倍，这时乙池塘鱼的7倍的和正好是4 000−1 200＝2 800(条)这个数字，那么乙池塘的鱼就是2 800÷(3+4)＝400(条)；现在知道了乙池塘的鱼数，就可以根据题目中的已知条件求出甲池塘的鱼数来。

可列式计算：

乙池塘的鱼：(1 000×4−1 200)÷(4+3)＝400(条)

甲池塘的鱼：1 000−400＝600(条)

验算：600×4−400×3＝1 200(条) 符合题意

答：甲、乙池塘分别有鱼600条与400条。

7 甲、乙、丙三个数的和是136，其中乙数比甲数的2倍多2，丙数比乙数的2倍少3，求甲、乙、丙这三个数各是多少？

【解题思路】此题中甲数最小，把甲数看作1倍。乙数减去2后，它就是甲数的2倍。丙数这里要注意了，它加上3以后才是乙数的2倍，因为1倍的乙数需要减去2以后才是甲数的两倍，现在这里来了2倍的乙数，所以要减去4以后才是甲数的4倍。现在先不管那些需要加减的数字，把它们的倍数和定下来再说，这里甲数是1倍，乙数是甲数的2倍，丙数是甲数的4倍，一共是1+2+4＝7倍。确定整数倍后，再来看那些应该加减的数字，第一次乙数减去2，第二次丙数加进3，当丙数成为乙数的2倍后，要想让它成为甲数的4倍，就要减去2×2＝4，这些数字其实是减去了6，加进了3，等于一共减去了3，才凑成这个7倍数字的，要将三个数的和暂时减去3以后，才是真正的7倍数字的和。分析到这里，问题就清楚了。

可列式计算：

甲数：(136−3)÷(1+2+4)＝19

乙数：19×2+2＝40

丙数：40×2−3＝77

验算：19+40+77＝136 符合题意

答：甲、乙、丙这三个数分别是19、40跟77。

8 小李、小张、小王三人共有75个球，如果小王丢掉5个球，小张与小王的球就一样多，如果小张给小李 2 个球，小李的球就是小张球的 2 倍，求他们三人原来各有多少个球？

【解题思路】这道题是一个和倍问题。和倍问题的关键点就是要找出最小的那一倍数在哪里。在题目里面，小王的球不是最少的，因为他丢 5 个球后，就跟小张一样多，说明他比小张多 5 个，那么，最小数肯定在小张跟小李这里，小张只给了小李 2 个球，小李的球就是小张的 2 倍，所以最小数应该是小张拿出 2 个球以后的数。找到最小数以后，如何寻找相关的倍数关系呢？这里可以这样想，把小张拿出 2 个球以后的数看成 1 倍，那么小李拿进 2 个球以后的数字就是 2 倍；那么小王除了丢掉的 5 个球以外，还要拿掉 2 个球以后，才跟小张的 1 倍数相等，可以明确倍数是 2+1+1＝4 倍，那这 4 倍的总数是多少呢？他们三人原来有 75 个球，小王丢掉 5 个后，只有 70 个；小张拿 2 个给小李，是内部交换，与总数无关，可以暂时不管，但最后是小王又拿出 2 个后才凑成整倍数的，这 2 个应该减出去才可以。由此可知，这 4 倍数对应的总数是 75−5−2＝68（个）。思考到这里，问题就清楚了。

可列式计算：

1 倍数：(75−5−2)÷(2+1+1)＝17(个)

小李的球数：17×2−2＝32(个)

小张的球数：17+2＝19(个)

小王的球数：17+5+2＝24(个)

验算：32+19+24＝75(个) 符合题意

答：小李、小张跟小王原来分别有球 32 个、19 个跟 24 个。

9 一个桶里装着一些茶油，现将茶油增加到原来的 4 倍，茶油和桶共重 22 千克，如果将茶油增加到原来的 6 倍，茶油和桶共重 32 千克，求桶内原有茶油多少 千克？桶重多少 千克？

【解题思路】这道题目的关键是在于第二次增加的茶油重量，因为这次与桶的重量无关。第一次增加到原有茶油的 4 倍时，连桶共重 22 千克，等第二次增加到原有茶油的 6 倍时，虽然是连桶共重 32 千克，但这第二次增加的 32−22＝10(千克)全是茶油，与桶重无关，这就是原有茶油 6−4＝2 倍的重量；把 10÷(6−4)＝5(千克)，这就是原有茶油的重量。知道了原有茶油的重量，求桶的重量就容易了。

可列式计算：

原有茶油重量：(32−22)÷(6−4)＝5(千克)

桶重量：22−4×5＝2(千克)

验算：4×5+2＝22(千克) 6×5+2＝32(千克) 符合题意

答：桶内原有茶油 5 千克，桶重 2 千克。

10 两个数相除，商是 5，余数是 2，已知被除数、除数、商跟余数的和为 105，求除数跟被除数各是多少？

【解题思路】因为这四个数的和是 105，将商跟余数从 105 里面减出去：105−5−2＝98，这 98 就是被除数跟除数的和。再根据商是 5，余数是 2 这个条件，可以确定被除数不但是除数的 5 倍，而且比 5 倍还要多 2。到这里就清楚了，被除数跟除数的和是 98，除数是最小数，可以看成 1 倍数，而被除数就是除数的 5 倍还多 2，被除数减去 2 以后正好是除数的 5 倍，到这里这道题就是标准的和倍问题。

可列式计算：

被除数跟除数的和：105−5−2＝98

除数：(98−2)÷(5+1)＝16

被除数：16×5+2＝82

验算：82+16+5+2＝105，82÷16＝5……2 符合题意

答：被除数是 82，除数是 16。

11 一棵苹果树上的苹果数是一棵梨树上梨数的 2 倍，如果每次从树上摘 4 个苹果跟 3 个梨下来，等到梨树上的梨全部摘完后，苹果树上还有 18 个苹果。求树上原有苹果跟梨各有多少个？

【解题思路】根据已知条件来分析。因为苹果是梨的 2 倍，如果每次从树上摘 6 个苹果，3 个梨的话，那么，苹果跟梨就会被同时摘完。现在是每次少摘了 2 个苹果下来，才出现树上留下 18 个苹果的情况，从这里可以知道，前面已经摘了 18÷2＝9(次)了；知道前面摘了 9 次，要求出这道题目的答案来，就相当容易了。

可列式计算：

已摘苹果跟梨的次数：18÷(6−4)＝9(次)

苹果树上原有苹果：4×9+18＝54(个)

梨树上原有梨：3×9＝27(个)

验算：苹果：54−4×9＝18(个)，梨：27−3×9＝0(个)

苹果是梨的 54÷27＝2 倍 符合题意

答：树上原有苹果 54 个，梨 27 个。

12 甲、乙、丙三棵树上一共有 42 只鸟，其中，甲树跟乙树上的鸟是丙树上的 5 倍，乙树上的鸟比甲树跟丙树上的鸟的 2 倍还少 6 只，求这三棵树上原来各有多少只鸟？

【解题思路】从这道题的第一个已知条件来看，因为甲树跟乙树上的鸟是丙树的 5 倍，说明三棵树上的鸟数总和就是 6 倍，那么，丙树上的鸟就是 42÷(5+1)＝7(只)。再来看第二个已知条件，乙树上的鸟比甲树跟丙树上的鸟的 2 倍还少 6 只，那么，把总数加上 6 只后，乙树上的鸟可看成 2 倍，甲树跟丙树上的鸟看成 1 倍，共 3 倍，那么，甲、丙树上的鸟数和就是(42+6)÷(2+1)＝16(只)，乙树上的鸟就是 16×2−6＝26(只)。

可列式计算：

丙树上的鸟：42÷(5+1)＝7(只)

甲、丙树上的鸟数和：(42+6)÷(2+1)＝16(只)

乙树上的鸟：16×2−6＝26(只)

甲树上的鸟：16−7＝9(只) 或者 42−26−7＝9(只)

验算：

9+26+7＝42(只)

42÷7＝(5+1)倍

(7+9)×2−6＝26(只) 符合题意

答：甲、乙、丙树上各有鸟 9 只、26 只与 7 只。

13 某市运动会共有运动员 851 人，男运动员的人数是工作人员跟志愿者人数的 4 倍多 8 人，女运动员的人数是工作人员跟志愿者人数的 3 倍少 11 人，问男女运动员各有多少人？

【解题思路】这道题也是和倍问题，要把工作人员跟志愿者当成最小数 1 倍来看待。那么，男运动员就是 4 倍加上 8 人，女运动员就是 3 倍减去 11 人，只要暂时把男运动员多的 8 人减去，把女运动员少的 11 人加进来，这样就能凑成整数倍 7 倍，由此可以先求出工作人员跟志愿者是 $(851+11-8)\div(4+3)=122$（人），有了工作人员跟志愿者的人数，就可以计算出男女运动员的人数了。

可列式计算：

工作人员跟志愿者人数：$(851+11-8)\div(4+3)=122$（人）

男运动员人数：$122\times4+8=496$（人）

女运动员人数：$122\times3-11=355$（人）或者：$851-496=355$（人）

验算：共有运动员：$496+355=851$（人）

男运动员：$122\times4+8=496$（人）

女运动员：$122\times3-11=355$（人） 符合题意

答：男运动员有 496 人，女运动员有 355 人。

14 甲、乙、丙三个数的和为 372，甲数是丙数的 3 倍，乙数比甲数的 2 倍还多 12，求甲、乙、丙三个数字各是多少？

【解题思路】这道题也是标准的和倍问题。丙数是最小的 1 倍数，那么，甲数就是 3 倍数；现在乙数比甲数的 2 倍还多 12，就将乙数减去 12 后，它就是甲数的 2 倍，也是丙数的 6 倍。那么，总倍数是 $1+3+6=10$ 倍，再从三个数的总和 372 里面减去 12 后进行计算，就能找出问题的答案来。

可列式计算：

丙数：$(372-12)\div(1+3+6)=36$

甲数：$36\times3=108$

乙数：$108\times2+12=228$

验算：$36+108+228=372$ 符合题意

答：甲、乙、丙三个数分别是 108、228 与 36。

15 小李把一些红球跟白球混装在一个桶里，其中红球比白球的 3 倍少 4 个，比白球的 2 倍多 8 个，求桶里红球跟白球各有多少个？

【解题思路】这道题初看起来好像有点条件不足的味道，但仔细一想，还是有办法解决的。因为白球数量是不变的，按照第一个已知条件，红球比它的3倍少4个，可以这样理解，就是说在外面借4个红球过来，它正好是白球的3倍；按照第二个已知条件，如果将红球拿走8个的话，它正好是白球的2倍。因为题目中红球白球数量都是固定不变的，把前后两个已知条件结合起来看，就好理解了。把第一次借进来的4个红球，跟第二次要拿出去的8个红球放在一起，不是正好凑成白球的1倍，让红球变成白球的3倍吗？这说明白球只有12个，分析到这里就相当清楚了。

可列式计算：

白球数：$(4+8)\div(3-2)=12$(个)

红球数：$12\times3-4=32$(个)或者 $12\times2+8=32$(个)

验算：$(32+4)\div12=3$ 倍，$(32-8)\div12=2$ 倍 符合题意

答：桶里有红球32个，白球12个。

16 上、下两个水池共存水67千克，先从上水池往下水池注水5千克，后来下水池浇花用去了7千克。这时上水池的水量是下水池水量的4倍，求上、下两水池原有水多少千克？

【解题思路】这也是和倍问题。下水池浇花用去7千克后，上、下两水池的水量和只有 $67-7=60$(千克)。在这60千克中，上水池水量是下水池水量的4倍，那么下水池就是1倍，上水池是4倍，一共是5倍。到此就能够求出两个水池的水量来。

可列式计算：

下水池现有水量：$(67-7)\div(4+1)=12$(千克)

下水池原有水量：$12+7-5=14$(千克)

上水池原有水量：$67-14=53$(千克)

验算：$(53-5)\div(14+5-7)=4$ 倍 符合题意

答：上、下两水池原来各有水53千克与14千克。

17 甲、乙、丙三棵果树上共有果子34个，甲树比乙树的2倍多1个，丙树比乙树的3倍少3个，求这三棵树上各有果子多少个？

【解题思路】 由题意可知，乙树的果子是最小的 1 倍数，将甲树的果子减去 1 个后，就是 2 倍；将丙树的果子加上 3 个后，就是 3 倍，它们一共是 1+2+3=6 倍，这 6 倍的总数是 34−1+3=36(个)；知道了这个 6 倍的总量，就能先求出乙树上这 1 倍的果子数，随后就能求出甲、丙两树的果子数来。

可列式计算：

乙树的果子数：(34−1+3)÷(1+2+3)=6(个)

甲树的果子数：6×2+1=13(个)

丙树的果子数：6×3−3=15(个)

验算：

三棵树共有果子：13+6+15=34(个)

甲树是乙树的：(13−1)÷6=2 倍

丙树是乙树的：(15+3)÷6=3 倍 符合题意

答：甲、乙、丙果树上的果子分别是 13 个、6 个与 15 个。

18 甲、乙两桶水共重 16 千克，先从甲桶往乙桶倒水，使乙桶水的重量为原来的 2 倍；再从乙桶往甲桶倒水，使甲桶水的重量为原来的 2 倍；这时，甲桶里水的重量正好是乙桶水重的 3 倍，求甲、乙两桶原来各有水多少 千克？

【解题思路】 因为甲、乙两桶水共重 16 千克，到最后甲桶水重量是乙桶水的 3 倍，那么，16÷(3+1)=4(千克)，这 4 千克就是乙桶水最后的重量，这时甲桶的水是 12 千克，但这 12 千克是乙桶倒给甲桶 12÷2=6(千克)以后的重量；说明乙桶在倒给甲桶之前的水是 6+4=10(千克)，这 10 千克是甲桶倒给乙桶 10÷2=5(千克)以后的重量，那么乙桶原有的水就是 10−5=5(千克)。

可列式计算：

乙桶现有水：16÷(3+1)=4(千克)

甲桶现有水：16−4=12(千克)

乙桶原有水：(12÷2+4)÷2=5(千克)

甲桶原有水：16−5=11(千克)

验算：(11−5+6)÷(5+5−6)=3 倍 符合题意

答：甲、乙两桶原有水分别是 11 千克与 5 千克。

第4讲　差倍一起数果果

如果既知道了两个数之间的差，又知道了这两个数之间的倍数关系，再求这两个数是多少的应用题，习惯称它是差倍问题。

解答差倍问题的基本计算方法：

(1) 两数差÷（倍数−1）=较小数；

(2) 较小数×倍数=较大数；

(3) 小数+差=较大数。

1 甲比乙多9个苹果，甲的苹果是乙的4倍，求甲、乙各有多少个苹果？

【解题思路】 此题是典型的差倍问题。由已知条件可知，这里的两数差是9，倍数是4倍，将数字直接代入差倍问题的基本计算公式来计算就行了。

可列式计算：

乙的苹果：$9\div(4-1)=3$(个)

甲的苹果：$3\times4=12$(个)

验算：$12\div3=4$ 倍，$12-3=9$(个) 符合题意

答：甲、乙各有苹果12个与3个。

2 甲、乙两棵苹果树上都挂着苹果，如果甲树上增加20个苹果，那么两棵树的苹果就一样多；如果乙树上增加70个苹果，那么乙树上的苹果正好是甲树上苹果的4倍。求甲、乙两棵树上原来各有多少个苹果？

【解题思路】 根据第一个已知条件，说明乙树上的苹果要比甲树上多20个；根据第二个已知条件，说明乙树比甲树多 $20+70=90$(个) 苹果时，乙树的

苹果是甲树的4倍；在这里，甲树就是最小数1倍量，乙树就是4倍，就可以用差倍问题的基本计算方法，先求出甲树的苹果来。

可列式计算：

甲树原有苹果：(20+70)÷(4−1)=30(个)

乙树原有苹果：30×4−70=50(个)

验算：(50+70)÷30=4倍 符合题意

答：甲、乙苹果树上分别原有苹果30个与50个。

3 甲数比乙数多6，甲数是乙数的3倍，求甲、乙两数各是多少？

【解题思路】这道题目是标准的差倍问题，直接用差倍问题的基本计算方法来计算就行了。

可列式计算：

乙数：6÷(3−1)=3

甲数：3×3=9 或者 3+6=9

验算：9÷3=3倍，9−3=6 符合题意

答：甲数是9，乙数是3。

4 有两根木头，第一根长95米，第二根长60米，它们各自锯掉相同长度的一截后，第一根剩余的长度是第二根的6倍。求两根木头锯掉的那一截长度是多少米？

【解题思路】这道题的关键点，在于两根木头最后相差多少米；第一根木头是95米，第二根木头是60米，那么第一根要比第二根长35米；锯掉相同长度后，仍然相差35米；因为从剩下的那两截来看，第一截是第二截的6倍，就说明这多出来的35米正好是第二根木头剩下那截的5倍；用35÷(6−1)=7(米)，这7米就是第二根木头锯后剩下的那截长度；现在知道了剩下的长度，要计算锯掉多少米就容易了。

可列式计算：

第二根木头剩下的长度：(95−60)÷(6−1)=7(米)

两根木头锯掉的长度：60−7=53(米)

验算：(95−53)÷(60−53)=6倍 符合题意

答：两根木头锯掉的长度是53米。

5 有一样重的甲、乙两桶水，甲桶倒掉8千克，乙桶倒掉16千克后，甲桶水的重量是乙桶水的3倍，求原来每桶水重多少千克？

【解题思路】这里原来的两桶水一样重，一桶倒掉8千克，一桶倒掉16千克，说明最后甲桶的水要比乙桶重16−8=8(千克)。倒出后甲桶水的重量是乙桶的3倍，就是说乙桶的水是1倍，甲桶的水是3倍，甲桶比乙桶多2倍，正好多了8千克的水，那么8÷(3−1)=4(千克)，这就是乙桶留下的那1倍水；再加上倒出的16千克，就是20千克。说明甲、乙两桶原有20千克的水。

可列式计算：

乙桶最后留下的水：(16−8)÷(3−1)=4(千克)

甲、乙两桶原有的水：16+4=20（千克）

验算：(20−8)÷(20−16)=3倍 符合题意

答：原来每桶水重20千克。

6 已知甲树上的果子个数是乙树上果子的3倍，突然一阵大风刮过来，甲、乙两棵树上都掉下6个果子后，这时甲树上的果子个数是乙树上的4倍，求大风过后，甲、乙两树上各有多少个果子？

【解题思路】甲树上的果子是乙树上的3倍，将甲树上的果子分成跟乙树上果子相等的3倍，那么，假设甲树上其中的1倍掉了6个果子，剩余的2倍没有变化，那么甲树上掉了6个果子的这1倍就跟乙树上掉了6个果子后的那1倍相等，甲树上剩下的2倍就是乙树上现在果子的3倍，这样才能凑成4倍；要想2倍变成3倍，要在每1倍中拿出6个后，那2倍中的每1倍果子才跟乙树上现有的果子相等，这样一来，甲树上已经有3倍跟乙树上相等的果子了，现在甲树上从2倍中拿出的6×2=12(个)应该跟乙树上留下的那1倍相等才可以，不然就不符合题目的要求。于是就知道，乙树上原有果子是6+12=18(个)，甲树上原有果子是18×3=54(个)。

可列式计算：

乙树上现有果子：6×2÷(4−3)=12(个)

乙树上原有果子：12+6=18(个)

甲树上原有果子：18×3 = 54(个)

甲树上现有果子：54−6 = 48(个)

验算：(54−6)÷(18−6) = 4 倍 符合题意

答：大风过后，甲、乙树上现有果子分别是 48 个跟 12 个。

从这道题目中可以发现一个规律，其实，只要将乙树上的果子数设计为 3 的倍数，甲树的果子数为乙树的 3 倍，然后说，大风刮掉了乙树果子数的三分之一，甲树也掉了跟乙树相同的个数，那么，只要乙树的果子数永远是大风吹掉果子数的 3 倍，甲树永远是大风吹掉果子数的 9 倍的话，这样一来，乙树果子的 3 倍掉 1 倍还剩下 2 倍，甲树果子的 9 倍掉 1 倍还剩下 8 倍，8 倍量永远是 2 倍量的 4 倍。

7 一棵苹果树上原有的苹果个数是一个 3 位数，在这个数字的个位数后面另外加上一个 8，那么这个苹果数字就增加了 6 002 个，求这棵树上原有多少个苹果？

【解题思路】从 100 到 999 都是三位数，这么多的三位数，到哪里去找出那么一个正确的答案来呢？如果一个三位数后面加上一个 0，那么这个数就变成了原数的 10 倍，比原数增加了 9 倍；现在加的不是 0，而是 8，那么就是说，这棵树苹果的个数不但比原来增加了 9 倍，而且在 9 倍之外还增加了 8 个苹果。这样一分析就清楚了，是要将多出来的数字 8 减去以后，才是原数的 9 倍。

可列式计算：

树上原有苹果：(6 002−8)÷(10−1) = 666(个)

验算：6 668−666 = 6 002(个) 符合题意

答：树上原有苹果 666 个。

8 甲、乙两人去商场买东西，甲想买一件玩具，乙想买一支钢笔，看了价格后他俩才知道，身上没有带足够的钱，如果甲借钱给乙买玩具，自己还剩 2 元，如果乙借钱给甲买钢笔，自己还剩 23 元。已知玩具的价格是钢笔的 4 倍，求玩具跟钢笔的价格各是多少元？

【解题思路】这道题目的关键点是要找到这两件商品的价格相差多少。因为他俩带的钱都无法买到自己想要的东西，那么，把他俩的钱合在一起来看，就可以确定，两人的钱只买玩具的话，就剩下 2 元；如果只买钢笔的话，就剩下 23 元，这说明玩具要比钢笔贵 23−2＝21(元)；题目中已知条件说，玩具价格是钢笔价格的 4 倍，那么，多出这个 21 元正好是钢笔价格的 4−1＝3 倍。

可列式计算：

钢笔价格：(23−2)÷(4−1)＝7(元)

玩具价格：7×4＝28(元)

两人身上的钱数和：28+2＝30(元) 或者 7+23＝30(元)

验算：28÷7＝4 倍 符合题意

答：玩具跟钢笔的价格分别是 28 元与 7 元。

9 地上有两堆小石块，甲堆石块数是乙堆的 3 倍。如果从甲堆拿 5 块放入乙堆后，乙堆比甲堆还少 2 块，问甲、乙两堆原有石头多少块？

【解题思路】这道题先要找到两堆石头差多少块才好办。从甲堆拿 5 块过来，这一减一增等于乙堆比甲堆增加了 5×2＝10 块，乙堆增加 10 块后仍然比甲堆少 2 块，说明乙堆比甲堆原来是少 12 块。因为甲堆是乙堆的 3 倍，那么，这 12 块石头正好是乙堆的(3−1)＝2 倍。

可列式计算：

甲堆比乙堆多：5×2+2＝12(块)

乙堆石块：12÷(3−1)＝6(块)

甲堆石块 6×3＝18(块)

验算：18−5＝13(块)，13−(6+5)＝2(块) 符合题意

答：甲、乙两堆石块分别有 18 块与 6 块。

10 山上种了一批桃树跟梨树，已知桃树比梨树多 900 棵，桃树比梨树的 5 倍还多 100 棵，问桃树跟梨树各种了多少棵？

【解题思路】这也是一个差倍问题，那么，要找到这个差数是最小那 1 倍数的多少倍就行了。桃树比梨树多 900 棵，比梨树的 5 倍还多 100 棵，如果暂时减去这 100 棵，桃树就正好是梨树的 5 倍，其中的 1 倍就是梨树的棵数。

可列式计算：

梨树棵数：(900−100)÷(5−1)＝200(棵)

桃树棵数：200×5+100＝1 100（棵）或者 200+900＝1 100（棵）

验算：（1 100−100）÷200＝5 倍 符合题意

答：桃树跟梨树分别是 1 100 棵与 200 棵。

11 有两筐重量相等的香梨，如果甲筐卖出 32 千克，乙筐卖出 8 千克，这时乙筐香梨的重量是甲筐香梨重量的 5 倍，问两筐原有香梨多少千克？

【解题思路】这里两筐香梨原来是一样重的，只是卖出的数量不同，才出现重量差别的。现在甲筐卖得多，肯定剩得少；乙筐卖得少，肯定剩得多。那么，32−8＝24（千克），这就是乙筐剩下的重量比甲筐多的那部分重量，这时甲筐就是最小的那个 1 倍数，这个重量差 24 千克就是甲筐剩下香梨的 5−1＝4 倍。

可列式计算：

甲筐剩下的香梨重量：（32−8）÷（5−1）＝6（千克）

两筐原有香梨重量：6+32＝38（千克）

验算：38−32＝6（千克），（38−8）÷（38−32）＝5 倍 符合题意

答：两筐香梨原有重量是 38 千克。

12 小李跟小张要从甲村走到乙村，小李已经走了 1 000 米，小张只走了 400 米，小张剩下的路程是小李的 4 倍，求甲、乙两村的距离是多少 米？

【解题思路】小张比小李少走了 1 000−400＝600（米），把小李剩下的路程看成最小量的 1 倍，那么，这 600 米就是最小量的 3 倍。求出最小量后，再加上小李已经走过的 1 000 米，就是甲、乙两村的距离。

可列式计算：

小李剩下的距离：（1 000−400）÷（4−1）＝200（米）

甲、乙两村的距离：1 000+200＝1 200（米）

验算：（1 200−400）÷（1 200−1 000）＝4 倍 符合题意

答：甲、乙两村的距离是 1 200 米。

13 小王从苹果树上摘苹果，他第二天比第一天多摘 68 个，第三天比第二天多摘 52 个，且第三天摘的个数是第一天的 5 倍，问小王这三天各摘苹果多少个？

【解题思路】小王第二天比第一天摘得多，第三天比第二天摘得多，这两天

多摘的苹果和是68+52=120(个)，这正好是第三天跟第一天所摘苹果数字的差；因为题目中的已知条件说，第三天摘的是第一天的5倍，所以这个差120个就是第一天的5-1=4倍，到这里，就容易找到答案了。

可列式计算：

第一天摘的苹果：(68+52)÷(5-1)=30(个)

第二天摘的苹果：30+68=98(个)

第三天摘的苹果：98+52=150(个)

验算：150÷30=5倍 符合题意

答：小王第一天摘苹果30个，第二天摘苹果98个，第三天摘苹果150个。

14 甲筐比乙筐少18个苹果，后来从甲筐取出7个苹果，往乙筐放入13个苹果，这时乙筐的苹果是甲筐的3倍，求甲、乙两筐原有多少个苹果？

【解题思路】差倍问题的关键，是要找出二者之间的差跟最小数。从已知条件来看，甲筐肯定是最小数。甲筐原来少18个，又取出7个，共少了25个，乙筐又增加了13个，说明甲、乙两筐的苹果最后相差18+7+13=38(个)。到这里，就知道了两筐的倍数关系，又知道了它俩相差的数量，求出答案就不难了。

可列式计算：

甲筐现有苹果：(18+7+13)÷(3-1)=19(个)

甲筐原有苹果：19+7=26(个)

乙筐原有苹果：26+18=44(个)

验算：(44+13)÷(26-7)=3倍 符合题意

答：甲、乙两筐原有苹果分别是26个与44个。

15 甲、乙两人分别带210元、120元去商场买衣服，两人买了价格相同的一件衣服后，甲剩下的钱是乙剩下钱的3倍，求甲、乙两人身上各剩下多少钱？所买衣服的价格是多少元？

【解题思路】甲、乙两人身上带的钱相差210-120=90(元)，因为买了价格相同的衣服，那么，他俩剩下的钱仍然相差90元。因为题目中的已知条件说，甲剩下的钱是乙剩下钱的3倍，由此可知，这个差90元就是乙剩下钱的3-1=2倍。

可列式计算：

乙剩下的钱：90÷(3−1)＝45(元)

衣服的价格：120−45＝75(元)

甲剩下的钱：210−75＝135(元)

验算：135÷45＝3倍 符合题意

答：甲剩下135元，乙剩下45元，衣服的价格是75元。

第5讲　还原就是往后挪

还原问题，就是题目中给出了若干已知条件，但是，解题时，要从最后一个已知条件开始，一步一步往前倒推过来，直到求出最后的结果，这就是还原问题。在计算时，如果原条件为加，则倒推为减；如原条件为减，则倒推为加；如果原条件为乘，则倒推为除；如果原条件为除，则倒推为乘。在解题时，为了不弄错顺序或漏掉条件，通常是顺着题目的意思列出一个对比算式，然后再反（逆）向算回来，以便求出正确答案来。

1 某数减去15，加上8，除以5，乘以3，加上19，等于52，求这个数是多少？

【解题思路】这是一道计算题，先顺着写个对比式出来：(某数−15+8)÷5×3+19=52；现在将它倒推过来：(52−19)÷3×5−8+15=62。这个62就是要求的数。

可列式计算：

先顺着题意写出对比式：(某数−15+8)÷5×3+19=52

现在将它倒推过来：(52−19)÷3×5−8+15=62

答：这个数是62。

2 某人在一棵李子树上摘李子，第一天摘了树上全部李子的一半还少8个；第二天摘了树上剩下的一半还多6个；最后树上剩下28个，求这棵树上原有多少个李子？

【解题思路】这是还原题，还原倒推，就是从后面往前面倒算过来。现在树上最后剩下28个，如果把那多摘的6个重新挂回树上去，这正好是第二天树上剩下李子的一半；再把第二天留在树上的李子减去第一天少摘的8个，正好是这棵树上的一半李子。到这里，解题的思路已经清晰，应该知道如何解答了。

可列式计算：

第一天摘后留在树上的李子：(28+6)×2=68(个)

树上原有李子：(68−8)×2=120(个)

验算：

第一天摘后剩下：120−120÷2+8=68(个)

第二天摘后剩下：68−68÷2−6=28(个) 符合题意

答：这棵李子树上原有 120 个李子。

3 甲、乙两人各摘了一筐苹果，甲比乙摘得多一些。现采用如下交换方法：先从甲筐拿出跟乙筐相等的苹果放入乙筐；再从乙筐拿出跟甲筐剩下来相等的苹果放入甲筐；最后从甲筐拿出跟乙筐剩下来相等的苹果放入乙筐，这时，甲、乙两筐的苹果都是 32 个，求甲、乙两人最初时各摘了多少个苹果？

【解题思路】这个问题也要倒推过来才可以。题目中说，两筐苹果最后都是 32 个，由此可以确定，两筐苹果的和是 32+32=64(个)。知道了总数，现在，我们来将两筐苹果数每次变动的情况分析清楚。

最后一次：是甲筐往乙筐放入了跟乙筐剩下来相等的苹果，才有 32 个苹果，就是说乙筐最后只剩下 16 个苹果，甲筐有苹果 32+16=48(个)。

前一次；甲筐这 48 个苹果也是通过增加相等个数得来的，说明在前一次交换后，甲筐里只有 24 个苹果，从乙筐拿过来 24 个苹果后才凑成 48 个苹果的。那么，当时乙筐的苹果有 16+24=40(个)，甲筐有苹果 64−40=24(个)。

最初那次：因为乙筐的 40 个苹果，是从甲筐拿来相等数量的苹果后才凑成的，所以乙筐原有苹果 40÷2=20(个)，甲筐原有苹果 24+20=44(个)。

可列式表示：

两筐苹果总数：32+32=64(个)

甲筐给乙筐后两筐最后个数：乙筐 16+16=32(个)

甲筐 48−16=32(个)

乙筐给甲筐后两筐现有个数：乙筐 40−24=16(个)

甲筐 24+24=48(个)

甲筐给乙筐后两筐现有个数：乙筐 20+20=40(个)

甲筐 44−20=24(个)

两筐原有苹果个数：乙筐 40÷2=20(个)

甲筐 24+20=44(个)

验算(顺着算更容易理解)：

两筐原有苹果个数：甲筐 44 个，乙筐 20 个

第一次甲筐给乙筐后：甲筐 44−20=24(个)

乙筐 20+20=40(个)

第二次乙筐给甲筐后：甲筐 24+24=48(个)

乙筐 40−24=16(个)

第三次甲筐给乙筐后：甲筐 48−16=32(个)

乙筐 16+16=32(个) 符合题意

答：甲、乙两人最初分别摘了苹果 44 个与 20 个。

4 甲、乙、丙三人身上带有不同数量的钢笔，开始时甲拿出钢笔来，按乙、丙身上实有数送出。就是说，如果乙身上有 5 支，甲就再送 5 支，接着由乙按相同办法送出，最后由丙也按相同办法送出。这时他们三人的钢笔支数都是 24 支，问甲、乙、丙三人在交换前各有多少支钢笔？

【解题思路】他们三人到最后，每人钢笔数都是 24 支，他们共有钢笔 24×3=72(支)。最后是由丙送出的，说明在丙送之前，甲、乙各有 12 支，丙有 72−12×2=48(支)；中间是由乙送出的，说明在乙送之前，甲有 12÷2=6(支)，丙有 48÷2=24(支)，乙有 72−6−24=42(支)；最先是由甲送出的，说明在甲送出之前，乙有 42÷2=21(支)，丙有 24÷2=12(支)，甲有 72−21−12=39(支)。

可列式计算：

三人共有钢笔：24×3=72(支)

丙送之前每人各有：甲 24÷2=12(支)

乙 24÷2=12(支)

丙 72−12×2=48(支)

乙送之前每人各有：甲 12÷2=6(支)

丙 48÷2=24(支)

乙 72−6−24=42(支)

甲送之前每人各有：乙 42÷2＝21（支）

丙 24÷2＝12（支）

甲 72－21－12＝39（支）

验算（顺着算更容易理解）：

甲送之前每人各有：甲 39 支，乙 21 支，丙 12 支

甲送之后每人各有：乙 21×2＝42（支）

丙 12×2＝24（支）

甲 39－21－12＝6（支）

乙送之后每人各有：甲 6×2＝12（支）

丙 24×2＝48（支）

乙 42－6－24＝12（支）

丙送之后每人各有：甲 12×2＝24（支）

乙 12×2＝24（支）

丙 48－12－12＝24（支） 符合题意

答：甲、乙、丙三人在交换前，分别有钢笔 39 支、21 支与 12 支。

5 甲、乙两桶水共重 16 千克，先从甲桶往乙桶倒水，使乙桶水的重量为原来的 2 倍；再从乙桶往甲桶倒水。使甲桶水的重量为原来的 2 倍；这时，甲桶水的重量正好是乙桶水的 3 倍，求甲、乙两桶原来各有水多少 千克？

【解题思路】 因为甲、乙两桶水共重 16 千克，到最后甲桶重量是乙桶的 3 倍，那么，先用和倍法计算，16÷（3+1）＝4（千克），这 4 千克就是乙桶最后的重量，甲桶为 16－4＝12（千克）；到这里，需要用还原问题的倒推法了，因为最后甲桶是 12 千克，这是乙桶倒给甲桶 12÷2＝6（千克）以后才有的重量，在乙桶没倒给甲桶之前，甲桶是 6 千克，乙桶是 16－6＝10（千克）；再往后推，在甲桶没倒给乙桶以前，乙桶是 10÷2＝5（千克），甲桶是 16－5＝11（千克）。

可列式计算：

乙桶水最后重量：16÷（3+1）＝4（千克）

甲桶水最后重量：4×3＝12（千克）

乙桶水前一次重量：4+12÷2＝10（千克）

甲桶水前一次重量：12÷2＝6（千克）

乙桶水最初重量：10÷2＝5(千克)

甲桶水最初重量：6+5＝11(千克)

验算(顺着算更容易理解)：

第一次甲桶给乙桶水后：甲桶水 11−5＝6(千克)

乙桶水 5×2＝10(千克)

第二次乙桶给甲桶水后：乙桶水 10−6＝4(千克)

甲桶水 6×2＝12(千克)

验算：12÷4＝3 倍 符合题意

答：甲、乙两桶原来分别有水 11 千克与 5 千克。

6 张大爷把自己一个月工资的一半多 800 元存入银行，又用剩下的一半少 60 元买了件衣服，最后用剩下的一半多 30 元请家人吃了一顿饭，结果口袋里还有 330 元，求张大爷每月的工资是多少元？

【解题思路】 这是还原题目，需要倒推过来。因为张大爷请家人吃饭用去剩下的一半还多 30 元，最后还剩下 330 元，说明这 330 元应该加上 30 元后，才是买衣服后剩下的钱的一半，用(330+30)×2＝720(元)；这 720 元是买衣服后剩下来的钱，但这 720 元不等于他存钱后的一半，因为他买衣服比存钱后剩下的一半少用了 60 元，这 60 元在 720 元这里面了，所以要把 720−60＝660(元)，这 660 元才是存钱后剩下钱数的一半；将 660×2＝1 320(元)，这 1 320 元正好是张大爷存钱后剩下的钱，但是，张大爷不是存了工资的一半，而是比一半多 800 元，这 800 元等于是从工资另一半里面拿过去的，现在再把它拿回来，(1 320+800)＝2 120(元)，这 2120 元才是全部工资的一半，再把 2 120×2＝4 240(元)，这样 4 240 元就是张大爷一个月的工资。

可列式计算：

张大爷买衣服后剩下：(330+30)×2＝720(元)

张大爷存钱后剩下：(720−60)×2＝1 320(元)

张大爷每月工资：(1 320+800)×2＝4 240(元)

验算：

张大爷存钱后剩下：4 240÷2−800＝1 320(元)

张大爷买衣服后剩下：1 320÷2+60＝720(元)

张大爷请吃饭后剩下：720÷2−30＝330(元) 符合题意

答：张大爷每月工资是 4 240 元。

7 甲、乙两盒香梨共 160 个，如果先将甲盒内的一半香梨放入乙盒，再将乙盒现有香梨的$\frac{1}{5}$放入甲盒后，两盒香梨的个数相等。求甲、乙两盒原有多少个香梨？

【解题思路】因为甲、乙两盒共有 160 个香梨，到最后相等，那么，每盒就是 160÷2＝80(个)；从将乙盒现有香梨的$\frac{1}{5}$放入甲盒后，两盒香梨的个数相等这个已知条件来分析，就会知道，乙盒现有个数的 $1-\frac{1}{5}=\frac{4}{5}$，这$\frac{4}{5}$就是 80 个，这样就可以求出在乙盒得到甲盒一半香梨后，它的香梨数是 $80\div\frac{4}{5}=100$(个)；那么，将 160−100＝60(个)，这 60 个就是甲盒原有香梨的一半，将 60×2＝120(个)，这 120 个香梨就是甲盒的原有数量。

可列式计算：

甲、乙两盒最后各有香梨：160÷2＝80 (个)

乙盒得到甲盒一半后的香梨：$80\div\frac{4}{5}=100$(个)

甲盒原有香梨的一半：160−100＝60(个)

甲盒原有香梨：60×2＝120(个)

乙盒原有香梨：160−120＝40(个)

验算(顺着算更容易理解)：

甲盒原有香梨给乙盒一半后剩下：120−120÷2＝60(个)

乙盒收到甲盒一半香梨后：40+60＝100(个)

乙盒香梨的$\frac{1}{5}$给甲盒后剩下：$100-100\times\frac{1}{5}=80$(个)

甲盒收到乙盒的$\frac{1}{5}$香梨后：$60+100\times\frac{1}{5}=80$(个) 符合题意

答：甲、乙盒原有香梨分别是 120 个与 40 个。

8 甲、乙、丙三棵树上共有 90 只鸟，如果甲树上的鸟有$\frac{1}{4}$飞到乙树上后，接着乙树上现有的鸟又有$\frac{1}{3}$飞到丙树上，这时三棵树上鸟的只数相等，求这三棵树上原来各有多少只鸟？

【解题思路】这道题目是标准的还原问题。最后每棵树上有鸟 $90\div3=30$（只），丙树上这 30 只鸟，是乙树上飞来$\frac{1}{3}$的鸟凑成的，那么，乙树上留下$\frac{2}{3}$的鸟就是 30 只，把 30 除以$\frac{2}{3}$，就知道当时乙树上是 45 只鸟；不过，乙树上这 45 只鸟，是甲树上飞来$\frac{1}{4}$的鸟凑成的，那么，甲树上原有鸟数的$\frac{3}{4}$就是 30 只，把 30 除以$\frac{3}{4}$，就知道甲树上原有 40 只鸟。现在知道了甲树上原有鸟的只数，那么就能确定，甲树上有 $40\times\frac{1}{4}=10$（只）鸟飞到了乙树上，那么，乙树上原有鸟的只数是 $45-10=35$（只）；再来看丙树，因为在乙树上有 45 只鸟的时候，飞过来 $45\times\frac{1}{3}=15$（只），才凑成 30 只的，那么，丙树上原有鸟 $30-15=15$（只）。

可列式计算：

甲树原有鸟数：$30\div\left(1-\frac{1}{4}\right)=40$（只）

乙树原有鸟数：$30\div\left(1-\frac{1}{3}\right)-10=35$（只）

丙树原有鸟数：$30-15=15$（只）

验算：$40+35+15=90$（只）符合题意

答：甲、乙、丙这三棵树上原有鸟分别是 40 只、35 只与 15 只。

9 一个纸箱里放有若干小球，如果有人每天从里面拿出一半多 2 个球出来，这样连续拿了 4 天，纸箱里只剩下 3 个小球，求纸箱里原来有小球多少个？

【解题思路】这是一道标准的还原题目，只要细心地从后面倒算过来，就能得到正确的答案。拿了4天后，纸箱里还有3个小球，说明在第4天还没开始拿时，里面有小球(3+2)×2=10(个)；说明第三天还没开始拿时，里面有小球(10+2)×2=24(个)；说明第二天还没开始拿时，里面有小球(24+2)×2=52(个)；说明第一天还没拿时，也就是纸箱里原有小球(52+2)×2=108(个)。

可列式计算：

倒数第4天纸箱里有球：(3+2)×2=10(个)

倒数第3天纸箱里有球：(10+2)×2=24(个)

倒数第2天纸箱里有球：(24+2)×2=52(个)

纸箱里原有小球(52+2)×2=108(个)

验算(顺着算更容易理解)：

第一天拿后剩下：108-(108÷2+2)=52(个)

第二天拿后剩下：52-(52÷2+2)=24(个)

第三天拿后剩下：24-(24÷2+2)=10(个)

第四天拿后剩下：10-(10÷2+2)=3(个) 符合题意

答：纸箱里原有小球108个。

10 有一筐苹果，第一次拿出它的一半多5个，第二次拿出剩下的一半少2个，第三次拿出剩下的一半多3个，筐里还有6个苹果。求筐里原来有多少个苹果？

【解题思路】这种还原题目，只要细心地弄清楚，它的一半是多少，它一半的一半是多少，它一半的一半，一半的一半，关键是找准最后的一半是多少，然后再慢慢地将它倒推回来。

这道题最后剩下6个，它不是第三次拿走后的一半，因为当时拿走了一半多3个，这3个跟6个加起来，才是最后剩下的一半。于是，进行第一步倒推：(6+3)×2=18(个)；再来看这18个是不是第二次拿后剩下的一半，第二次是拿了第一次拿后剩下的一半少2个，如果拿走这2个，正好是剩下的一半，现在是留下了2个，那倒推时必须减去2个才是真正的一半，进行第二步倒推：(18-2)×2=32(个)；现在来看，这32个是不是第一次拿走后剩下的一半，第一次是拿走了整筐苹果的一半还多5个，这5个应该是剩下那一半里面的，但是被拿走了，现在要把这5个拿回来才是真正的一半，进行第三步倒推：(32+5)×2

=74(个)，说明筐里原有74个苹果。

可列式计算：

第三次拿出后剩下的一半：6+3=9(个)

第二次拿出后剩下的一半：(6+3)×2=18(个)

第一次拿出后剩下的一半：(18−2)×2=32(个)

筐里原有苹果：(32+5)×2=74(个)

验算(顺着算更容易理解)：

第一次拿出后剩下：74÷2−5=32

第二次拿出后剩下：32÷2+2=18

第三次拿出后剩下：18÷2−3=6 符合题意

答：筐里原有74个苹果。

11 将某数扩大至5倍后减去3，再将这差扩大至5倍后减去3，经过这种方式的4次扩大后，计算结果是5 157，求某数是多少？

【解题思路】这也是还原题目，要一步一步地倒推过来，才能得到正确答案的。先将(5 157+3)÷5=1 032；再将(1 032+3)÷5=207；再将(207+3)÷5=42；再将(42+3)÷5=9，9就是要求的某数。

可列式计算：

(5 157+3)÷5=1 032

(1 032+3)÷5=207

(207+3)÷5=42

(42+3)÷5=9

验算：

9×5−3=42

42×5−3=207

207×5−3=1 032

1 032×5−3=5 157 符合题意

答：某数是9。

12 甲、乙、丙三个玻璃缸里共有珠子288个。如果先将甲缸珠子的$\frac{1}{3}$放入乙缸，再将乙缸这时珠子的$\frac{1}{3}$放入丙缸，再将丙缸这时珠子的 1/3 放入甲缸，最后三个玻璃缸里面的珠子数相等。求最初三个玻璃缸里各有珠子多少个？

【解题思路】这道题目只告诉了三个缸子的珠子总数，以及三次交换的比例，要求最初三个缸子里的珠子数，这个应该采用解还原类题型的方法，倒过来再往回去分析才可以；有了总数，就能算出三次交换后，各缸里面的珠子数是 $288\div3=96$（个）；先来看丙缸这 96 个，它是给出了$\frac{1}{3}$，留下了$\frac{2}{3}$，那么它在没有给出前，且收到乙缸放入珠子后的数是 $96\div\frac{2}{3}=144$（个）；有了这个数字算是一个突破口，那么丙给了甲缸 $144\times\frac{1}{3}=48$（个）以后，甲缸才是 96 个的，说明甲缸在给出$\frac{1}{3}$后，只剩下 $96-48=48$（个）珠子，这 48 个珠子相当于甲缸原有的$\frac{2}{3}$，这样就可以求出甲缸原有珠子是 $48\div\frac{2}{3}=72$（个），说明乙缸收到甲缸的珠子是 $72\times\frac{1}{3}=24$（个）；现在来看乙缸，它收到 24 个后，又拿出$\frac{1}{3}$后是 96 个，说明乙缸收到 24 个珠子后一共是 $96\div\frac{2}{3}=144$（个），那么乙缸原有珠子是 $144-24=120$（个）；现在知道了甲、乙两缸原有的珠子数，那么丙缸就是 $288-72-120=96$（个）。

可列式计算：

三个缸子最后平均有珠子：$288\div3=96$（个）

丙缸现有珠子：$96\div\frac{2}{3}=144$（个）

甲缸原有珠子：$\left(96-144\times\frac{1}{3}\right)\div\frac{2}{3}=72$（个）

乙缸原有珠子：$96\div\frac{2}{3}-72\times\frac{1}{3}=120$（个）

丙缸原有珠子：$288-72-120=96$（个）

验算：$72+120+96=288$（个） 符合题意

答：甲、乙、丙三缸原有珠子分别是72个、120个跟96个。

13 小李、小吴、小高三人摘了一些苹果放在一起后，就去附近的广场看杂技表演。他们散场时被挤散了，只好分别回到苹果树旁。小李先到，他将摘的苹果分成3份，发现剩下1个，他将这1个送给了路旁的一位老奶奶，拿着其中的1份回家了；小吴过来时，将剩下的苹果分成3份，还是多一个，他将这1个也送给了别人，拿着其中的1份回家了；等小高过来时，也将剩下的苹果分成3份，还是多出1个，他先将这1个吃掉，也拿着其中的1份回家了。问他们摘下的这堆苹果最少有多少个？

【解题思路】题目问最少有多少个苹果，说明这道题目不止一个答案，先求出一个最少数来就行了。要想最少，只有假设小高分的每1份是1个苹果，那么小高来时地上只有4个苹果。这4个苹果是小吴留下的2份，每份2个；说明小吴来时地上只有7个苹果，将$2\times3+1=7$(个)，这7个就应该是小李留下来的2份，因为7不是2的整倍数，所以不合题意；假设最后一份是2个苹果也不行，只有是3个才可以，知道最后1份是3个苹果后，就可以倒推回去了；小高见到的是$3\times3+1=10$(个)，这10个是2份，每份5个；小吴见到的是$5\times3+1=16$(个)，这16个也是2份，每份8个；那么，小李见到的是$8\times3+1=25$(个)，这25个就是 符合题意时苹果的最少数量。

可列式计算：

最后每份是3个：$3\times3+1=10$(个)

中间每份是5个：$5\times3+1=16$(个)

开始每份是8个：$8\times3+1=25$(个)

验算：

$(25-1)\div3=8$(个)

$(2\times8-1)\div3=5$(个)

$(2\times5-1)\div3=3$(个) 符合题意

答：他们摘下的这堆苹果最少有25个。

14 小马虎做一道算式题时，将某数乘以9加6，当成了乘以6加上9计算，结果是369，求这道算式题的正确答案是多少？

【解题思路】这个369是小马虎看错数，把9当成6，把6当成9以后，直接将某数乘以6再加上9得来的，现在将它倒算过来，用369−9=360，再用360÷6=60，这个60就是所求的某数。知道这个某数是60以后，就能求出正确答案来。

可列式计算：

所求某数：(369−9)÷6=60

正确答案：60×9+6=546

答：这道算式题的正确答案是546。

15 一学生问老师的年龄，老师回答说："把我的年龄加上9，除以3，减去7，再乘以5，正好是45岁。"问老师今年多少岁？

【解题思路】这也是还原问题，要倒着推算回来。而且这类题目的加、减、乘、除都要反过来算。那么就这样，先按照题目的意思写一个顺着的算式出来。[(老师年龄+9)÷3−7]×5=45；再倒算过来，将45除以5，加上7，乘以3，再减去9，最后等于39岁。

可列式计算：

(45÷5+7)×3−9=39(岁)

验算：[(39+9)÷3−7]×5=45(岁) 符合题意

答：老师今年39岁。

16 把一根绳子对折后剪掉一半，再把剩下的一半再对折后剪掉一半，就这样剪了5次后，最后那剩下的一半绳长为1米，求这根绳子原来有多少米？

【解题思路】可以在草稿纸上画出一条线段，先在线段中间的地方点一下，接着在一半线段的中间又点一下，这样连续点了5次，假设最后那一小段是1米长，再直接倒算回来，只要把最后那段1米的绳子乘以2，这样连续乘5次就是这条绳子的原长了。

可列式计算：

1×2×2×2×2×2=32(米)

验算：32÷2=16，16÷2=8，8÷2=4，4÷2=2，2÷2=1(米) 符合题意

答：这根绳子原来有32米。

17 一筐桃子连着筐重38千克，第一天卖出一半桃子，第二天又卖出剩下桃子

的一半，这时连着筐重 11 千克，求筐重多少 千克？原有桃子多少 千克？

【解题思路】这道题目的关键点在于，要求出留在筐里的桃子跟卖出桃子各自所占的份量。因为两天卖出的都是桃子，跟筐没关系，所以，$38-11=27$（千克），这 27 千克就是两天卖出桃子的重量和。这重量和跟留在筐里那些桃子是怎样的份量关系呢？把全部桃子当作单位“1”来看，第一天卖出全部桃子的一半，占$\frac{1}{2}$；第二天卖出剩下的一半，就占总量的$\frac{1}{2}\times\frac{1}{2}=\frac{1}{4}$，那么，两天共卖出总量的$\frac{1}{2}+\frac{1}{4}=\frac{3}{4}$，这$\frac{3}{4}$重 27 千克，那么，全部桃子的重量是：$27\div\frac{3}{4}=36$（千克）。知道了桃子的重量，就能求出筐的重量来。

可列式计算：

两天共卖出桃子：$38-11=27$（千克）

两天共卖出桃子占桃子总量的份数：$\frac{1}{2}+\frac{1}{2}\times\frac{1}{2}=\frac{3}{4}$

原有桃子重量：$(38-11)\div\frac{3}{4}=36$（千克）

筐重：$38-36=2$（千克）

验算：$38-\left(36\times\frac{1}{2}+36\times\frac{1}{2}\times\frac{1}{2}\right)=11$（千克） 符合题意

答：原有桃子 36 千克，筐重 2 千克。

18 山上有一堆木头，共 48 根，兄弟俩要将它们挑回家。弟弟刚选择好一批准备挑走，哥哥看到弟弟太多，便拿了一半过去；弟弟又从哥哥那里拿了$\frac{1}{3}$过来；哥哥又从弟弟这里拿了一半过去；后来弟弟又从哥哥那里拿了 10 根过来，这时两人的木头根数相等，问开始时，弟弟选了多少根木头？

【解题思路】题目中一共是 48 根木头，最后哥哥跟弟弟的数字相等，就是$48\div2=24$（根）。现在我们倒推过来，弟弟拿 10 根过来前，只有 14 根，哥哥是$48-14=34$（根）；哥哥从弟弟那里拿走一半后，弟弟剩下的一半是 14 根，说明哥哥也拿走了 14 根，哥哥拿走之前弟弟是 28 根，哥哥是$48-28=20$（根）；弟弟从哥哥那里拿走$\frac{1}{3}$后，哥哥只剩下20根，说明哥哥当时有30根，被弟弟拿走$\frac{1}{3}$是10根，弟弟得到10根后才是28根，说明他当时只有18根；到这里有点眉目了，因为弟弟这18根是被哥哥拿走一半后留下的，所以可以确定弟弟最初那批木头是18×2=36(根)，那么哥哥就是48−36=12(根)。

可列式计算：

最后哥哥、弟弟都是(48÷2)=24(根)

倒数第一次：哥哥 24+10=34(根)

弟弟 24−10=14(根)

倒数第二次：哥哥 34−14=20(根)

弟弟 14×2=28(根)

倒数第三次：哥哥 20+10=30(根)

弟弟 28−10=18(根)

最初的时候：哥哥 30−18=12(根)

弟弟 18×2=36(根)

验算(顺着算更容易理解)：

最初的时候：哥哥 12(根)

弟弟 36(根)

哥哥拿走弟弟的一半：哥哥 12+18=30(根)

弟弟 36÷2=18(根)

弟弟拿哥哥的$\frac{1}{3}$来：哥哥 $30-30\times\frac{1}{3}=20$(根)

弟弟 18+10=28(根)

哥哥又拿走弟弟的一半：哥哥 20+14=34(根)

弟弟 28÷2=14(根)

弟弟拿哥哥10根过来：哥哥 34−10=24(根)

弟弟 14+10=24(根) 符合题意

答：弟弟开始时选了36根木头。

第6讲　盈亏面前心平和

什么是盈亏问题呢？

就是人们在日常生活中，往往需要将某些物品平均分成若干份，如果每份少分一点，这些物品就会有剩下的，习惯叫它为盈；如果每份多分一些，这些物品就不够分，就会少一些，习惯叫它为亏。凡是研究解决这一类型的应用题，就叫盈亏问题。

盈亏问题的基本计算方法如下：

（1）（盈+亏）÷两次分配数量之差 =所分份数；

（2）（大盈−小盈）÷两次分配数量之差 =所分份数；

（3）（大亏−小亏）÷两次分配数量之差 =所分份数。

再根据每份的数量及份数，进一步求出总量来。

（1）每次分的数量×份数+盈量 =总量；

（2）每次分的数量×份数−亏量 =总量。

1 一位阿姨要将一些巧克力分给几个小朋友，如果每个小朋友分 2 颗，就多 3 颗；如果每个小朋友分 3 颗，就少 5 颗，求阿姨有多少颗巧克力，她身旁有几个小朋友？

【解题思路】 这道题目里经过两次分糖后，出现了一多一少，正好符合一盈一亏的条件。那么，就用上面的计算方法：（盈+亏）÷两次分配数量之差=所分份数，先求出有几个小朋友参与分巧克力，将题目中的相关数字代入进去，就是：(3+5)÷(3−2)=8(个)，说明有 8 个小朋友；知道了小朋友的人数，就可以求出巧克力的总数了，用 8×2+3＝19(颗)或者 8×3−5＝19(颗)都行。答案就是 8 个小朋友，19 颗巧克力。

可列式计算：

小朋友人数：(3+5)÷(3−2)＝8(个)

巧克力颗数：8×2+3＝19(颗) 或者 8×3−5＝19(颗)

答：阿姨有 19 颗巧克力，她身边有 8 个小朋友。

2 老师给幼儿园的小朋友分橘子，如果给 10 个小朋友每人分 5 个，给其余小朋友每人分 7 个，就剩下 68 个；如果给幼儿园里每个小朋友都分 9 个，就剩下 4 个，求幼儿园小朋友的人数与橘子的总数分别是多少个？

【解题思路】这道题目中小朋友们分的橘子数不一样，在已知条件中转了一个弯，无法运用基本计算方法来进行直接计算。其实，这道题目的关键点在于第一次那 10 个分了 5 个橘子的小朋友，他们每人比别的小朋友少分了 2 个橘子，一共少分了 10×2＝20(个)橘子，第一次分后还剩下 68 个橘子，为了把不可比的数字变成可比的数字，现在假设这 10 个小朋友也分 7 个橘子，这样一来，第一次按每个小朋友分 7 个橘子的话，那么只能剩下 68−20＝48(个)橘子了。现在就可以用(大盈−小盈)÷两次分配数量之差＝所分份数，这个方法来计算了。

可列式计算：

小朋友人数：(48−4)÷(9−7)＝22(个)

橘子个数：7×22+48＝202(个) 或者 9×22+4＝202(个)

验算：(202−48)÷22＝7(个)，(202−4)÷22＝9(个) 符合题意

答：幼儿园小朋友是 22 个，橘子是 202 个。

3 某老师为一课外活动小组的学生赠送图书。如果给每个学生赠送 3 本，则少 2 本；如果给每个学生赠送 5 本，则少 26 本。求这个小组有学生多少个？共有图书多少本？

【解题思路】这是一道标准的盈亏题目，两个已知条件都是少多少本，就直接运用(大亏−小亏)÷两次分配数量之差 ＝所分份数，这个方法来计算。

可列式计算：

小组有学生：(26−2)÷(5−3)＝12(个)

老师共有图书：3×12−2＝34(本) 或者 5×12−26＝34(本)

答：这个小组有学生12个，共有图书34本。

4 某班全体同学在植树节这天去山上植树，松树苗是枫树苗的2倍。如果枫树苗按每人栽3棵，就会少15棵；如果松树苗按每人栽5棵，就会多6棵。求该班共有多少人？松树苗跟枫树苗各有多少棵？

【解题思路】这道题目同时栽两种树苗，是无法直接比较的，要想办法把不可以比较的数变为可以比较的数。松树苗是枫树苗的2倍，现在把栽枫树苗的数量扩大到2倍，那么，枫树苗就跟松树苗相等了，就可以将栽的枫树苗看成松树苗，于是，第一个已知条件就变成了，每人栽6棵松树，还少30棵松树苗。这样一来，这道题就变成了只栽松树苗，暂时不管枫树苗(后一步再计算)，这样就转变成标准的盈亏问题了。

可列式计算：

学生人数：(30+6)÷(6−5)＝36(人)

松树苗数：36×5+6＝186(棵) 或者 36×6−30＝186(棵)

枫树苗数：186÷2＝93(棵)

验算：(186−6)÷36＝5(棵)，(93+15)÷36＝3(棵) 符合题意

答：某班有学生36人，松树苗有186棵，枫树苗有93棵。

5 某水果店进货了一批香梨，计划若干天卖完。如果每天卖出28千克，则剩下24千克没卖出；如果每天卖出31千克，则还少12千克。如果该店每天卖出29千克的话，那么，该店在计划内的最后一天需要卖出多少千克香梨，才能在计划时间内全部卖完？

【解题思路】这道题目要求计划时间内最后一天的销量，就得先求出计划销售天数(24+12)÷(31−28)＝12(天)；再求出香梨的总量28×12+24＝360(千克)；现在知道了计划销售天数跟香梨的总量，就能回答题目中最后的问题了。

可列式计算：

计划销售天数：(24+12)÷(31−28)＝12(天)

香梨总量：28×12+24＝360(千克) 或者 31×12−12＝360(千克)

第12天应卖出香梨：$360-29\times11=41$（千克）

答：如果前11天每天卖出29千克香梨的话，那么最后一天要卖出41千克香梨，才能在计划时间内全部卖完。

6 某班同学聚会，桌上有一大盘核桃。如果每人吃5颗，则少9颗；如果有3人每人吃了7颗的话，那么，其余同学每人刚好可以吃4颗，求这盘核桃一共有多少颗？

【解题思路】 这道题目中的第一个已知条件是明确的，但第二个已知条件需要变通一下，其实呀，假设第二次吃7颗核桃的那3个同学也只吃了4颗核桃的话，那么第二次就剩下 $3\times(7-4)=9$（颗），这么一变通，就是标准的盈亏问题了。

可列式计算：

总人数：$(9+9)\div(5-4)=18$（人）

盘中核桃数：$5\times18-9=81$（颗）或者 $4\times18+9=81$（颗）

答：这盘核桃一共是81颗。

7 某班同学们相约去公园的人工湖上划船，来到湖边，他们算了一下，如果每条船上坐8人，就要比原计划增加一条船；如果每条船上坐10人，则少6人。求班上共有多少人？原计划要租几条船？

【解题思路】 题目中第一个已知条件说，每条船坐8人，需要增加一条船，其实是在说，还多出8人没船坐；第二个已知条件说，每条船上坐10人，则少6人。这就是标准的盈亏问题。

可列式计算：

计划租船数：$(6+8)\div(10-8)=7$（条）

某班的人数：$8\times7+8=64$（人）或者 $10\times7-6=64$（人）

验算：$(64-8)\div8=7$（条），$(64+6)\div10=7$（条）符合题意

答：班上有学生64人，原计划要租7条船。

8 玩具箱里有红球与白球若干个，已知红球的数量是白球的4倍。一小朋友每次从箱子里面拿3个白球跟10个红球出来，等到白球拿完后，他数了一下，玩具箱里面还有30个红球。求玩具箱里有红球、白球各多少个？

【解题思路】这道题目的关键点在于红球是白球的4倍。假设每次拿3个白球跟12个红球的话，那么，拿到一定次数后，箱子里不会有剩下的球；现在再来看题目中给出的已知条件，每次拿3个白球跟10个红球，白球拿完时，箱子里剩下30个红球；如果现在暂时不管白球，只看两次红球的拿出情况，就变成了这样一道题目：有红球若干个，如果每次拿12个出来的话，到一定次数后可以全部拿完，如果每次拿10个出来的话，拿到跟前面的相同次数时，还剩下30个。这样一变通，就是一道标准的盈亏题目。不过，这里需要提醒的是，如果要将红球当作标准盈亏问题来解的话，两次拿出来的次数必须相同；在这道题目中，两次都是以每次拿3个白球为标准的，因为白球的个数不变，前后两次(含假设一次)拿完白球的次数是相同的，所以题目中的红球才能按标准盈亏问题来解(这点千万要注意啊)。

可列式计算：

拿球的次数：$(30+0)\div(12-10)=15$(次)

白球：$3\times15=45$(个)

红球：$10\times15+30=180$(个) 或者 $45\times4=180$(个)

验算：$180\div45=4$ 倍 符合题意

答：玩具箱里有红球180个，白球45个。

9 竹筐里有若干橘子跟苹果，如果每次拿1个橘子跟3个苹果出来，那么橘子拿完时，竹筐里还有2个苹果；如果每次拿4个苹果跟1个橘子，那么橘子拿完时，竹筐里还差3个苹果。求竹筐里原有橘子跟苹果各多少个？

【解题思路】这道题目中，因为前后两次，每次都是拿1个橘子出来，所以两次拿出来的次数是一样的，这里的橘子数就是每次拿的次数；既然次数一样，第一次是每次拿3个苹果出来，最后还多2个苹果；第二次是每次拿4个苹果出来，最后还少3个苹果，如果先计算苹果的话，这道题目就是一道标准的盈亏问题了。

可列式计算：

拿出苹果的次数：$(3+2)\div(4-3)=5$(次)

橘子：$1\times5=5$(个)

苹果：$3\times5+2=17$(个) 或者 $4\times5-3=17$(个)

验算：(17−2)÷3=5(次) 符合题意

答：竹筐里原有 5 个橘子，17 个苹果。

10 某商店购进一批梨，如果按每千克 6 元的价格出售，就会亏损 500 元；如果按每千克 8 元的价格出售，就能赚 1 500 元。求商店购进了多少梨？每千克梨的进价是多少元？

【解题思路】这道题目不是直接分配物品后有多有少的问题；但是它按两种价格卖出，有亏有盈，其实也是标准的盈亏问题；也可以把它看成是两次分配苹果，就是如果每人分 6 个，还多 500 个，如果每人分 8 个，还少 1 500 个；这样就可以求出参与分配的人数来，这个人数其实就是购进梨的重量；因为每千克售价多少钱跟每人分几个苹果意思是一样的，那么购进梨：(500+1 500)÷(8−6)=1 000(千克)。知道了购进梨的重量后，可以进一步求它的进价。因为题目的已知条件中说，如果这批梨按每千克 6 元出售，就要亏 500 元，如果把这 500 元加进来，就是不亏也不赚，这就是进货价。

可列式计算：

商店购进梨：(500+1 500)÷(8−6)=1 000(千克)

梨的进价：(1 000×6+500)÷1 000=6. 5(元)

验算：

按 6 元价亏损：1 000×6. 5−1 000×6=500(元)

按 8 元价盈利：1 000×8−1 000×6. 5=1 500(元) 符合题意

答：商店购进了 1 000 千克梨，进价是每千克 6. 5 元。

11 有两个筐子，分别装着一些黄桃跟芒果。如果将 5 个黄桃跟 3 个芒果装在一个小袋子里面的话，当芒果装完时，筐里还有 4 个黄桃；如果将 7 个黄桃跟 3 个芒果装在一个小袋子里面的话，当黄桃正好装完时，筐里还有 12 个芒果。求黄桃跟芒果各有多少个？

【解题思路】可以这样想，因为芒果在两次分装时都是一次装 3 个，没有变化，先将它放在一旁，专门来看黄桃的情况。因为黄桃第一次每小袋装 5 个，剩 4 个；第二次黄桃刚好装完，但剩下 12 个芒果，按照每小袋装 3 个芒果计算，还可装 12÷3=4(袋)，但是已经没有黄桃了；如果按每小袋 7 个黄桃来计算的话，那么黄桃还少 4×7=28(个)；到这里，问题就变成了这样一道题：有一批黄桃，如果每小袋装 5 个，就多了 4 个；如果每小袋装 7 个，就少了 28 个，问黄桃跟小袋子各有多少个？这样变通后，就是标准的盈亏问题了。

可列式计算：

小袋子个数：(4+28)÷(7−5)=16(个)

黄桃：5×16+4=84(个) 或者 7×16−28=84(个)

芒果：3×16=48(个)

验算：

第一次剩下黄桃：84−5×16=4(个)

第二次剩下芒果：48−(84÷7)×3=12(个)

答：黄桃跟芒果分别是 84 个与 48 个。

12 小李在读一本书，如果每天读 30 页，就比计划时间晚 3 天读完；如果每天读 50 页，就比计划时间提前 5 天读完。求这本书一共有多少页？小李原计划多少天读完？

【解题思路】这道题目的第一个已知条件其实是说，如是小李每天读 30 页，那么在计划时间内，就会有 30×3=90(页)没读完，等于多出 90 页；第二个已知条件是说，如果小李每天读 50 页，就可以比计划时间提前 5 天读完，等于还少 50×5=250(页)。这一多一少正好是标准的盈亏问题，按它的基本计算方法来计算就行了。

可列式计算：

计划读书天数：(90+250)÷(50−30)=17(天)

书的页数：30×17+30×3=600(页) 或者 50×17−50×5=600(页)

答：这本书一共有 600 页，小李原计划 17 天读完。

13 小乐要在中午十二时赶到姑妈家吃饭。他从家里出发，如果每分钟走 60 米，则要迟到 5 分钟；如果每分钟走 80 米，就能提前 3 分钟到达。求小乐家离姑妈家有多少 米？

【解题思路】小乐每分钟走 60 米，要迟到 5 分钟，说明他在计划时间内还有 60×5=300(米)没走完，相当于少走了 300 米；他每分钟走 80 米，能提前 3

分钟到，说明他在计划时间内还可以多走 80×3＝240(米)；他的计划时间是不变的，现在按两种速度行走，出现了一多一少的两段路程，这就是标准的盈亏问题。

可列式计算：

小乐原计划时间：(60×5+80×3)÷(80−60)＝27(分钟)

小乐家到姑妈家的距离：60×27+60×5＝1 920(米) 或者 80×27−80×3＝1 920(米)

验算：

小乐迟到：1 920÷60−27＝5(分钟)

小乐提前：27−1 920÷80＝3(分钟) 符合题意

答：小乐家到姑妈家的距离是 1 920 米。

14 某车间要加工一批零件，如果让一班工人每人加工 6 个，则少 18 个；如果让二班工人每人加工 8 个，则还多 10 个。已知一班比二班多 2 人，求需要加工的零件是多少个(假设所有工人的工作效率相同)？

【解题思路】这道题目，两个班的人数不一样，虽然有零件多与少的数字，但是不能按盈亏问题的基本计算方法来算；必须把不可以比较的数字变成可以比较的数字来计算；按照这个思路，就假设二班工人跟一班工人一样多，那么让二班工人(实际上相当于一班工人在加工，每人加工 8 个零件)来加工这批零件的话，就会多 8×2+10＝26(个)，这样就转换成标准的盈亏问题了。

可列式计算：

一班人数：(18+26)÷(8−6)＝22(人)

二班人数：22−2＝20(人)

加工零件数：6×22+18＝150(个) 或者 8×20−10＝150(个)

验算：150−6×22＝18(个)，8×20−150＝10(个) 符合题意

答：需要加工的零件是 150 个。

15 有两棵橘子树上的橘子数量相等，甲、乙两人各摘一棵树，且计划在相同的时间内摘完。甲在前两天每天摘 50 个，以后每天摘 40 个，正好在计划天数内摘完；乙在前两天每天摘 60 个，以后每天摘 50 个，在计划时间内可

以多摘 120 个。问每棵树上各有橘子多少个？

【解题思路】这道题目中出现了两个人，两棵橘子树，实际上相当于一个人在摘一棵树上的橘子，因为两棵树上的橘子数相同，两人计划摘完的时间也相同；只要把题目中给出的条件稍微调整一下，就可以把它变成一道标准的盈亏题目的，关键是要假设他俩每天各自都摘相等的橘子就行了；先假设甲每天都摘 40 个橘子，那么他开始两天就会少摘(50−40)×2＝20(个)，这就变成了，如果甲每天摘 40 个橘子，树上就会剩下(少摘)20 个；设乙每天摘 50 个橘子，那么他开始两天就会少摘(60−50)×2＝20(个)，这就会变成了，如果乙每天摘 50 个，就会多摘 120−20＝100(个)。题目中虽然是甲、乙两人在采摘，但是可以看成一个人，在采用前后两种不同的工作效率在摘同一棵树上的橘子，这样就是标准的盈亏题目了。

可列式计算：

假设甲每天摘 40 个橘子，计划时间内树上就会剩下橘子 20 个

假设乙每天摘 50 个橘子，计划时间内还可多摘 120−20＝100(个)

计划采摘天数：(20+100)÷(50−40)＝12(天)

树上橘子数：50×2+40×(12−2)＝500(个) 或者 60×2+50×(12−2)−120＝500(个)

答：两棵树上原有橘子各是 500 个。

16 红球是白球的 2 倍，把它们分给小朋友。如果白球每人分 2 个，则剩下 1 个；如果红球每人分 6 个，则少 14 个。求小朋友有多少人？白球和红球各有多少个？

【解题思路】先要想清楚第一个已知条件，每位小朋友分 2 个白球剩下 1 个，因为红球是白球的 2 倍，如果将白球扩大成 2 倍的话，就是相当于每人分 4 个红球还剩下 2 个；这样一变动，就把第一次分白球的活动变成是分红球了，于是，这道题目就变成前后两次都分红球的问题了；同一批红球，经过前后两次分给同一批小朋友，这就变成了标准的盈亏问题。

可列式计算：

小朋友人数：(2+14)÷(6−4)＝8(人)

白球的个数：2×8+1＝17(个)

红球的个数：17×2＝34(个)

验算：

红球：4×8+2＝34(个)或者 6×8−14 ＝34(个)

白球：2×8+1＝17(个)符合题意

答：有小朋友 8 人，白球 17 个，红球 34 个。

17 节日来临，张大爷要在自家院子里的树上挂上彩灯。如果把小树上都挂上 6 个彩灯，则还剩下 5 个彩灯；如果把大树上都挂上 9 个彩灯，则还差 7 个彩灯。已知大树比小树少 2 棵，求张大爷家院子里大树和小树各有多少棵？这次要挂多少个彩灯？

【解题思路】题目中出现了两种树，是不能直接按盈亏问题来计算的，必须把大树看作小树或者把小树看作大树后，才能进行下一步的分析跟计算；如果把大树看作跟小树棵数一样多的话，那么，每棵树上挂 9 个彩灯，就不是差 7 个而是差 9×2+7＝25(个)。这样就变成了每棵小树上挂 9 个彩灯，则差 25 个；每棵小树上挂 6 个彩灯，则多 5 个。这样才是标准的盈亏题目。

可列式计算：

小树棵数：(25+5)÷(9−6)＝10(棵)

大树棵数：10−2＝8(棵)

彩灯个数：10×6+5＝65（个）或者 8×9−7＝65(个)。

答：张大爷家院子里有 8 棵大树，10 棵小树，这次要挂彩灯 65 个。

18 幼儿园老师为班上每位小朋友准备了 12 块小饼干，结果有 5 个小朋友临时请假没来，老师就给来了的每个小朋友 15 块小饼干，最后剩下 6 块。求老师这次准备了多少块小饼干？班上有多少个小朋友？

【解题思路】题目中只给出了一次的分配数字，到哪里去找另一次的分配数字呢？仔细想想后就知道。原来关键点在这里，就是可以按小朋友的实有数来一次假设性的分配。现在每个小朋友分 15 块，多 6 块，如果按照老师最初的想法，现在每个小朋友分 12 块，那么就会多 12×5＝60(块)。这样就变换出一道标准的盈亏问题来了，而且还是标准的大盈减小盈呢。好的，这样一来问题就解决了。

可列式计算：

班上没请假的小朋友：(60-6)÷(15-12)=18(个)

班上有小朋友：18+5=23(个)

老师准备的饼干：12×23=276(块) 或者 15×18+6=276(块)

答：老师准备了276块小饼干，班上有23个小朋友。

其实，这道题还有一个更简单的办法，就是5个请假的小朋友共剩下12×5=60(块)小饼干，虽然这60块不知分给了多少位小朋友，但是每人分3块，剩6块，可以用(60-6)÷3=18(个)，这18个小朋友就是这次没有请假的，根据这个已知条件就可以计算出相关数字来回答题目中的问题了。

19 光明商店购进一批同型号毛巾，如果按每条11元的价格卖出30条，跟按每条10元的价格卖出45条所赚的钱相等，求毛巾的进货价是多少元一条？

【解题思路】这道题的关键点是要理解已知条件的真正含义。商店按每条11元卖了30条，是330元，按每条10元卖了45条，是450元，这两次的收入虽然不一样，但利润是一样多的；这450元跟330元相差120元，这120元是什么意思呢？只有弄清这120元的真正含义，才能正确地解答这道题。因为在450元跟330元里面，有着相等的利润数字，现在利润相等了，那么还有什么不相等呢？因为这450元里面，还包括多卖出那45-30=15(条)毛巾的成本。所以说，450-330=120(元)，这120元就是15条毛巾的进货价之和，也叫成本价。用120÷15=8(元)，这8元就是每条毛巾的进货价。

可列式计算：

每条毛巾进货价：(45×10-30×11)÷(45-30)=8(元)

验算：

按每条11元卖出30条利润：(11-8)×30=90(元)

按每条10元卖出45条利润：(10-8)×45=90(元) 符合题意

答：毛巾的进货价是每条8元。

第7讲　年龄差距永不变

年龄问题，请读者记住一个关键点，那就是两个人的年龄差是永远不变的。它在计算过程中，需要用到前面讲过的，那些和差呀，差倍呀，和倍呀这些类型题目的计算方法，根据具体情况来解决每道题目之间的问题。

1 小红今年 14 岁，妈妈今年 38 岁，多少年以前妈妈的年龄是小红年龄的 3 倍？多少年以后妈妈的年龄是小红年龄的 2 倍？

【解题思路】因为两人的年龄差永远不变，所以要把它当作关键点。这里妈妈比小红大 36−12＝24(岁)，要想求多少年前妈妈年龄是小红年龄的 3 倍，那么，小红的年龄就是 1 倍，妈妈的年龄是 3 倍，妈妈比小红多 2 倍。其实这个年龄差就是 2 倍的数量。24÷2＝12(岁)，这 12 岁就是多少年前小红 1 倍的年龄，这说明在小红 12 岁时，妈妈的年龄是小红的 3 倍；小红什么时候是 12 岁呢？用 14−12＝2(岁)，说明 2 年前妈妈年龄是小红年龄的 3 倍。

多少年后妈妈的年龄是小红年龄的 2 倍呢？到时小红的年龄也是 1 倍，妈妈的年龄是 2 倍(这是和倍问题里面的知识)，那么这个不变的年龄差 24 岁就是 2−1＝1 倍，而不是 2 倍了；这就是说，当小红长到 24 岁，跟年龄差相等时，母子俩年龄上的 2 倍关系才能成立。用 24−14＝10(岁)，说明再过 10 年，妈妈的年龄就是小红年龄的 2 倍。

可列式计算：

妈妈年龄是小红年龄 3 倍时，小红年龄：(38−14)÷(3−1)＝12(岁)

小红几年前是 12 岁：14−12＝2(年)

妈妈年龄是小红年龄2倍时，小红年龄：(38−14)÷(2−1)=24(岁)

小红几年后是24岁：24−14=10(年)

验算：(38−2)÷(14−2)=3倍，(38+10)÷(14+10)=2倍 符合题意

答：2年前，妈妈的年龄是小红年龄的3倍；10年后，妈妈的年龄是小红年龄的2倍。

2 有一学生去工厂实习，他问师傅的年龄，师傅对他说："我当年是你这么大的时候，你只有2岁；当你长到我现在这么大时，我已经47岁了。"求工人师傅今年是多少岁？

【解题思路】师傅跟学生有个年龄差，如果现在师傅跟学生分别站在一条线段的两端，表示中间有一个年龄差；再要学生后退到2岁的时候，这中间就是两个年龄差；学生站在2岁的地点不动，师傅再走到47岁的地方，那么，从学生的2岁到师傅的47岁，这中间正好是3个年龄差。想清楚这一点后，事情就好办了。从这里，就可以知道师傅跟学生的年龄差是：(47−2)÷3=15(岁)。

可列式计算：

工人师傅跟学生的年龄差：(47−2)÷3=15(岁)

工人师傅今年的年龄：47−15=32(岁)

验算：

学生今年的年龄：32−15=17(岁)

学生17−15=2(岁)时，师傅32−15=17(岁)

学生17+15=32(岁)时，师傅32+15=47(岁) 符合题意

答：工人师傅今年32岁。

3 小明的爸爸比妈妈大4岁，妈妈比小明大22岁；三年前，他们一家三口人的年龄和是57岁，求今年小明家庭人员各是多少岁？

【解题思路】这道题目跟和差问题蛮相似的。先不管它几年前，只管年龄差，因为年龄差是不变的。妈妈比小明大22岁，爸爸比妈妈大4岁，等于比小明大26岁。现在把爸爸、妈妈比小明大的年龄都减出去，这样他们三人就是一样大的年龄了，就可以求出小明三年前的年龄来。求出小明三年前的年龄来，就知道了他爸爸妈妈三年前的年龄。知道了他们三个人三年前的年龄，把各人

年龄加上三岁，就是今年的年龄，这种题目也不难。

可列式计算：

小明三年前的年龄：(57−22−26)÷3=3(岁)

小明今年的年龄：3+3=6(岁)

妈妈今年的年龄：6+22=28(岁)

爸爸今年的年龄：28+4=32(岁)

验算：(32+28+6)−3×3=57(岁) 符合题意

答：小明今年6岁，妈妈28岁，爸爸32岁。

4 妈妈4年前的年龄是儿子年龄的16倍，24年后，妈妈的年龄是儿子年龄的2倍，求今年妈妈跟儿子各是多少岁？

【解题思路】这个年龄差应该从2倍这里去找，如是甲的年龄是乙的2倍，那么，甲、乙的年龄差就是乙的年龄。因为24年后，妈妈的年龄是儿子的2倍，这时的年龄差正好是儿子当年的岁数。儿子24年后的年龄是，后面的24年，加上4年前那个4年，再加上4年前儿子的年龄，是这三个数字的和，就是24+4+儿子4年前的年龄。知道了这个年龄差，再来看4年前的倍数关系。因为4年前妈妈年龄是儿子年龄的16倍，等于相差了15倍。这15倍4年前儿子的年龄正好是他俩4年前的年龄差；因为年龄差是不变的，所以4年前儿子年龄这15倍的年龄差，跟24年后24+4+儿子4年前的年龄差是相等的，这等式里面有一个儿子4年前的年龄，相当于15倍中间的1倍，现在将等式两边都减掉那15倍中间的1倍，那么就是，24+4=14倍4年前儿子的年龄，每1倍年龄就是28÷14=2(岁)，这个2岁正好是儿子4年前的年龄。知道了儿子4年前的年龄，那么，妈妈4年前就是2×16=32(岁)。现在可以知道，儿子今年是2+4=6(岁)，妈妈今年是32+4=36(岁)。

可列式计算：

妈妈24年后跟儿子的年龄差：24+4+4年前儿子的年龄

妈妈4年前跟儿子的年龄差：16倍4年前儿子的年龄−1倍4年前儿子的年龄

根据年龄差始终相等原理，则：

24+4+4年前儿子的年龄=16倍4年前儿子的年龄−1倍4年前儿子的年龄

上面等式简化为：28＝14倍4年前儿子的年龄

4年前儿子的年龄＝28÷14＝2（岁）

妈妈4年前的年龄：16×2＝32（岁）

妈妈今年的年龄：32+4＝36（岁）

儿子今年年龄：2+4＝6（岁）

答：妈妈今年36岁，儿子今年6岁。

5 爸爸2年前的年龄是儿子年龄的5倍，13年后爸爸的年龄是儿子年龄的2倍，求爸爸跟儿子今年各是多少岁？

解法一：算术解题法

爸爸13年后跟儿子的年龄差：13+2+2年前儿子的年龄

爸爸2年前跟儿子的年龄差：5倍2年前儿子的年龄－1倍2年前儿子的年龄

根据年龄差始终相等原理，则：

13+2+2年前儿子的年龄＝5倍2年前儿子的年龄－1倍2年前儿子的年龄

上面等式简化为：15＝3倍2年前儿子的年龄

2年前儿子的年龄＝15÷3＝5（岁）

爸爸2年前的年龄：5×5＝25（岁）

爸爸今年的年龄：25+2＝27（岁）

儿子今年年龄：5+2＝7（岁）

答：爸爸今年27岁，儿子今年7岁。

解法二：列方程解题法

设2年前儿子的年龄为x岁，则爸爸2年前年龄为$5x$岁。依题意列方程：

$5x+2+13=2\times(x+2+13)$

$5x+15=2x+30$

$3x=15$

$x=5$

儿子今年：5+2＝7（岁）

爸爸今年：5×5+2＝27（岁）

答：爸爸今年27岁，儿子今年7岁。

6 小可跟爸爸妈妈今年的年龄和是58岁，而3年前全家人的年龄和是50岁。爸爸比妈妈大4岁，求小可的家庭人员今年各是多少岁？

【解题思路】 从今年小可家人员的年龄和跟3年前的年龄和来分析，58−50=8(岁)，按理说应该减少3×3=9(岁)，为什么只减了8岁呢？说明3年前小可还没出生。那么，小可今年是1岁还是2岁呢？因为在减少的8岁中，爸爸妈妈占了3×2=6(岁)，所以小可今年是8−6=2(岁)。现在知道了小可今年的年龄，就可以求出他爸爸妈妈今年的年龄来。

可列式计算：

小可今年的年龄：8−6=2(岁)。

妈妈今年的年龄：(58−2−4)÷2=26(岁)

爸爸今年的年龄：26+4=30(岁) 或者 (58+4−2)÷2=30(岁)

答：小可今年2岁，妈妈26岁，爸爸30岁。

7 奶奶今年66岁，3个孙子今年的年龄分别是21岁，18岁跟13岁，求多少年以后，奶奶的年龄等于3个孙子的年龄和？

【解题思路】 这道题目并不难，先求出现在奶奶跟孙子们的年龄差，66−(21+18+13)=14(岁)，再看这14岁的差距要多少年消除就行了。以后奶奶每年增加1岁，3个孙子每年共增加3岁，就是说，每年可比奶奶多增加2岁。现在奶奶还多14岁，孙子们这么每年追2岁，追平14岁时，就需要14÷2=7(年)时间。

可列式计算：

奶奶今年跟3个孙子年龄和的差：66−(21+18+13)=14(岁)

孙子们追平14岁年龄差的时间：14÷(3−1)=7(年)

奶奶年龄等于3个孙子的年龄和：66+7=73(岁)

验算：21+18+13+7×3=73(岁) 符合题意

答：7年后奶奶的年龄等于3个孙子的年龄和。

8 小龙今年6岁，他爷爷今年57岁，多少年以后，爷爷的年龄是小龙年龄的4倍？

【解题思路】 爷爷跟小龙的年龄差是57−6=51(岁)，这个年龄差是始终不变的，当爷爷的年龄是小龙的4倍时，这个年龄差正好是小龙当时年龄的(4−

1)=3 倍。到这里，问题就相当清楚了。

可列式计算：

爷爷跟小龙的年龄差：(57−6)=51(岁)

爷爷年龄是小龙 4 倍时，小龙的年龄：51÷(4−1)=17(岁)

还需要多少年：17−6=11(年)

验算：(57+11)÷(6+11)=4 倍 符合题意

答：11 年以后爷爷的年龄是小龙年龄的 4 倍。

9 爸爸今年 42 岁，妈妈 39 岁，儿子 12 岁。问再过多少年，爸爸妈妈的年龄和是儿子年龄的 5 倍？

【解题思路】 这道题目可以这样思考，把今年爸爸妈妈的年龄和减去儿子今年年龄的 5 倍，再去寻找以后那些年的倍数关系；用 (42+39)−12×5=21(岁)，就是说，把今年爸爸妈妈的年龄和减去儿子今年年龄的 5 倍后，还剩下 21 岁；在以后的岁月里，儿子每年增加 1 岁，爸妈合起来每年增加 2 岁，要想每年都是儿子的 5 倍的话，每年还差 3 岁，差这 3 岁，每年从爸妈剩下的那 21 岁中拿 3 岁过来，这样每年爸妈的年龄和就是儿子的 5 倍；明确了这个问题后，就看这个 21 岁，每年拿走 3 岁，需要 21÷3=7(年)才能拿完，也就是说，7 年后爸妈的年龄和是儿子年龄的 5 倍。

解法一:算术解题法

今年爸妈年龄和减去儿子年龄的 5 倍：(42+39)−12×5=21(岁)

今后爸妈年龄和每年要从节余年龄中拿 3 岁过来，才是儿子年龄的 5 倍，多少年拿完：21÷3=7(年)

验算：(42+39+7×2)÷(12+7)=95÷19=5 倍 符合题意

答：再过 7 年，爸爸妈妈的年龄和是儿子年龄的 5 倍。

解法二:列方程解题法

设再过 x 年，爸妈年龄和是儿子年龄的 5 倍。依此等量关系可列方程：

$42+39+2x=5\times(12+x)$

$3x=81-60$

$x=7$

答：再过 7 年，爸爸妈妈的年龄和是儿子年龄的 5 倍。

10 今年爸爸跟小远的年龄和是45岁，5年前爸爸的年龄比小远的7倍还多3岁，求爸爸跟小远今年各是多少岁？

【解题思路】今年父子俩的年龄和是45岁，那么，5年前就是45−5×2=35（岁）；那时爸爸年龄是小远的7倍，那么，爸爸和小远的年龄加起来就是8倍，爸爸是7倍还多3岁，那么，就先从35里面减去3（最后加进来）以后，剩下的年龄数才是整整的8倍，这实际上是一道和倍问题。

可列式计算：

父子俩5年前的年龄和：45−5×2=35（岁）

小远5年前的年龄：（35−3）÷（7+1）=4（岁）

小远今年的年龄：4+5=9（岁）

爸爸今年的年龄：45−9=36（岁）

验算：（36−5−3）÷（9−5）=7倍 符合题意

答：爸爸跟小远今年分别是36岁与9岁。

11 妈妈今年跟两个孩子的年龄和是60岁，10年后妈妈的年龄正好是两个孩子的年龄和。求妈妈今年多少岁？

【解题思路】10年以后，他们母子三人共增加了3×10=30（岁），加上现在的60岁，就是90岁。妈妈要占这90岁的一半，就是90÷2=45岁。这是妈妈10年后的年龄，那么妈妈今年的年龄就是45−10=35（岁）。

可列式计算：

妈妈今年的年龄：（60+3×10）÷2−10=35（岁）

两个孩子今年的年龄和：60−35=25（岁）

验算：25+10×2=35+10=45（岁）符合题意

答：妈妈今年35岁。

12 妈妈今年的年龄是两个儿女年龄之和的3倍，4年以后，妈妈的年龄是两个儿女年龄和的2倍，求妈妈今年多少岁？

【解题思路】妈妈今年的年龄是儿女年龄和的3倍，再加上4岁，就是妈妈4年后的年龄，这时妈妈年龄就变成儿女4年后年龄和的2倍；儿女这边今年的年龄和是1倍，再加上4×2=8（岁），4年后就是妈妈4年后年龄的一半。根据这个等量关系，就能一步一步地求出妈妈的年龄来。

解法一：算术解题法

3 倍儿女今年的年龄和+4=(1 倍儿女今年的年龄和+4×2)×2

3 倍儿女今年的年龄和+4=2 倍儿女今年的年龄和+16

1 倍儿女今年的年龄和=12(岁)

妈妈今年的年龄：12×3=36(岁)

验算：(36+4)÷(12+2×4)=2 倍 符合题意

答：妈妈今年 36 岁。

解法二：列方程解题法

设两个儿女今年的年龄和为 x 岁，则妈妈年龄为 $3x$ 岁。依据 4 年后的年龄关系可列方程：

$3x+4=(x+4\times2)\times2$

$3x+4=2x+16$

$x=12$

妈妈今年：12×3=36(岁)

答：妈妈今年 36 岁。

13 姐姐 6 年前的年龄与妹妹 5 年后的年龄相等，姐姐 3 年前的年龄跟妹妹 9 年后的年龄和是 41 岁。求姐妹俩今年各是多少岁？

【解题思路】从这道题目的第一个已知条件可以确定，姐姐比妹妹大 6+5=11(岁)；第二个已知条件，等于将姐姐的年龄减少了 3 岁，将妹妹的年龄虚增了 9 岁，和起来才是 41 岁的。现在要将姐姐减少的年龄加进来，将妹妹虚增的年龄减出去，这样才是她俩今年实际年龄的和。

可列式算式：

姐姐比妹妹大 6+5=11(岁)

姐妹俩今年的年龄和：41+3−9=35(岁)

姐姐年龄：(35+11)÷2=23(岁)

妹妹年龄：(35−11)÷2=12(岁) 或者 23−11=12(岁)

验算：23−6=12+5=17(岁) 23−3+12+9=41(岁) 符合题意

答：姐姐今年 23 岁，妹妹今年 12 岁。

14 幼儿园一个老师比甜甜大21岁，3年后老师的年龄是甜甜年龄的4倍，求甜甜今年多少岁？

【解题思路】凡是遇到年龄问题的应用题，首先应该想到，两人的年龄差是始终不变的。在这道题目里，老师比甜甜大21岁，3年后也是大21岁，当3年后老师的年龄是甜甜年龄的4倍时，这个21岁就是甜甜年龄的3倍（这是标准的差倍问题），说明甜甜3年后的年龄是21÷(4−1)=7（岁），那么甜甜今年的年龄是7−3=4（岁）。

可列式计算：

解法一：算术解题法

甜甜3年后的年龄是21÷(4−1)=7（岁）

甜甜今年的年龄是7−3=4（岁）

验算：(4+21+3)÷(4+3)=4倍 符合题意

答：甜甜今年是4岁。

解法二：列方程解题法

设甜甜今年x岁，则老师是$(x+21)$岁。依据3年后双方年龄的倍数关系列方程：

$(x+21+3)=(x+3)\times4$

$x+24=4x+12$

$3x=12$

$x=4$

答：甜甜今年是4岁。

15 小林今年的年龄是小壮年龄的4倍，4年后小林的年龄是小壮年龄的2倍，求小林跟小壮今年各是多少岁？

【解题思路】小林今年的年龄是小壮年龄的4倍，4年后小林的年龄是小壮年龄的2倍，可以根据这个已知条件列出一个两人4年后年龄关系的等式来。再根据这个等式就能求出小林跟小壮今年的年龄来。

解法一：算术解题法

根据小林今年的年龄是小壮年龄的4倍，4年后小林的年龄是小壮年龄的2倍这个条件，以小林跟小壮今年的年龄为依据，可列如下等式：

小林今年年龄+4=(小壮今年年龄+4)×2

小林今年年龄+4=2×小壮今年年龄+8

(下面用小林今年年龄=4×小壮今年年龄代入)

4×小壮今年年龄+4=2×小壮今年年龄+8

2×小壮今年年龄=4

小壮今年年龄=2(岁)

小林今年年龄=2×4=8(岁)

答:今年小林8岁,小壮2岁。

解法二:列方程解题法

设小壮今年x岁,则小林为$4x$岁。依两人4年后的年龄关系可列方程:

$4x+4=(x+4)\times2$

$2x=4$

$x=2$

小林今年:2×4=8(岁)

答:今年小林8岁,小壮2岁。

16 妈妈跟哥哥的年龄和比妈妈跟弟弟的年龄和大4岁,妈妈今年的年龄是哥哥跟弟弟今年年龄和的2倍。18年后,兄弟俩的年龄和跟妈妈的年龄相等,求哥哥、弟弟、妈妈今年各是多少岁?

【解题思路】从题目中第一个已知条件可以知道,哥哥比弟弟大4岁;根据妈妈今年的年龄是兄弟俩今年年龄和的2倍;18年后,兄弟俩的年龄和跟妈妈的年龄相等的第二个已知条件,可以列出一个18年后双方年龄的等式来,再通过这个等式进一步计算出他们今年各自的年龄来。

解法一:算术解题法

(哥哥今年的年龄+弟弟今年的年龄)×2+18=哥哥跟弟弟今年的年龄和+18×2

哥哥跟弟弟今年的年龄和=18(岁)

哥哥比弟弟大4岁

哥哥今年的年龄:(18+4)÷2=11(岁)

弟弟今年的年龄:11−4=7(岁)

妈妈今年的年龄：$(11+7)\times2=36$(岁)

验算：$36+18=18+18\times2=54$(岁) 符合题意

答：今年妈妈、哥哥、弟弟的年龄分别是36岁、11岁和7岁。

解法二：列方程解题法

设弟弟今年x岁，则哥哥为$x+4$岁，妈妈为$2(x+x+4)$岁。依据18年后的已知条件可列方程：

$2(x+x+4)+18=x+x+4+18\times2$

$4x+26=2x+40$

$2x=14$

$x=7$

哥哥今年年龄：$7+4=11$(岁)

妈妈今年年龄：$2\times(7+11)=36$(岁)

验算：$36+18=11+18+7+18=54$(岁) 符合题意

答：今年妈妈、哥哥、弟弟的年龄分别是36岁、11岁和7岁。

第8讲　归一道理明摆着

归一问题跟植树问题一样，相对来说，是比较简单的。归一问题其实就是要找出题目中那个相对不变的单一量，再根据这个单一量去计算题目中的总量跟其他单一量就行了。

1 用3台同型号小麦收割机5小时可收小麦60吨，问用5台这种同型号小麦收割机8小时可收小麦多少吨？

【解题思路】把60吨除以5，等于12吨，这就是3台小麦收割机1小时的收割量；再把12吨除以3，等于4吨，这就是一台收割机1小时的收割量。这个一台小麦收割机1小时的收割量就是单一量。要求5台小麦收割机8小时可收小麦多少吨，这里把单一量跟5与8连乘起来就行了。

可列式计算：

一台小麦收割机1小时的小麦收割量：$60\div5\div3=4$(吨)

5台小麦收割机8小时的小麦收割量：$4\times5\times8=160$(吨)

答：用5台同型号小麦收割机8小时可收小麦160吨。

2 郑阿姨折7个纸飞机跟4朵红花一共用57分钟，如果折3个纸飞机跟3朵红花一共用27分钟，求郑阿姨折8个纸飞机需要多少分钟？

【解题思路】这道题目只是多转了一个弯，其实也不难。郑阿姨折3个纸飞机跟3朵红花用了27分钟，那么，她折1个纸飞机跟1朵红花就是共用了$27\div3=9$(分钟)；她折7个纸飞机跟4朵红花用了57分钟，这里先计算她折4个纸飞机跟4朵红花的时间是 9×4＝36(分钟)，那么，57－36＝21(分钟)，这21分钟就是郑阿姨单独折3个纸飞机的时间。到这里，题目的意思就相当明白了。

可列式计算：

郑阿姨折1个纸飞机跟1朵红花的时间：27÷3＝9(分钟)

郑阿姨折4个纸飞机跟4朵红花的时间：9×4＝36（分钟）

郑阿姨折1个纸飞机的时间：(57－36)÷3＝7（分钟）

郑阿姨折8个纸飞机的时间：7×8＝56(分钟)

答：郑阿姨折8个纸飞机需要56分钟。

3 张家村需要修一条乡村公路，原计划每天修300米，12天修完。现在要求9天修完，求每天需要修多少米？

【解题思路】这道题目需要先求出这条路的总长度，300×12＝3 600(米)；再将总长度3 600米除以9，就是现在每天要修的长度。

可列式计算：

公路总长：300×12＝3 600(米)

现在每天应修长度：3 600÷9＝400(米)

答：现在每天应修400米。

4 某鸡场养了800只鸡，5天用了饲料320千克，照这样计算，如果再增加100只鸡以后，求6天一共需要饲料多少千克？

【解题思路】800只鸡5天用了320千克饲料，先求出800只鸡一天吃的饲料，再求出100只鸡一天吃的饲料，有了这个数字，就可以解答后面的问题了。

可列式计算：

100只鸡一天需要的饲料量：320÷5÷8＝8(千克)

900只鸡6天所需的饲料量：8×9×6＝432(千克)

答：900只鸡6天需要饲料432千克。

5 某社区修建公园内一座凉亭，原计划20人36天完成，现需要在30天内完成，求每天需要增加多少人(假设每人每天的工作效率相同)？

【解题思路】这道题目可先求出修建凉亭需要的总天数，接着就可以计算出需要增加的人数来。

可列式计算：

修建凉亭需要的总天数：20×36＝720（天）

30 天内完成，每天需要人数：720÷30＝24（人）

现在每天需要比原计划增加的人数：24－20＝4（人）

答：现在每天需要比原计划增加 4 人。

6. 某项工程原计划 50 人 90 天完成，工作 30 天后，有 10 人被调到另外一处工程工作，求完成该项工程还需要多少天？

【解题思路】这道题目需要先求出工程的总工作天数来，再求出 50 人工作 30 天后剩下的工作天数来，接着就能找出题目中的答案来。

可列式计算：

工程的总工作天数：50×90＝4 500（天）

已完成的工作天数：50×30＝1 500（天）

剩下的工作天数：4 500－1 500＝3 000（天）

完成该项工程还需要的天数：3 000÷（50－10）＝75（天）

答：还需要 75 天才能完成这项工程。

7. 某鞋店老板卖出 3 双皮鞋跟 6 双运动鞋，共收入 1 470 元；后来又卖出同型号的 3 双皮鞋跟 2 双运动鞋，共收入 966 元，问皮鞋跟运动鞋的单价各是多少元？

【解题思路】老板两次卖的鞋不一样，收入也不一样，不过，老板两次都是卖了同型号的 3 双皮鞋，型号相同，价格肯定一样，那么这两次的价格差就在运动鞋这里，这就是题目的关键点，老板前后两次的收入差，就是 6－2＝4（双）运动鞋的收入。

可列式计算：

每双运动鞋的价格：（1 470－966）÷（6－2）＝126（元）

每双皮鞋的价格（966－126×2）÷3＝238（元）

验算：238×3+126×6＝1 470（元），238×3+126×2＝966（元）符合题意

答：皮鞋每双价格是 238 元，运动鞋每双价格是 126 元。

8. 3 台压路机每天工作 8 小时，可压好长 90 米，宽 40 米的柏油公路路面；现

有一条长300米，宽30米的相同柏油公路路面，如果用2台同型号的压路机，每天工作6小时，求需要多少天才能压好这段路面？

【解题思路】这条路讲的是面积而不是长度，比单独求长度要复杂一点点。不过，只要把总面积当成总的工作量，解题方法还是一样的。可先分别求出两条公路的工作总量，再求出每台压路机每小时的工作效率，问题还是可以解决的。

可列式计算：

第一段公路的工作总量：90×40=3 600(平方米)

第二段公路的工作总量：300×30=9 000(平方米)

每台压路机每小时工作量：3 600÷3÷8=150(平方米)

2台压路机压好第二段公路需要的时间：9 000÷(2×150)=30(小时)

2台压路机压好第二段公路需要天数：30÷6=5(天)

答：用2台同型号的压路机，每天工作6小时，压好第二段公路路面需要5天。

9 小高用100元在商店买了5支钢笔跟3个玩具，剩下的钱如果再买1支钢笔则差11元，买1个玩具则差3元，问钢笔跟玩具的价格各是多少元？

【解题思路】从第二个已知条件知道，钢笔要比玩具贵11−3=8(元)；如果把钢笔贵的这5×8=40(元)先减掉，那么钢笔跟玩具的价格就一样了，100−40=60(元)，这60元等于买了5+3=8(个)玩具后还剩下下一点钱；已知条件中说再买一个玩具还差3元，如果再加3元进来，小高就可以买9个玩具，到这里思路就清晰了，只要求出玩具的价格来，钢笔价格就容易求了。

可列式计算：

每支钢笔要比每个玩具贵11−3=8(元)

把5支钢笔贵的钱减掉：100−8×5=60(元)

每个玩具的价格：(60+3)÷(5+3+1)=7(元)

钢笔的价格：7+8=15(元)

验算：

小高购物后剩下：100−(5×15+3×7)=4(元)

再买一支钢笔差：15−4=11(元)

再买一个玩具差：7-4=3(元) 符合题意

答：钢笔每支是15元，玩具每个是7元。

此题也可以把玩具当钢笔来看，在100元中加上8×3=24(元)，相当于买了8支钢笔，再加上11元等于135元，刚好买进9支钢笔，每支钢笔价格是15元，则玩具价格是15-8=7(元)，计算结果是一样的。

10 甲有一些篮球，乙有一些足球，如果乙用手里的全部足球换回数量相同的篮球，那么需要补给甲450元；如果乙不愿意补钱的话，就要少换回5个篮球，已知2个篮球的价钱跟3个足球的价钱相等，求乙原有足球多少个？

【解题思路】 如果乙不补给甲450元，就要少换回5个篮球，那么每个篮球的价钱就是450÷5=90(元)；再根据2个篮球跟3个足球价钱相等这个已知条件可以知道，每个足球的价钱是90×2÷3=60(元)；用全部足球换回数量相同的篮球要补450元，因为每个篮球的价钱比足球多90-60=30(元)，所以，这450元里面有多少个30元，那么乙手上就有多少个足球，用450÷30=15(个)足球，这样问题就解决了。

可列式计算：

每个篮球的价钱：450÷5=90(元)

每个足球的价钱：90×2÷3=60(元)

每个篮球跟足球的价钱差：90-60=30(元)

乙有足球的个数：450÷30=15(个)

验算：换来跟足球个数相等的篮球需补钱：90×15-60×15=450(元) 符合题意

答：乙有足球15个。

11 一果园老板，请了30名工人，计划用10天时间摘完园区内苹果树上的苹果。这些工人摘了3天后，有客户要求提前2天摘完供货，求老板从第四天起，需要多请多少名工人，才能提前2天摘完(假设工人们的采摘速度相同)？

【解题思路】 30名工人，10天摘完，工作总天数就是30×10=300(天)，已摘3天，已完成30×3=90(天)，还剩下300-90=210(天)，这210天的工作量需要在10−3−2=5(天)时间里完成，那么需要增加多少工人就能计算出来。

可列式计算：

园区采摘工作总天数：30×10=300(天)

3天已完成工作天数：30×3=90(天)

园区剩下的工作天数：300−90=210(天)

5天完成剩下工作量每天需要的工人数：210÷(10−3−2)=42(人)

需要增加的工人数：42−30=12(人)

答：需要增加12名工人。

12 某幼儿园老师想去超市买几张塑料桌子跟椅子回来。他看了价格后知道，买8张桌子跟5把椅子需要330元，买6张桌子跟5把椅子需要270元。现在他身上只带了320元，他能买回7张桌子跟6把椅子吗？

【解题思路】从题目中已知条件可知，第一次计算了8张桌子跟5把椅子的价格，第二次是计算了6张桌子跟5把椅子的价格，两次都是5把椅子在里面，那么，两次的价格差就是第一次多算了那2张桌子的价格。用(330−270)÷(8−6)=30(元)，这30元就是每张桌子的价格。知道了桌子的价格，就能算出椅子的价格来。用(330−30×8)÷5=18(元)，这就是每把椅子的价格。

可列式计算：

每张桌子的价格：(330−270)÷(8−6)=30(元)

每把椅子的价格：(330−30×8)÷5=18(元)

买7张桌子跟6把椅子需要付款：30×7+18×6=318(元)

答：老师带的320元能买回7张桌子跟6把椅子。

13 小李跟小丁两人去超市，身上带的钱一样多。小李买苹果，小丁买香梨，小丁的钱刚好用完，小李还剩下3元(3元钱买不到一个苹果)，小李买的苹果个数比小丁的香梨少11个。这时小李算了算，如果自己再用刚才同样多的钱买一次苹果，那么自己的苹果就会跟小丁的香梨个数一样多，也正好不余钱。求小丁买的香梨平均多少钱一个？

【解题思路】根据题目中的已知条件，小李第一次剩下3元钱，第二次同样多的钱也是买同样多的苹果，应该跟第一次一样，还剩下3元钱；可是现在不剩钱了，说明两次剩下的3元钱，合在一起正好买了一个苹果，这说明苹果正好是6元钱一个；再来看两人买的个数，第一次小李比小丁的香梨少11个，第二次买后就相等了，说明小李第二次买了11个苹果，两人数字才相等的，不过，小李第二次要比第一次多买一个苹果(是两次剩下的3元合起来买的)。由此可知，小李第一次是买了10个苹果，剩下3元钱。到这里问题就清楚了。

可列式计算：

1个苹果的价格：$3+3=6$(元)

小李跟小丁身上带的钱：$6\times(11-1)+3=63$(元)

小丁买的香梨数：$10+11=21$(个)

每个香梨的价格：$63\div21=3$(元)

验算：两次购买苹果：$(10+11)\times6=63\times2=126$(元) 符合题意

答：每个香梨的平均价格是3元。

14 5位工人师傅6小时可加工零件990个，那么，由其中2位师傅加工528个同样的零件，需要多长的时间(假设每位工人师傅的工作效率相同)？

【解题思路】把$990\div6\div5=33$(个)，这就是1位工人师傅1小时加工的零件数；将$33\times2=66$(个)，这是2位工人师傅1小时加工的零件数，再把$528\div66=8$(小时)，这就是题目的答案。

可列式计算：

1位工人师傅1小时加工的零件数：$990\div6\div5=33$(个)

2位工人师傅1小时加工的零件数：$33\times2=66$(个)

2位工人师傅加工528个零件需要的时间：$528\div66=8$(小时)

答：两位工人师傅加工528个零件需要8小时。

15 甲、乙、丙三人一块出去吃夜宵，共吃了13串牛肉串。甲当时付了8串的钱，乙付了5串的钱，丙没付钱。后来，丙将自己应该出的15.6元交给甲、乙两人，问甲、乙两人各应收回多少元？

【解题思路】丙出了15.6元，说明他们三人每人需要付出15.6元，那么这13串牛肉串的总价钱是$15.6\times3=46.8$(元)；再把$46.8\div13=3.6$(元)，这就是每串牛肉串的价钱。再把甲、乙各自付出的钱减掉15.6元，就是他俩各自应收的钱。

可列式计算：

13 串牛肉串的总价钱：15.6×3＝46.8（元）

每串牛肉串的价钱：46.8÷13＝3.6（元）

甲应收的钱：3.6×8－15.6＝13.2（元）

乙应收的钱：3.6×5－15.6＝2.4（元）或者 15.6－13.2＝2.4（元）

答：甲应收 13.2 元，乙应收 2.4 元。

16 小张跟小卢在大棚里摘草莓，开始 2 小时两人合摘了 2 600 个草莓；休息一会儿后，在相同的时间内，小张摘了 2 118 个，小卢摘了 1 782 个。假设他俩前后时间各自采摘速度不变，求小张跟小卢每小时各自摘草莓多少个？

【解题思路】题目中要求每个人每小时的采摘速度，可以先把他俩 1 个小时的速度和求出来，两人 2 小时共摘 2 600 个，两人 1 小时共摘 2 600÷2＝1 300（个）；休息后，两人共摘了 2 118＋1 782＝3 900（个）；这 3 900 个就是关键点，把 3 900÷1 300＝3（小时），说明休息后他俩还摘了 3 小时。现在知道了他俩后来摘的时间跟个数，就能找出问题的答案来。

可列式计算：

两人一小时共摘：2 600÷2＝1 300（个）

后来两人共摘了 2 118＋1 782＝3900（个）

两人休息后同时采摘时间：3 900÷1 300＝3（小时）

小张 1 小时采摘量：2 118÷3＝706（个）

小卢 1 小时采摘量：1 782÷3＝594（个）

验算：（706＋594）×2＝2 600（个）符合题意

答：小张 1 小时可摘草莓 706 个，小卢可摘 594 个。

17 6 辆大货车 3 小时可运送水泥 108 吨，8 辆同样的货车，7 小时能运送水泥多少吨？

【解题思路】6 辆大货车 3 小时可运送水泥 108 吨，那么就可以求出一辆大货车 1 小时运送的水泥量来，将这 108 吨除以 3 再除以 6，就是一辆大货车 1 小时的运货量；有了这个数字，就能计算出题目的答案来。

可列式计算：

1 辆大货车 1 小时运送水泥：108÷3÷6＝6(吨)

8 辆大货车 7 小时运送水泥：6×7×8＝336(吨)

答：8 辆大货车 7 小时能运送水泥 336 吨。

18 某制衣厂 6 个工人可在 5 小时制作同品牌衣服 90 件。厂里突然接到新订单，要在 12 小时内完成这种品牌衣服 360 件，求需要同时安排多少个工人来生产这批衣服(假设每个工人的工作效率相同)？

【解题思路】这种归一的题目，就是要找出 1 个工人 1 小时制作衣服的数量来，把 90÷5÷6＝3(件)，再把 360÷12＝30(件)，这 30 件就是新任务 1 小时需要完成的衣服数量，据此可求出需要的工人数来。

可列式计算：

每个工人 1 小时制衣量：90÷5÷6＝3(件)

新订单 1 小时需要完成的制衣量：360÷12＝30(件)

新订单需要安排的工人数：30÷3＝10(人)

答：需要同时安排 10 个工人来生产这批衣服。

第9讲　普通行程慢步走

什么叫行程问题？行程问题不难理解，只要我们开始走路，就算是走一步两步，都是行程问题。行程问题是研究运动物体运动的路程、时间和速度这三者之间相互关系的数学题目。

它们三者的基本数量关系就是：

速度×时间=路程；

路程÷时间=速度；

路程÷速度=时间。

1 粗心猫跟乖乖兔同时从两棵树之间相向而行，到相遇时粗心猫超过中点10米，求粗心猫比乖乖兔多走了多少米？

【解题思路】 凡是两人或两物相向而行，只要一方超过中点相遇，那么就是比对方多走了超过中点距离的2倍，而不是超过中点那部分距离，请读者要理解这一点才行；假设粗心猫跟乖乖兔走的距离是100米，那么中点就在50米的地方。现在粗心猫不但走完了自己那一半50米，而且还超过中点走了乖乖兔那一半的10米距离，这样粗心猫就是50+10=60(米)，乖乖兔就是50−10=40(米)，这里正好相差10×2=20(米)，只要理解了这一点，就容易找出答案来。

可列式计算：

粗心猫比乖乖兔多走：10×2=20(米)

答：粗心猫比乖乖兔多走20米。

2 粗心猫跟乖乖兔它俩分别从甲、乙两棵相距 100 米的大树之间相向而行。第一次相遇后，双方继续往前走，走到对方起点的大树处立即回头按原速行走，后来在相距乙树 80 米的地点相遇，求粗心猫跟乖乖兔在第一次相遇时各走了多少米？

【解题思路】这类题目需要想清楚，凡是出现两者相向而行，到达对方出发点就立即返回的问题，第一次相遇只走了一个全程，从第二次开始，每相遇一次，都是两者共同走了两个全程（读者用两根手指头在桌面上比划一下就清楚了）；在这道题目中，粗心猫跟乖乖兔第二次相遇，也是走了两棵大树之间的三个全程；粗心猫先走完甲树到乙树的全程，接着回头从乙树往甲树方向走了 80 米跟乖乖兔相遇，这时粗心猫共走了 100+80＝180（米），这 180 米是跟乖乖兔合起来走完了甲、乙两树之间 3 倍的距离，即 100×3＝300（米）的距离，说明粗心猫第一次跟乖乖兔相遇时，走了 180÷3＝60（米）；这样就知道第一次相遇时，乖乖兔走了 100－60＝40（米）。

可列式计算：

粗心猫跟乖乖兔第二次相遇，他俩走了两棵大树之间的三个全程，这时粗心猫走了 100+80＝180（米）

粗心猫第一次跟乖乖兔相遇时走了：180÷3＝60（米）

他俩第一次相遇时，乖乖兔走了 100－60＝40（米）

答：粗心猫跟乖乖兔第一次相遇时，分别走了 60 米跟 40 米。

3 一辆货车从甲地送货到乙地，原计划 6 小时赶到，出发前司机接到电话，货主要求 5 小时送到；司机算了一下，要想提前 1 小时到，那么车速每小时必须增加 12 千米，求甲、乙两地相距多少千米？

【解题思路】货车运货时间由 6 小时变为 5 小时，每小时需要增加 12 千米，增速后货车跑了 5 小时，这 5 小时一共比原计划的 5 小时多跑 5×12＝60（千米），这 60 千米正好比原计划节约 1 小时，说明原计划的车速就是每小时 60 千米。知道了原计划的速度跟时间，答案就容易找到了。

可列式计算：

货车加速后 5 小时比原计划 5 小时多行的路程：5×12＝60（千米）

货车原计划的速度：60÷(6－5)＝60（千米/小时）

甲、乙两地的距离：60×6＝360（千米）

验算：360÷（60+12）＝5（小时） 符合题意

答：甲、乙两地相距360千米。

4 甲、乙两地相距800米，小勇每天早上都要在这段路上跑一个来回。他在前一半的时间里，每秒可跑5米，在后一半的时间里，由于体力下降，每秒只跑3米，求他跑完返回的800米路程，一共用了多少时间？

【解题思路】小勇要在这段路上跑一个来回，那么他的跑步路程为800×2＝1 600（米）。因为他跑每秒5米跟跑每秒3米的时间是相同的，所以他跑步的平均速度是（5+3）÷2＝4（米/秒）；知道了他的平均速度，就可以求出他跑完全程的时间，1 600÷4＝400（秒），那么一半时间是400÷2＝200（秒）；用200×3＝600（米），说明在返回的800米路程中，小勇用200秒的时间，3米/秒的速度，只跑了600米，那800−600＝200（米）的路程是用5米/秒的速度来跑的；这200米用时是200÷5＝40（秒）。把200+40＝240（秒），这就是小勇跑完返回那800米路程所用的时间。

可列式计算：

小勇跑步的平均速度：（5+3）÷2＝4（米/秒）

小勇跑完全程的时间：1 600÷4＝400（秒）

小勇跑完全程的一半时间：400÷2＝200（秒）

小勇跑完返回800米路程的时间：（800−200×3）÷5+200＝240（秒）

验算：相同的时间不同的速度跑完全程：200×5+200×3＝800×2＝1 600（米） 符合题意

答：小勇跑完返回的800米路程用了240秒。

5 兄弟俩从家中骑车去县城，哥哥每小时行30千米，弟弟每小时行20千米，结果哥哥比弟弟早2小时到达县城，求兄弟俩的家离县城多少千米？

【解题思路】哥哥到县城后，弟弟还要2小时才到，说明哥哥在相同的时间内比弟弟多行20×2＝40（千米），哥哥比弟弟每小时多行30−20＝10（千米），那么多行40千米需要40÷（30−20）＝4（小时），说明哥哥从家里到县城用了4小时。知道了哥哥到县城的时间跟速度，再用时间乘以速度就能求出他们家到县城的距离来。

可列式计算：

哥哥到县城时比弟弟多行的路程：20×2＝40（千米）

哥哥到县城用的时间：40÷（30－20）＝4（小时）

兄弟俩家到县城的距离：30×4＝120（千米）

验算：

哥哥到县城的时间：120÷30＝4（小时）

弟弟到县城的时间：120÷20＝6（小时）

哥哥比弟弟提前的时间：6－4＝2（小时）符合题意

答：兄弟俩的家离县城120千米。

6 大方跟小方在相距60米的两地同时步行出发，背向而行，大方每分钟行50米，小方每分钟行38米，当两人相距852米时，大方跟小方各行走了多少米？

【解题思路】如果两人背向而行，相距会越来越远，除了他俩最初相距的60米，实际上走了852－60＝792（米）；因为他俩人都没有在中途休息，所以行走的时间相同，就可以将这792米除以他俩的速度和792÷（50+38）＝9（分钟）。有了行走时间跟他俩各自的行走速度，求他俩行走的路程就容易了。

可列式计算：

大方跟小方行走的路程和：852－60＝792（米）

大方跟小方行走的时间：792÷（50+38）＝9（分钟）

大方行走的路程：50×9＝450（米）

小方行走的路程：38×9＝342（米）

验算：450+342+60＝852（米）符合题意

答：大方跟小方各自行走了450米与342米。

7 在100米的短跑比赛时，1号运动员冲过终点时，比2号运动员领先10米，比3号运动员领先28米。如果2号与3号运动员仍保持原速度不变，求2号运动员到达终点时，2号与3号运动员相差多少米？

【解题思路】根据已知条件，在相同的时间内，1号跑了100米，2号跑了100－10＝90（米），3号跑了100－28＝72（米），这其实就是三个运动员的速度比；题目中只问了2号跟3号的问题，那就只分析他俩的情况，因为2号跑完90米，3号只跑完72米，3号跟2号的速度比是72÷90＝0.8：1，也就是说，2号每跑10米，3号只能跑10×0.8＝8（米）；现在题目中要求2号继续跑完最后的10米，那么3号只能再跑8米，这样一来，问题就可以解决了。

可列式计算：

2号运动员跑完剩下的10米时，3号运动员再跑10×72÷90＝8（米）

2号运动员通过终点时领先3号运动员的距离：100－（72＋8）＝20（米）

答：当2号运动员到达终点时，与3号运动员相距20米。

8 小英距姑妈家120千米，有一天上午，他骑摩托车去姑妈家，出门是上坡，到山顶后一直是下坡，没有平路，他在路上用了4小时；已知他上坡的速度为每小时20千米，下坡的速度每小时为30千米，求他下午从原路返回需要多少小时？

【解题思路】小英去时先上坡后下坡，回家时也是先上坡后下坡（只是与来时的上、下坡互换而已），这中间是没有平路的；既然这段路不是上坡就是下坡，这里可以把来回路程放在一起来分析，就会发现一个有趣的问题，其实小英在来回途中所走的上坡路跟下坡路，距离是相等的；假设小英去时走的全是下坡路，那么他需要120÷30＝4（小时）；假设小英回时走的全是上坡路，那么他需要120÷20＝6（小时）。这样他一个来回需要6＋4＝10（小时），而他去时已用4小时，那么返回就需要10－4＝6（小时）。说明他返回时的上坡路要比去时的上坡路长一些。

可列式计算：

小英一个来回需要的时间：120÷20＋120÷30＝10（小时）

小英从原路返回的时间：10－4＝6（小时）

答：小英从原路返回的时间是6小时。

这道题目有读者对确定小英的往返时间为10小时，有点不好理解，那就用假设的各种数据去验算一下。

验算一：设上、下坡各为60千米，

小英去与回的时间和：60÷20＋60÷30＋60÷30＋60÷20＝3＋2＋2＋3＝10（小时）

验算二：设上、下坡各为40千米与80千米

小英去与回的时间和：40÷20+80÷30+80÷20+40÷30=2+80÷30+4+40÷30=10（小时）

验算三：设上、下坡各为28千米与92千米

小英去与回的时间和：28÷20+92÷30+92÷20+28÷30=28÷20+92÷30+92÷20+28÷30=10（小时）

从上面的假设数字验算中可以发现一个规律，不管假设什么数字，到最后都是120÷20+120÷30=6+4=10（小时），这是验证了把来回放到一起来分析，上坡跟下坡路程始终是相等的（中间没有平路），所以小英来回的时间必须是10小时。

9 甲、乙两支部队从相距85千米的两地同时相向出发，甲队每小时行9千米，乙队每小时行8千米。一通信员骑自行车随部队同时出发，以每小时25千米的速度，不停地往返于两支部队之间传达相关指令，直到两支部队会面时才停下来。问这位通信员一共行了多少千米？

【解题思路】两支部队出发后，通信员一直没停过，就是说，部队走了多久，他就走了多久；部队走了多久的时间容易计算出来，只要把距离除以他们的速度和就行了，部队从出发到会面的时间是85÷(9+8)=5（小时）。知道了部队行走的时间，也知道通信员行走的速度，这样就能求出通信员行走的路程了。

可列式计算：

两部队从出发到会面时间：85÷(9+8)=5（小时）

通信员走的路程：25×5=125（千米）

答：通信员走了125千米。

10 老张跟老李沿一个园型水池的人行道散步，两人同时同地背向而行，老张沿水池走一圈需要9分钟，这次在老李走了6分钟时，两人第一次相遇，问老李沿水池走一圈需要多少分钟？

【解题思路】这个老张跟老李是背向而行，而且是同时出发，那么老李走了6分钟与老张相遇，说明老张也走了6分钟；因为老张走一圈需要9分钟，现在已走6分钟，在剩下来的3分钟里，必须走完老李6分钟走的路程，才能达到自己9分钟走一圈的要求；用3分钟走完老李6分钟走的路程，就说明老张的速

度是老李的2倍，老李走一圈需要9×2=18(分钟)。

可列式计算：

老张速度是老李的：6÷(9-6)=2倍

老李走一圈需要：2×9=18(分钟)

答：老李沿水池走一圈需要18分钟。

11 甲、乙两人同时从家里出发，相向而行。甲每分钟走30米，乙每分钟走20米，第一天两人在距离中点60米处相遇；第二天还是同时出发，由于出发后，甲又返回家中拿了个手机带上，耽误了一点时间，但两人还是在距离中点60米处相遇。问甲第二天回家拿手机耽误了几分钟时间？

【解题思路】由于甲的速度比乙快，第一天相遇肯定是甲超过中点60米，这说明甲比乙多走了60×2=120(米)；根据这段距离，可求出他俩相遇时行走的时间来，因为甲每分钟比乙多走30-20=10(米)，多走120米就是120÷(30-20)=12(分钟)；知道了他俩12分钟相遇的时间，就能计算出他两家的距离是(30+20)×12=600(米)，中点为600÷2=300(米)。

第二天由于甲耽误了时间，肯定是乙超过中点60米，说明乙走了360米，用的时间是360÷20=18(分钟)；甲走了300-60=240(米)，用的时间是240÷30=8(分钟)；因为甲、乙两人是同时出发的，现在乙在途中走了18分钟，甲返回后重新出发只走了8分钟路程，说明甲回家拿手机耽误了18-8=10(分钟)。

可列式计算：

甲、乙两人第一天相遇的时间：60×2÷(30-20)=12(分钟)

甲、乙两家的距离：(30+20)×12=600(米)

第二天乙在路上的时间：(600÷2+60)÷20=18(分钟)

第二天甲返回后重新出发在路上的时间：(600÷2-60)÷30=8(分钟)

第二天甲耽误的时间：18-8=10(分钟)

验算：30×8+20×18=600(米) 符合题意

答：第二天甲回家拿手机耽误了10分钟。

12 甲、乙两地相距336千米，一辆小车计划以每小时56千米的速度从甲地开往乙地。途中因小车故障而耽误1.5小时，如果修好车后，小车加速到每小时

77千米，还能按原定时间赶到乙地，求小车在离甲地多少千米时出了故障？

【解题思路】这段336千米的距离，如果按小车时速56千米一直跑下去，那么，原计划336÷56＝6(小时)到；现在中途修车1.5小时，少行了56×1.5＝84(千米)；为了按原计划赶到乙地，车主将车速提高到每小时77千米，比原来每小时提高了77－56＝21(千米)；提高车速是为了按原计划到达，那么，追回这84千米的时间是84÷21＝4(小时)，说明修好车后还行了4小时，这4小时行了77×4＝308(千米)；全路段是336千米，那么，出故障的地方离甲地就是336－308＝28(千米)。

可列式计算：

小车修车1.5小时少行了：56×1.5＝84(千米)

小车修好后，追回这84千米的时间：84÷(77－56)＝4(小时)

小车故障时离甲地：336－77×4＝28(千米)

验算：28÷56＋(336－28)÷77＋1.5＝336÷56＝6(小时) 符合题意

答：小车出故障时离甲地28千米。

13 明明骑自行车从张村到李村，如果每小时行12千米，则可比原计划时间提前1小时；如果每小时行8千米，则比原计划迟到2小时，求张村跟李村相距多少千米？

【解题思路】明明如果每小时行12千米，则可比原计划时间提前1小时，这就是说，如果明明行驶完原计划的时间，他就可以超过李村12千米；如果每小时行8千米，则迟到2小时，如果迟到2小时，等于用完计划时间，还距离李村8×2＝16(千米)；这一多一少，其实就是盈亏问题的题型，用盈亏问题的计算方法，可以求出计划时间，再通过计划时间就能求出两村之间的距离来。

可列式计算：

原计划用的时间：(12＋16)÷(12－8)＝7(小时)

张村跟李村的距离：12×(7－1)＝72(千米)或者8×(7＋2)＝72(千米)

答：张村跟李村的距离是72千米。

14 甲、乙两队士兵从相距90千米的东、西两地出发，相向而行，甲队每小时比乙队多走2千米。一通信兵以每小时15千米的速度，不停地往返在两队之间，当他走完 45 千米的路程时，两队士兵刚好相遇，求甲、乙两队士兵每小时行走多少千米？

【解题思路】 这道题要先求出两队士兵行走的时间来，才能求出他们的速度。题目已知条件中没有给出两队士兵行走的时间，只告诉了通信员行走的路程跟速度；因为通信员一直来回行走，从没停过，那么，通信员就是走了 45÷15 = 3(小时)，说明两队士兵也走了 3 小时才相遇的，用 90÷3 = 30(千米)，这 30 千米就是两队士兵一小时的速度和。又已知甲队每小时间比乙队多走 2 千米，这里用和差问题的基本计算方法，就能求出两队士兵的速度来。

可列式计算：

通信员跟士兵们行走的时间：45÷15 = 3(小时)

两队士兵的速度和每小时为：90÷3 = 30(千米)

甲队士兵每小时行走的路程：(30+2)÷2 = 16(千米)

乙队士兵每小时行走的路程：(30−2)÷2 = 14(千米)

验算：90÷(16+14) = 45÷15 = 3(小时) 符合题意

答：甲、乙两队士兵每小时分别行走 16 千米跟 14 千米。

15 小松从家里骑自行车去单位上班，每分钟行 200 米，计划 18 分钟到达。某天他刚行了$\frac{1}{3}$路程时，一朋友耽误他 2 分钟说了一件事情。如果小松要把这 2 分钟时间追回来，做到上班不迟到的话，他在下段路程中，每分钟需要加速多少米？

【解题思路】 由第一个已知条件可以计算出，小松家离单位 200×18 = 3 600(米)；那么第二个已知条件的$\frac{1}{3}$处就是 $3\ 600\times\frac{1}{3}=1\ 200$(米)，跟朋友说话时到单位还剩下 3 600−1 200 = 2 400(米)；走$\frac{1}{3}$的路程用了 $18\times\frac{1}{3}=6$(分钟)，现在小松为了不迟到，剩下的时间是 18−6−2 = 10(分钟)，那么他每分钟要行 2 400÷10 = 240(米)才行。

可列式计算：

小松家距离单位：200×18 = 3 600(米)

$\frac{1}{3}$处就是 $3\,600\times\frac{1}{3}=1\,200$(米)

到单位还剩下 $3\,600-1\,200=2\,400$(米),

小松走$\frac{1}{3}$的路程用了 $18\times\frac{1}{3}=6$(分钟)

如果不迟到还剩下 $18-6-2=10$(分钟)

小松现在每分钟要行 $2\,400\div10=240$(米)

小松现在每分钟要比原来加速 $240-200=40$(米)

答：小松停留后，每分钟要比原来加速 40 米。

16 一辆客车以每小时 50 千米的速度从甲城开到乙城，一辆小车以每小时 65 千米的速度从乙城开到甲城，两车共用了 6.9 小时，求甲、乙两城之间的距离是多少千米？

【解题思路】这道题目应该这样来分析，虽然来回的车不同，但行驶的距离是相等的，可以从车速入手来分析。小车速度是客车速度的 $65\div50=1.3$ 倍，那么客车行驶的时间就是小车行驶时间的 1.3 倍。把小车行驶的时间当 1 倍看，那么，$6.9\div(1+1.3)=3$(小时)，说明小车在途中行驶了 3 小时，客车在途中行驶了 $6.9-3=3.9$(小时)。知道了时间跟速度，求距离就好办了。

可列式计算：

小车速度是客车速度的：$65\div50=1.3$ 倍

小车行驶的时间：$6.9\div(1+1.3)=3$(小时)

客车行驶的时间：$6.9-3=3.9$(小时) 或者 $3\times1.3=3.9$(小时)

甲、乙两地的距离：$65\times3=195$(千米) 或者 $50\times3.9=195$(千米)

验算：$195\div50+195\div65=6.9$(小时) 符合题意

答：甲、乙两地相距 195 千米

17 兄弟俩同时从家里出发去舅舅家。哥哥前一半路程慢走，后一半路程慢跑，弟弟前一半时间慢走，后一半时间慢跑，如果兄弟俩慢走跟慢跑的速度相同，求兄弟俩哪个先到舅舅家？

【解题思路】这种题目，只给出了条件，没设计具体数字，应该有这么一个关键点在里面，就是只要按照题目的要求去设计各种数字，到时得出的答案都是一样的；因为这道题目的答案是唯一的，设兄弟俩到舅舅家的距离是600米，慢走每分钟为30米，慢跑每分钟为50米。

现在来看哥哥走完全程需要的时间，前一半路程慢走，需要600÷2÷30=10(分钟)；后一半路程慢跑，需要600÷2÷50=6(分钟)，一共用时10+6=16(分钟)。

再看弟弟走完全程需要的时间，因为他慢走跟慢跑用的时间相同，所以可以先计算出他的平均速度每分钟为(30+50)÷2=40(米)，那么，他走完全程需要600÷40=15(分钟)。

由这组数字的计算结果知道，弟弟要比哥哥先到舅舅家(此题如果只问谁先到，直接回答就行；但如果题目中加问了为什么或者要说明理由，就要假设一组数字，计算出它的结果才行)。

答：弟弟要比哥哥先到舅舅家。

18 某部队训练时，由于人数较多，排成了900米长的行进队伍。一通讯员要从队伍最后面传令给队伍最前面的首长，他用6分钟的时间，跑步向前追上首长后，立即在原地休息到12分钟时，队伍最后一名士兵正好从他身旁经过；如果他当时不休息，仍按原速度跑回队尾时，需要几分钟？

【解题思路】这位通讯员从队尾跑到队前，是一个追及问题，他在6分钟的时间里，跑着追完了队伍900米长的距离，从这里可以求出他跑步的速度跟部队行走的速度差来；再根据他在原地休息12分钟，队伍从最前面走到最后一名士兵经过他身旁这个已知条件，就能确定，某部队在12分钟的时间里，正好走完整个队伍900米的长度，就可以计算出这支队伍的行进速度来；要求通讯员从队伍最前面跑到队伍最后面的时间，这是一个速度和的问题，就是用队伍这900米的长度除以他跑步的速度跟部队行走的速度和就行了。

可列式计算：

通讯员跑步比部队行走速度每分钟快：900÷6=150(米)

部队行走速度每分钟为：900÷12=75(米)

通讯员跑步速度每分钟为：150+75=225(米)

通讯员从队前跑到队尾所需时间：900÷(225+75)=3(分钟)

答：通讯员从队前跑到队尾所需时间是3分钟。

19 张村、王村、李村是公路旁的三个村庄，王村在张村跟李村的中点位置上。有一天，张三从张村骑自行车，李四从李村走路，两人同时相向而行。在张三经过王村200米后，两人第一次相遇；相遇后，双方继续前行，张三到达李村后立即返回，又在经过王村600米后追上了李四。求张村到李村的距离是多少米？

【解题思路】现在题目中只有张三跟李四在行走，只能从张三跟李四各自走的路程来分析；先来看看张三，他第一次超过中点王村200米与李四相遇，后又到李村，再从李村返回王村，又超过王村600米才追上李四；这里要从张三的行程里找出一个关键数字来才行，因为张村到王村，王村到李村，再从李村返回王村，这三段距离是相等的（已知条件中说明王村是中点位置），他行完这三段距离后，又超过王村600米追上了李四，把这600米分成三份，每份是200米，再把这200米分别加到张村到王村、王村到李村跟李村到王村这三段距离中去，这样一来，就说明张三在追上李四时，正好行了第一次与李四相遇时3倍的距离（第一次行了两村之间的距离加上200米，后面行的相当于两次两村之间的距离加上200米）；找出了张三走的路程是第一次相遇时的3倍就好办了，现在知道张三走了第一次跟李四相遇时3倍的距离，那么李四也是走了第一次相遇时3倍的距离。这里不知道李四第一次相遇时走了多少米，但他后来走的那2倍距离是有数字的，就是走完了第一次张三超过王村的那200米跟后来被追上时超过王村的那600米，就是200+600=800（米）；知道了他后面2倍路程的距离，那么，就可求出他第一次相遇时那1倍路程的距离是800÷(3−1)=400（米）；到这里就知道，王村到李村的距离是第一次张三超过王村的200米跟李四第一次走过的400米之和，就是200+400=600（米）。因为王村是中点位置，所以张村到李村的距离是600×2=1200（米）。

可列式计算：

张三第一次相遇李四后行走的路程：（张村到王村距离+200）×2

李四第一次相遇张三后走的路程：200+600=800（米）

李四第一次相遇张三时走的路程：(200+600)÷(3−1)=400（米）

王村到李村的距离：200+400=600（米）

张村到李村的距离：600×2=1 200（米）

答：张村到李村的距离是 1 200 米。

20 小明要去 8 千米远的舅舅家里玩，他步行的速度是每小时 4 千米，他每走半小时就要休息 6 分钟，求小明从家里出发后，用了多少时间才走到舅舅家？

【解题思路】 这道题目的难度不大，只要注意小明途中休息的时间就行了。他的速度是每小时 4 千米，每走半小时，就是每走完 2 千米时，就要休息 6 分钟；走 8 千米也就是走 4 个 2 千米，但是这里要想清楚，小明在途中是休息了 4 次还是 3 次呢？其实题目的关键点就在这里，小明在走完 6 千米休息第 3 次后，他第 4 次只用半小时就进了舅舅的家门，就不用休息 6 分钟了。到这里就明白了题目的意思。

可列式计算：

小明途中所用时间：$8\div2\times(30+6)-6=138$（分钟）或者$(8\div2-1)\times(30+6)+30=138$（分钟）

答：小明用 138 分钟走到了舅舅家。

21 小李开着小车每天早上 7∶30 出发，8∶00 点准时到叔叔家，接叔叔去办公室上 8∶30 的班。有一天，他叔叔 7∶30 从家里步行去办公室，途中遇到小李来接他的车，便立即乘车过去，结果比平时提前 4 分钟到达办公室。求小李的小车速度是叔叔步行速度的多少倍？

【解题思路】 这道题目的关键点在哪里呢？看来只能从题目最后的提问，一步一步倒着分析过来；这次比平时上班节约了 4 分钟，因为这 4 分钟是节约了小李开车来回的时间，所以说，单边只节约了 2 分钟，说明小李遇到叔叔时，已经开了 28 分钟的车（因为小李再开 2 分钟，就会在 8∶00 准时到叔叔家，再花 2 分钟回到这个相遇地点来，这样就是正点上班。这次不需要跑这 2 分钟单边的来回路程，才提前 4 分钟上班），这次他是在 7∶58 分接到叔叔的；这时叔叔 7∶30 从家中出发，到 7∶58 分上车，已经步行了 28 分钟的时间，他这 28 分钟步行的距离，只为小车节约了 2 分钟时间，相当于小车 2 分钟行驶的距离，那么，小车速度就是步行速度的 $28\div2=14$ 倍。

可列式计算：

小车节约的单边时间：4÷2=2(分钟)

叔叔步行时间：30-2=28(分钟)

小车速度是叔叔步行速度的：28÷2=14 倍

答：小车的速度是叔叔步行速度的 14 倍。

补充说明：这道题的答案有些读者可能说不好理解，那么就假设一组具体数字来验算一下。设叔叔步行速度每分钟为 15 米，则小车速度每分钟为 15×14=210 米，那么叔叔家到办公室的距离为 210×30=6 300 米。当天叔叔步行 28 分钟的距离为 15×28=420(米)，剩下距离为 6 300-420=5 880(米)，小车还需要行驶 5 880÷210=28(分钟)才到办公室。到这里问题就比较清楚了，小车从7:58分开始，经过 28 分钟，在 8:26 分到达办公室，正好比平时提前 4 分钟，所以说，这个答案是符合题目要求的(读者可以假设任何速度来验算一下，但答案都会是提前 4 分钟)。

22 小凯从家里到图书馆，步行需要 36 分钟，骑自行车需要 12 分钟。有一次，他从家里骑自行车出发 5 分钟后，自行车内胎爆了，他只好步行去图书馆。求小凯这次去图书馆一共用了多少分钟？

【解题思路】从题目的已知条件中，可以找到小凯步行跟骑车之间的数量关系，他步行需要 36 分钟，骑车只要 12 分钟，说明骑车速度是步行速度的 36÷12=3 倍；知道了这层关系后，那么，他先骑 5 分钟的车，等于步行了 5×3=15(分钟)；还需要步行 36-15=21(分钟)才能到图书馆。这次小凯去图书馆一共用的时间是：21+5=26(分钟)。

可列式计算：

小凯骑自行车速度是步行速度的：36÷12=3 倍

小凯骑 5 分钟的车，等于步行了 5×3=15(分钟)

这次小凯去图书馆用的时间：36-15+5=26(分钟)

答：这次小凯去图书馆一共用了 26 分钟。

23 小刚从家里去姑妈家，去时步行的速度是每分钟 60 米；他回家时跟姑妈一块骑自行车回来，速度是每分钟 180 米。求小刚往返姑妈家的平均速度是每分钟多少米？

【解题思路一】题目中要求小刚往返姑妈家的平均速度，凡是求速度的题目，必须要知道距离跟时间，这里没有给出具体的距离跟时间，只能跟据已知条件去寻找。这里可以把小刚家到姑妈家这段距离看成是单位“1”，来回就是单位“2”；那么用距离除以速度，$1\div60=\frac{1}{60}$，这个$\frac{1}{60}$就是小刚从家里去姑妈家所用的时间；同样的道理，$\frac{1}{180}$就是他从姑妈家回来时所用的时间；到这里可以用来回的距离和除以小刚来回的时间和，这就是他来回的平均速度。

可列式计算：

设小刚家到姑妈家这段距离是单位“1”，来回就是单位“2”

小刚往返姑妈家的平均速度每分钟为：$(1+1)\div\left(\frac{1}{60}+\frac{1}{180}\right)=2\div\frac{1}{45}=90$（米）

答：小刚往返姑妈家的平均速度是每分钟90米。

【解题思路二】题目中虽然没有具体距离，但是给出了小刚来回的速度，因为他去时跟回时的速度比是$60:180=1:3$，所以他去时跟回时的时间比就是$3:1$；可以假设这段距离为180米，那么小刚去姑妈家的时间是$180\div60=3$（分钟），回来的时间是$180\div180=1$（分钟）；这就可以用来回的距离和除以来回的时间和，那么他的平均速度每分钟就是$(60\times3+180\times1)\div(3+1)=90$（米），这样计算结果也是一样的。其实，把距离设为任何数字，只要按这两种速度求出来回时间，计算出来的平均速度都是一样的。

答：小刚往返姑妈家的平均速度是每分钟90米。

24 李叔叔要开车去360千米外的风景点旅游，他在前段200千米的路程中，每小时车速为50千米，李叔叔想将全程的平均车速提高到每小时60千米。求他在剩下的路程中，每小时应该行多少千米？

【解题思路】李叔叔已经按50千米的时速行驶了200千米，他要想将全路段的平均速度提高到每小时60千米，那么他只能在剩下的这段距离上想办法了；如果要想全程的平均时速达到60千米，那么到达风景点需要$360\div60=6$（小时）；前面200千米已经用了$200\div50=4$（小时），只剩下2小时，还剩下$360-200=160$（千米），就是说，这2小时必须跑完这160千米，他全程的平均时速才能达到 60 千米；因此，他在剩下的路程中，每小时需行 160÷2=80(千米)。

可列式计算：

全程平均时速 60 千米需要的时间：360÷60=6(小时)

已用的时间：200÷50=4(小时)

剩下路段每小时需行：(360−200)÷(6−4)=80(千米)

验算：(50×4+80×2)÷(4+2)=60(千米) 符合题意

答：李叔叔在剩下的路段中，每小时需行 80 千米。

25 甲、乙两车从相距 620 千米的南、北两地同时出发，相向而行，甲、乙两车每小时分别行 50 千米跟 30 千米。已知两车在行了 150 千米后，都休息了相同的时间。休息后，两车都将每小时的速度提高了 10 千米，求相遇时，甲车比乙车多行了多少千米？

【解题思路】这道题目有个小陷阱，它在哪里呢？原来两车各自行驶 150 千米的时间是不一样的。甲、乙两车各行了 150 千米才休息，这时总行程还剩下 620−150×2=320(千米)；甲车行 150 千米用了 150÷50=3(小时)，乙车用了 150÷30=5(小时)，因为在 150 千米处两车休息时间相同，所以甲车比乙车提前 5−3=2(小时)提速；那么，要把剩下的路程减去甲车提速后行驶了 2 小时的路程，320−(50+10)×2=200(千米)，这 200 千米才是甲、乙两车提速后，在相同时间里行驶的路程，这段路程用的时间为 200÷(50+10+30+10)=2(小时)。到这里就能计算出甲车比乙车多行的路程了。

可列式计算：

甲、乙两车休息后，在剩下路段中同时行驶的时间：(620−150×2−60×2)÷(50+10+30+10)=2(小时)

乙车行驶的全部路程：150+40×2=230(千米)

甲车行驶全部路程：150+60×(2+2)=390(千米)

甲车比乙车多行路程：390−230=160(千米)

验算：230+390=620(千米) 符合题意

答：甲车比乙车多行驶 160 千米。

26 一列火车匀速通过一座 1 100 米的大桥，已知火车从车头上桥到车尾下桥共用时70秒，火车车身全部处于桥上的时间是40秒。求这列火车的车身长度跟每秒的速度是多少米？

【解题思路】这种火车过桥的问题，跟一般行程问题是有区别的。主要区别在于，从火车车头上桥到车尾离桥，火车行驶这段距离不只是一座桥的长度，它还包括一列火车的长度；火车全身都处于桥上又是另外一种情况，火车行驶这段距离正好是桥长减去一列火车的长度（读者可以将一根手指头当成火车，把桌子的一边当成桥，模仿一下就会发现，上面这两段距离都是符合实际情况的）；知道了上述的两段距离后，就知道从火车车头上桥到车尾离桥，跟火车车身全部处于桥上，这前后火车行驶的距离正好相差2个车身的长度（前者是桥长加一个车身的长，后者是桥长减一个车身的长）；到这里就知道，用 $70-40=30$（秒），这30秒就是火车行驶完2个车身长度的时间，那么行驶完1个车身长度的时间就是 $30\div2=15$（秒）；找到这个15秒就好办了，因为由此可以知道火车行驶完大桥1 100米的时间是 $70-15=55$（秒）或者 $40+15=55$（秒）；现在知道了大桥的长度跟火车通过大桥的时间，就可以求出火车的速度来了。

可列式计算：

火车行驶完1个车身长度需要时间：$(70-40)\div2=15$（秒）

火车行驶完大桥的距离需要时间：$70-15=55$（秒） 或者 $40+15=55$（秒）

火车的速度每秒为：$1\ 100\div55=20$（米）

火车车身长度：$20\times15=300$（米）

验算：火车每秒钟速度前后相等：$(1\ 100+300)\div70=(1\ 100-300)\div40=20$（米）

答：火车速度每秒是20米，车身全长300米。

27 一列350米长的火车，速度每小时为54千米，在通过一处隧道时，从车头刚进隧道到车尾刚出隧道，共用时78秒，求隧道的长度是多少米？

【解题思路】火车过隧道跟过大桥是同类型题目。只要知道，从火车车头刚进隧道到火车车尾刚出隧道，火车不是行驶完一个隧道的长度，而是一个隧道长度加上火车的长度就行了。火车每小时速度是54千米，换算成秒就是每秒15米，将这个速度直接运用到算式中去就行了。

解法一：算术解题法

火车每小时54千米=每秒15米

隧道跟火车车身长度的和：15×78＝1 170(米)

隧道的长度：1 170－350＝820(米)

答：这条隧道长 820 米。

解法二：列方程解题法

设隧道长度是 x 米，根据火车速度相等的关系可列方程：

$(x+350)\div78=54\ 000\div3\ 600$

$x+350=1\ 170$

$x=820$

答：这条隧道长 820 米。

28 甲、乙两辆火车相向而行，甲车每小时行驶 108 千米，乙车每小时行驶 93.6 千米；在两列火车相交时，坐在乙车上的一位乘客进行了细心观察，他发现从甲车车头出现在他眼里的那一刻，直到甲车车尾在他眼里消失的瞬间，一共是 7 秒时间，求甲车的全长是多少米？

【解题思路】这道题目首先要想清一个问题，就是这 7 秒时间经过的是一个甲车车身的长，还是甲、乙两个车身的长；这 7 秒时间其实只行了甲车一个车身的长度，这里可以用两根手指头当成两辆火车在眼前相交行驶一次，一根指头尖当乘客，另一根指头当甲车，就容易理解这一点；确定了这一基本事实后，只要求出两列火车在 7 秒时间内的速度和(因为甲、乙两车在 7 秒内是相向行驶的)就能找出答案来。

可列式计算：

甲车速度每秒为：108×1 000÷3 600＝30(米)

乙车速度每秒为：93.6 ×1 000÷3 600＝26(米)

甲车全长多少米：(30+26)×7＝392(米)

答：甲列火车全长 392 米。

29 一列长度为 350 米的火车，通过某隧道用了 5 分钟；第二次这列火车通过这个原隧道时，将每分钟的速度加快了 300 米，结果只用了 4 分钟就通过了隧道。求这条隧道的长度是多少米？

【解题思路】火车通过隧道，是从火车车头进入前面隧道口的那一刻算起，直到火车车尾离开后面隧道口的那一刻停止，所以这段时间火车不仅行完整个隧道的长度，还要包括自己车身的一个长度，这种情况是需要理解清楚的；这道题目没有直接给出火车的速度，只告诉火车第二次每分钟加快了 300 米以及两次通过隧道的时间，应该从这三个数字上去寻找答案；因为两次通过的距离是相等的，第二次跟第一次的时间比是 4 : 5，所以第二次跟第一次的速度比就是 5 : 4，这就是说，第二次火车的速度是第一次速度的$\frac{5}{4}$，比第一次快了$\frac{5}{4}-1=\frac{1}{4}$，那么，这 300 米相当于火车第一次速度每分钟的$\frac{1}{4}$，这样火车第一次速度每分钟就是 $300\div\frac{1}{4}=1\ 200$（米）；现在有了火车第一次的速度，那么火车第二次的速度每分钟就是 1 200+300=1 500（米）。现在知道了火车的速度跟长度，还有通过隧道的时间，求隧道的长度就容易了。

解法一：算术解题法

火车第二次跟第一次过隧道的时间比是 4 : 5，所以第二次跟第一次的速度比就是 5 : 4

第二次火车的速度比第一次速度快了：$\frac{5}{4}-1=\frac{1}{4}$

火车第一次的速度每分钟为：$300\div\frac{1}{4}=1\ 200$（米）

火车第二次的速度每分钟为：1 200+300=1 500（米）

隧道的长度：1 200×5−350=5 650（米）或者 1 500×4−350=5 650（米）

验算：1 200×5=1 500×4=5 650+350=6 000（米）符合题意

答：这条隧道的长度是 5 650 米。

解法二：列方程解题法

设火车第一次的速度每分钟为 x 米，则第二次的速度每分钟为（$x+300$）米。根据两次通过的距离相等可列方程：

$5x=4(x+300)$

$5x=4x+1\ 200$

$x=1\ 200$

火车第二次的速度每分钟为：1 200+300＝1 500(米)

隧道的长度：1 200×5－350＝5 650(米) 或者 1 500×4－350＝5 650(米)

答：这条隧道的长度是 5 650 米。

30 哥哥跟弟弟在一条相距 1 520 米的公路两端，同时骑车相向而行，第一次 8 分钟相遇；如果各自将速度每分钟减少 19 米的话，那么，兄弟俩第二次相遇的地点跟第一次相遇到地点相距 10 米。求骑车快的人跟慢的人第一次每分钟行多少米？

【解题思路】先看第一个已知条件，两人 8 分钟行完 1 520 米，由此可知他俩第一次的速度和每分钟是 1 520÷8＝190(米)；第二个已知条件是各人每分钟减速 19 米，由此可知他俩第二次相遇的时间是 1 520÷(190－19×2)＝10(分钟)；第三个已知条件是两次相遇地点相差 10 米，因为前后两次兄弟俩的速度差是不变的，第二次相遇时间比第一次多 2 分钟，应该是车速度较快的人比第一次多行了 10 米，车速度慢的少行了 10 米，这样一多一少，第二次车速快的人比慢的人多行了 20 米；因为第一次相遇时已经包括了两人在 8 分钟里面的速度差，所以这 20 米就是 10－8＝2(分钟)出现的速度差，这说明兄弟俩的速度差每分钟是 20÷2＝10(米)；前面已经知道了两人的速度和每分钟是 190 米，现在知道了他俩的速差每分钟是 10 米，就可以求出兄弟俩较快跟较慢的速度来。

解法一：算术解题法：

兄弟俩第一次的车速和每分钟为：1 520÷8＝190(米)

兄弟俩第二次相遇的时间是：1 520÷(190－19×2)＝10(分钟)

兄弟俩第二次相遇时的距离差是：10×2＝20(米)

兄弟俩的速度差每分钟为：10×2÷(10－8)＝10(米)

骑车快的人第一次每分钟行：(190+10)÷2＝100(米)

骑车慢的人第一次每分钟行：(190－10)÷2＝90(米)

验算：第一次兄弟俩 8 分钟走完全程：100×8+90×8＝1520(米)

第二次骑车快的人比第一次多行：(100－19)×10－100×8＝10(米)

第二次骑车慢的人比第一次少行：90×8－(90－19)×10＝10(米) 符合题意

答：兄弟俩骑车快、慢的人，第一次每分钟分别行 100 米跟 90 米。

解法二：列方程解题法

设第一次速度较快的人每分钟行 x 米，则根据此人前、后两次的路程差可列如下方程：

$10(x-19)-10=8x$

$10x-190-10=8x$

$2x=200$

$x=100$

速度慢的人每分钟行：$1\ 520\div8-100=90$（米）

答：兄弟俩骑车快、慢的人，第一次每分钟分别行 100 米跟 90 米。

第10讲　相遇时刻握握手

相遇问题也是行程问题的一部分，只是侧重相遇而已。其计算方法跟行程问题是相同的，都是研究运动物体运动的路程、时间和速度这三者之间相互关系的数学题目。

它们三者的基本数量关系就是：

速度×时间=路程；

路程÷时间=速度；

路程÷速度=时间。

1 粗心猫跟聪明猴分别站在两棵樟树下，同时相向而行。它俩第一次相遇是在离粗心猫这棵樟树20米的地方；相遇后继续往前走，到达对方樟树后立即返回，第二次在离粗心猫这棵樟树40米的地方相遇，问这两棵樟树之间的距离是多少米？

【解题思路】它俩第一次相遇，粗心猫走了20米；相遇后继续往前走，当聪明猴到达粗心猫起点的樟树后，这时它走了20米；当它立即回头再走，又走了40米正好跟粗心猫再次相遇；这时它俩合起来，已经走了三次两棵樟树之间的距离了；第一次相遇后，它俩正好走了两棵樟树间一次的距离；不过，第一次相遇时，只知道粗心猫走了20米，聪明猴走了多远不知道，但在后面走完两次距离时，聪明猴走了20+40=60(米)；这说明聪明猴第一次跟粗心猫相遇时，正好走了60÷2=30(米)，粗心猫第一次走了20米，那么两棵樟树之间的距离就是30+20=50(米)。

可列式计算：

聪明猴跟粗心猫第二次相遇时，共走完两棵樟树之间的 3 段距离。

第一次相遇时粗心猫走的路程：20×1＝20(米)

从第一次相遇后到第二次相遇，聪明猴走的路程：20+40＝60(米)

第一次相遇时聪明猴走的路程：60÷(3－1)＝30(米)

两棵樟树之间的距离：30+20＝50(米)。

验算：30×3－50＝40(米)，20×3－50＝10(米) 符合题意

答：两棵樟树之间的距离是 50 米。

2 粗心猫跟聪明猴在甲、乙两棵樟树下同时相向而行。第一次相遇是在离聪明猴起点乙樟树 50 米的地方；当它俩到达对方的起点樟树后便立即调头往回走，第二次相遇是在离粗心猫起点甲樟树 30 米的地方，求甲、乙两棵樟树间的距离有多少米？

【解题思路】粗心猫跟聪明猴第一次相遇，聪明猴走了 50 米；它俩第二次相遇，聪明猴应该走了 50×3＝150(米)，这时聪明猴不但走完了两棵樟树之间的全程，而且还从粗心猫出发的甲樟树处返回了 30 米，说明聪明猴走完一个全程再加 30 米的距离；那么这两棵樟树的距离就是聪明猴走的这 150－30＝120(米)。

可列式计算：

甲、乙两棵樟树的距离：50×3－30＝120(米)

答：甲、乙两棵樟树之间的距离是 120 米。

3 两辆小车分别从甲、乙两地相向开出，5 小时相遇。如果两辆小车都将每小时速度减少 5 千米，还是从相同地点出发，5 小时后，已经行走的路程是剩下路程的 9 倍，求甲、乙两地相距多少千米？

【解题思路】先分析题目中第二个已知条件，如果两辆小车都将速度每小时减少 5 千米，还是从相同地点出发，5 小时后，已经行走的路程是剩下路程的 9 倍；这里没有告诉两车的速度，就无法计算出两车已经行驶的距离，那么只能从没有行驶过的这段距离去想办法；两辆车的速度每小时都减少 5 千米，就是两辆车的速度和每小时减少了 5×2＝10(千米)，那么 5 小时减少 10×5＝50(千米)，这 50 千米就是两辆车在 5 小时内剩下没走的距离(如果两车不减速，5 小时就能跑

完两地之间的全距离)；因为已行路程是剩下路程的 9 倍，所以已行路程为 50×9 =450(千米)；用已行路程加上剩下的路程，就是甲、乙两地之间的距离。

可列式计算：

两车行驶 5 小时后剩下的路程：(5+5)×5=50(千米)

甲、乙两地相距：50×9+50=500(千米)

验算：

两车 5 小时行完全程的速度和每小时为：500÷5=100(千米)

两车减速后行 5 小时剩下的距离：500-(100-5×2)×5=50(千米) 符合题意

答：甲、乙两地相距 500 千米。

4 小刚骑摩托车，小方骑自行车，他俩在体育场的一处圆型跑道上，分别从相距 150 米的甲、乙两地同时出发，用固定的速度相向而行，两人相遇后没有停留继续前行，当小方继续前行了跟刚才相遇时，小方已行的同等路程时，小刚正好回到起点甲的地方，求这时小刚比小方多行了多少米？

【解题思路】这道题目既无圆型跑道的长度，又无小刚跟小方两人的骑车速度，现在要求他俩行驶的路程差，感觉有点无从下手的味道。不过，只要经过合理的分析，答案总是要出现的。其实，题目中第二个已知条件故意转了一个弯，说小方继续前行了相遇时已行的同等路程，如果把这个已知条件变通一下，当两人相遇时，小方不再前行，而是立即调头跟着小刚往回跑，当小刚回到起点甲地时，小方也正好回到他的起点乙地(因为小方继续前行的路程，跟返回到起点乙地的路程是相等的)；这么一变通，题目就好理解了，就是当两人相遇后，小方立即跟着小刚返回到起点乙地时，小刚比小方多行了 150 米(因为甲、乙两地点相距 150 米)；这么一段路程小刚比小方多行了 150 米，那么在两人第一次相遇时，小刚也比小方多行了 150 米(因为这次小方跟小刚也是用固定的速度行完了相同的路程，所以两人两次的距离差相等)；到这里答案就清楚了，小刚在行完一圈回到起点甲的地点时，他比小方多行了 150×2=300(米)。

可列式计算：

根据上述分析可知，小刚比小方多行：150×2=300(米)

答：小刚比小方多行了 300 米。

5 一辆大车跟一辆小车同时从两县城相向开出，大车每小时行 40 千米，小车每小时行 70 千米，两车相遇时离中点 30 千米，求两县城之间的距离是多少千米？

【解题思路】这道题目的关键点在相遇时离中点 30 千米这个地方。小车的车速快，肯定是小车超过中点 30 千米；小车超过中点 30 千米，说明小车比大车多行了 $30\times2=60$（千米），有了这段距离，就可以求出两车在途中行驶的时间是 $60\div(70-40)=2$（小时）；现在知道了两车在途中行驶的时间，就可以求出两县城之间的距离来了。

可列式计算：

两车在途中行驶时间：$30\times2\div(70-40)=2$（小时）

两县城之间的距离：$(70+40)\times2=220$（千米）

答：两县城之间的距离是 220 千米。

6 甲上午 9 时开小车从王村出发，速度每小时 40 千米；乙上午 10 点坐摩托从吴村出发，跟甲相向而行，速度每小时 30 千米。中午 12 时两人在途中相遇后继续前行。如果甲到达吴村时，求乙离王村还有多少千米？

【解题思路】甲、乙两人出发的时间不同，中午 12 时相遇，甲行了 $40\times3=120$（千米），乙行了 $30\times2=60$（千米），那么两村相距 $120+60=180$（千米）；相遇后甲到吴村还剩下 $180-120=60$（千米），还需要行驶 $60\div40=1.5$（小时）；乙到王村还剩下 $180-60=120$（千米），乙 1.5 小时可行 $30\times1.5=45$（千米），那么，乙到王村还有多远就可以知道了。

可列式计算：

两村的距离：$40\times3+30\times2=180$（千米）

相遇后甲离吴村的距离：$180-120=60$（千米）

相遇后甲到吴村的时间：$60\div40=1.5$（小时）

相遇后乙离王村的距离：$180-60=120$（千米）

乙 1.5 小时可行路程：$30\times1.5=45$（千米）

乙 1.5 小时后离王村的距离：$120-45=75$（千米）

答：甲到达吴村时，乙离王村还有 75 千米。

7 甲、乙两镇之间有一条简易公路，哥哥步行，弟弟骑摩托，哥哥跟弟弟的速度保持不变，弟弟骑摩托不停地往返于两镇之间，两人同时从甲镇出发向乙镇前行。出发后15分钟兄弟俩第一次相遇，又过了3分钟，弟弟第一次超过了哥哥。当哥哥到达乙镇时，求他兄弟俩在途中面对面地相遇过多少次？

【解题思路】这道题目有点难度，它的关键点在哪里呢？哥哥出发15分钟，弟弟已经跑了一圈过来了，哥哥又走了3分钟，弟弟第一次从身后追上哥哥，这里就是题目的关键点；兄弟俩会面后，哥哥向前行，弟弟往后跑，再折回来追上哥哥只用了3分钟，在这3分钟里，弟弟不但走完了哥哥这15分钟2倍的路程（先跑过去再回来），还要加上哥哥这3分钟的路程；这就是说，弟弟骑车，用3分钟走完了哥哥15×2+3＝33（分钟）所走的路程。这说明弟弟骑车的速度是哥哥步行速度的33÷3＝11倍。由此可知，当哥哥从甲镇走到乙镇时，弟弟要在两镇之间来回地跑11次。

可列式计算：

弟弟3分钟走的路程，哥哥需要：15+15+3＝33（分钟）

弟弟速度是哥哥速度的：33÷3＝11倍

答：因为弟弟每次从乙镇返回时，才能跟哥哥面对面一次，所以兄弟俩一共碰了5次面。

8 甲、乙两人骑摩托车同时从一条公路的西、东两端出发，甲向东，乙往西，3小时相遇于途中某一点。甲再过2小时就能到达公路的东端，且甲每小时比乙快8千米，求这条公路东、西两端相距多少千米？

【解题思路】题目中已知条件说，甲、乙两人同时出发3小时相遇，相遇后甲2小时可以到达公路东端，也就是乙的出发地，说明甲2小时能够走完乙3小时的路程；又因为甲每小时比乙快8千米，那么这2小时要比乙多行2×8＝16（千米），其实这16千米正好是乙3－2＝1（小时）的时速（因为除了这多行的16千米外，甲2小时行的路程跟乙2小时行的路程是相等的，所以说乙多行的1小时，正好行完这16千米是有依据的）；现在知道了乙的时速，那么甲的速度每小时就是16+8＝24（千米），这样就能求出公路东、西两端之间的距离来。

可列式计算：

乙的速度每小时为：$8\times2\div(3-2)=16$ 千米

甲的速度每小时为：$16+8=24$（千米）

公路东、西两端间的距离：$(24+16)\times3=120$（千米）或者 $24\times(3+2)=120$（千米）

验算：甲 2 小时行完乙 3 小时路程：$24\times2=16\times3=48$（千米）符合题意

答：公路东、西两端相距 120 千米。

9 甲、乙两车分别从某市的汽车南站跟北站，同时出发相向而行。甲车每小时行 50 千米，乙车每小时行 36 千米，两车在途中相遇后继续向前行驶，2 小时后两车相距 43 千米，求南、北两汽车站相距多少千米？

【解题思路】两车相遇后继续向前行驶，2 小时后两车相距 43 千米。这 43 千米应该是重复路段，已经走了两次了，在计算南、北汽车站距离时不应包括这段距离；要想减掉这段距离有两种方法，一是将两车每小时的速度和乘以 2 小时后再减去 43 千米；二是计算两车行驶 43 千米需要多少时间，先将 2 小时减去这段时间后，再乘以两车的速度和。这样就能求出甲、乙两车站之间的距离来。

可列式计算：

解法一：

汽车南站跟北站的距离：$(50+36)\times2-43=129$（千米）

答：汽车南站跟北站的距离是 129 千米。

解法二：

两车行驶 43 千米的时间：$43\div(50+36)=0.5$（小时）

汽车南站跟北站的距离：$(50+36)\times(2-0.5)=129$（千米）

答：汽车南站跟北站的距离是 129 千米。

10 甲、乙两人经常在一段 400 米的村级公路上跑步，两人分别从公路东、西两端同时相向而跑。甲每分钟跑 110 米，乙每分钟跑 90 米，两人每次都是跑到端点便立即往回跑，求在 22 分钟的时间里，两人相遇过多少次？

【解题思路】这道题目是知道了距离与速度，求时间是不太难的。不过，这里需要注意的是，他俩第一次相遇跟第二次相遇，时间是不一样的；第一次相遇时，两人只跑完一个单边，以后每次都要跑完两个单边后才能相遇；解题时需要注意这一点，先将总时间减去第一次相遇的时间，再除以跑完两个单边的时间，这就是不包括第一次的相遇次数，计算时记得将第一次相遇加进来就是总的相遇次数了。

可列式计算：

第一次相遇时间：400÷(110+90)=2(分钟)

第二次及以后次数相遇时间：400×2÷(110+90)=4(分钟)

22分钟两人相遇次数：(22−2)÷4+1=6(次)

答：甲、乙两人在22分钟的时间里相遇过6次。

11 甲骑摩托，乙骑自行车，两人分别从相距72千米的两地同时出发，相向而行。出发后，甲由于胃痛被迫在途中休息了半小时后再出发，两人在出发后3小时相遇。已知甲的速度是乙的2倍，求甲、乙两人每小时各行多少千米？

【解题思路】这道题目的关键点应该在这个2倍的速度以及甲休息那半小时上面。已知甲的速度是乙的2倍，这里可以将乙每小时的速度当成1倍来看待，他行了3小时就是3倍；那么，甲每小时的速度就是2倍，他行了2.5小时就是2×2.5=5倍，5倍加3倍就是8倍，这8倍代表全程的距离。到这里再用和倍问题的办法来解题，就没有什么困难了。

可列式计算：

设乙每小时行1倍路程，相遇时乙行了3倍路程，则甲每小时行2倍路程，相遇时行了2×2.5=5倍路程。

乙每小时行的路程：72÷(3+5)=9(千米)

甲每小时行的路程：9×2=18(千米)

验算：18×2.5+9×3=72(千米) 符合题意

答：甲、乙两人每小时分别行18千米跟9千米。

12 张大爷、王大爷与李大爷三人在公园里一个大圆形花坛的台阶上慢跑，他们三人跑步时的速度每秒依次为4米、3米与2米。某一天，张大爷跟王大爷与李大爷两人在同一地点同时开始背向而行。当张大爷遇见王大爷时没有停留，又跑了10秒钟才遇见李大爷，求这个圆形花坛的周长是多少米？

【解题思路】这道题目隐藏的条件应该在他们会面的时候，张大爷速度最快，王大爷速度第二，当然是他俩相遇在先；相遇后张大爷不停留，这句话里肯定有秘密，张大爷跟王大爷相遇时，如果三人都停在原地不动，那么，李大爷就在王大爷后面一段距离；这段距离是多少呢？张大爷跟李大爷两人还要跑 10 秒钟才能见面，这段距离就是张大爷跟李大爷的速度和乘上 10 秒钟，就是 $(4+2)\times10=60$（米），到这里就好办了，这段距离就是张大爷跟王大爷相遇时，李大爷落后于王大爷的那段距离；李大爷为什么落后王大爷这段距离，就是他每秒钟的速度要比王大爷慢 1 米，知道了距离跟速度差，就可求出李大爷落后王大爷这段距离的时间是 $60\div(3-2)=60$（秒），这 60 秒时间就是张大爷跟王大爷相遇时双方跑步的时间（王大爷每秒钟比李大爷快 1 米，是跑了 60 秒时间才超出李大爷 60 米距离的，这就是王大爷跑了 60 秒就跟张大爷相遇的依据，这个地方请读者务必要理解清楚才行），求出了张大爷跟王大爷相遇的时间，他俩的速度是已知的，要求花坛周长就相当容易了。

可列式计算：

张大爷跟王大爷相遇时，李大爷落后于王大爷的距离：$(4+2)\times10=60$（米）

张大爷跟王大爷相遇的时间：$60\div(3-2)=60$（秒）

花坛的周长：$(4+3)\times60=420$（米）

答：花坛的周长是 420 米。

13 甲、乙两人在公园里一处圆型花坛的台阶上散步，平时都是同向而行。有一次，他俩从同一地点同时背向而行，已知甲走完一圈台阶需要 18 分钟，这次在甲出发 10 分钟时与乙相遇，求乙走完一圈花坛台阶需要多少分钟？

【解题思路】已知甲走完一圈台阶需要 18 分钟，这次在甲出发 10 分钟时与乙相遇，说明甲再用 8 分钟就能走完一圈台阶；由此可知，乙用 10 分钟才走完甲用 8 分钟可以走完的路程，乙跟甲的速度比就是 8∶10=4∶5，那么乙跟甲所用时间比就是 5∶4。这样就能计算出乙所需要的时间来。

可列式计算：

乙跟甲的速度比：8∶10=4∶5

乙跟甲所用时间比：10∶8=5∶4

乙走完一圈花坛台阶所用时间：$18\times5\div4=22.5$（分钟）

答：乙走完一圈花坛台阶需要 22.5 分钟。

14 甲、乙两人各自从家里同时出发相向而行，12 分钟相遇；如果甲将行走速度每分钟增加 30 米，乙将行走速度每分钟减少 8 米，则经过 10 分钟就能相遇。问甲、乙两家相距多少米？

【解题思路】甲、乙两人第一次 12 分钟相遇，第二次 10 分钟相遇，第二次比第一次少用了 2 分钟，是因为他俩的速度和每分钟增加了 30−8＝22(米)；说明他俩在第二次的 10 分钟内，要比原速度的 10 分钟多走了 22×10＝220(米)，这 220 米正好是第一次两人在 12−10＝2(分钟)内走的路程，也就是说，他俩第一次的速度和每分钟是 220÷2＝ 110(米)。知道了他俩第一次相遇时的速度和跟相遇时间，就可求出两家之间的距离来。

可列式计算：

甲、乙两人第一次的速度和每分钟为：(30−8)×10÷(12−10)＝110(米)

甲、乙两家之间的距离：110×12＝1 320(米)

验算：

甲、乙两人第一次相遇时间：1 320÷110＝12(分钟)

甲、乙两人第二次相遇时间：1 320÷(110+30−8)＝10(分钟) 符合题意

答：甲、乙两家相距 1 320 米。

15 甲、乙两车同时从东、西两地相向而行，两车在距西地 50 千米处相遇；相遇后两车继续向前行驶，在分别到达 东、西两地后立即返回，再次在距东地 32 千米处相遇。求甲、乙两车再次相遇时离初次相遇地点多少千米？

【解题思路】凡是这种两车相向而行，调头后再次相遇的情况，就是两车合起来行驶了三段两地之间的距离，在确定了这个事实的基础上再进行下一步计算；这里是甲车从东往西，乙车从西往东，初次相遇是在距西地 50 千米的地方，说明乙车这时只行驶了 50 千米，那么再次相遇时，乙车行了 50×3＝150(千米)；乙车这 150 千米是行了东、西两地的一个全距离，再加上从东地返回西地途中的 32 千米，说明东、西两地的距离是 150−32＝118(千米)；现在知道了东、西两地的距离，将它减去初次相遇离西地的 50 千米，再减去再次相遇离东地的 32 千米，就是甲、乙两车两次相遇时之间的那段距离。

可列式计算：

东西两地的距离：50×3−32＝118(千米)

甲、乙两车再次相遇时离初次相遇地点之间的距离：118－50－32＝36(千米)

答：甲、乙两车再次相遇时离初次相遇地点之间的距离是 36 千米。

16 张三从张村出发去李村，李四跟王五同时从李村出发去张村。张三走过两村中点 100 米时与李四相遇，此时王五已走 500 米；而张三与王五相遇时，李四刚好到两村的中点。求张村跟李村的距离是多少米？

【解题思路】此题可以暂时把第一个已知条件，张三走过两村中点 100 米时与李四相遇，王五走了 500 米暂时放一下，先看第二个已知条件；在张三跟李四相遇后，他们三人都没有停下来，仍按原速度继续前行，当张三跟王五相遇时，他俩合起来刚好走了两村的一个全距离，而李四刚好走完两村距离的一半，处在两村的中点上，说明张三跟王五的速度和正好是李四速度的 2 倍；张三跟李四相遇后，李四刚走完张三超过中点的那 100 米时，张三跟王五就相遇了，那么，张三跟王五两人在这段时间里，合起来走的距离就是 100×2＝200(米)；题目分析到这里就有眉目了，张三跟李四相遇时超过了中点 100 米，现在又跟王五合起来走了 200 米，再加上王五原来走的 500 米，这段路程 100+200+500＝800(米)正好是两村中点到李村的距离，也就是张村到李村一半的距离。

可列式计算：

张村到李村的距离：(100+200+500)×2＝1 600(米)

答：张村到李村的距离是 1 600 米。

17 甲、乙两车从相距 420 千米的两镇同时出发相向而行，甲车每小时行 65 千米，乙车每小时行 55 千米，求几小时后两车相距 60 千米？继续行驶几小时后，又相距 60 千米？

【解题思路】甲、乙两车第一次相距 60 千米，就是把全路程总长度减去 60 千米，除以两车的速度和就行了；第二次相距 60 千米，这个时间点是从第一次相距 60 千米时开始的，而不是从两车相遇后开始的；第一次相距 60 千米是好理解的，只是第二次相距 60 千米要想清楚，是两车在相距 60 千米的地方，先要相向而行，行完这 60 千米相遇以后，两车不停留，又立即背向而行，等到这两车第二次相距 60 千米(也就是行驶完 60+60＝120 千米)时，这段时间才是题目中要求的时间。

可列式计算：

两车第一次相距 60 千米的时间：(420-60)÷(65+55)＝3(小时)

两车第二次相距 60 千米的时间：(60+60)÷(65+55)＝1(小时)

答：两车行驶 3 小时后，第一次相距 60 千米；两车继续行驶 1 小时后，第二次相距 60 千米。

18 哥哥跟弟弟去镇上赶集，同时从家里出发，哥哥每分钟走 70 米，弟弟每分钟走 50 米。哥哥到镇上休息 6 分钟后，发现弟弟没到，他立即返身回去接弟弟，5 分钟后正好与弟弟相遇。求兄弟俩的家离镇上有多少米？

【解题思路】这道题目的关键是弄清哥哥在这段路上，比弟弟节约了多少时间。可从哥哥回来接弟弟，与弟弟相遇时算起；哥哥从镇上回到相遇地点是 5 分钟，那么，哥哥刚才从这里去镇上也是 5 分钟，双倍 5 分钟，再加上休息的 6 分钟，一共是 16 分钟；如果这 16 分钟，哥哥不休息，不返回，一直前行的话，就会比弟弟多走 70×16＝1 120(米)，这 1 120 米是由于哥哥每分钟比弟弟快 70－50＝20(米)才出现的，由此可求出弟弟在途中行走的时间来。

可列式计算：

弟弟跟哥哥相遇时，弟弟在途中行走的时间：70×16÷(70-50)＝56(分钟)

兄弟俩的家离镇上的距离：50×56+70×5＝3 150(米)

验算：

哥哥到镇上时间加休息时间加返回与弟相遇时间，跟弟弟在途中行走时间相等。

3150÷70+6+5＝45+6+5＝56(分钟) 符合题意

答：他兄弟俩的家离镇上 3 150 米。

19 甲、乙两车同时从东、西两地出发，相向而行。当甲、乙两车在途中 A 点相遇时，丙车立即从西地出发开往东地，当甲车与丙车在 B 点相遇时，甲车立即掉头，且把速度降为原速的一半，与丙车同行；当甲、丙两车同时到达东地时，乙车离东地还有 10 千米。如果 A 点到 B 点的距离是 20 千米，求东、西两地相距多少千米？

【解题思路】此题比较复杂，建议读者依据题意画一张草稿图，再一步一步地分析。先看甲车与丙车相遇时，立即掉头且将速度降为原速度的一半后，与丙车同时到达东地这一已知条件，这就是说，甲车的原速度是丙车的 2 倍；再来看甲、乙两车在 A 点相遇时，丙车在西地立即出发，与甲车相遇在 B 点，且 A、B 两点的距离是 20 千米这个已知条件，这时甲车用原速度从 A 点行到 B 点是 20 千米，那么，丙车从西地到 B 点只行了 10 千米（甲车原速度是乙车速度的 2 倍且行驶时间相同）；再来看后面一个已知条件，甲车用一半的速度跟丙车同时到达东地时，乙车从西地到东地还差 10 千米（不再前行），这跟甲车从相距西地 10 千米（丙车最初行到 B 点的距离）的 B 点返回，到东地的距离是相等的（这里请读者务必理解清楚，因为甲车是在离西地 10 千米处返回的，乙车停在离东地 10 千米的地方，所以甲、乙两车都比东西两地的全程少行了 10 千米，这段距离是相等的，可以进行比较）；再看最后一个已知条件，就是甲车与丙车相遇后，甲车是用一半的速度行完从 B 点到东地这段路程的，假设它用原速度的话，就能行驶 2 倍这段的路程；再加上开始时甲车用原速从东地到 B 点这段（跟乙车从西地到东地相距 10 千米这段距离是相等的）路程，说明甲车在相同的时间内，用原速可以行（比东、西全程少 10 千米）这样 3 倍的距离，而乙车只行了 1 倍这样的距离，所以甲车的原速度是乙车速度的 3 倍；知道了甲车原速度是乙车的 3 倍后，就找到了此题的关键点，因为在甲车跟乙车同时从东、西两地出发，相遇在 A 点时，乙车只行了 $10+20=30$（千米），那么，甲车行了 $30\times3=90$（千米），所以东、西两地相距 $30+90=120$（千米）。

可列式计算：

根据上述分析，甲车原速度是乙车速度的 3 倍，甲车跟乙车第一次相遇时，乙车行了 $10+20=30$（千米），甲车行了 $30\times3=90$（千米）。

东、西两地相距 $30+90=120$（千米）

答：东西两地相距 120 千米。

这道题目还可以用乙车行驶的距离来验算，证明答案是准确的。甲车跟乙车第一次相遇，乙车行了 30 千米；甲车从 A 到 B 行了 20 千米时，乙车行了 $\frac{20}{3}$ 千米；当甲车用原速行完 $(120-10)\times2=220$（千米）时，乙车行了 $\frac{220}{3}$ 千米。现在把乙车3次行的距离加起来：$30+\frac{20}{3}+\frac{220}{3}=30+80=110$（千米），符合乙车从西地向东地行驶到离东地10千米的地方这个已知条件。

20 大头跟小头俩开车从相距450千米的东、西两地相向而行，大头每小时行40千米，小头每小时行50千米。大头先从东地开出一段时间后，小头才从西地开出，两人相遇时，大头比小头多行了50千米。求大头比小头提前出发了多少小时？

【解题思路】要想求出大头提前开车的时间，就应该先求出他在途中的时间来，再跟小头在途中的时间进行对比，这个问题就能解决了；不过，大头在路上的行驶时间是未知的，已知条件中只有东、西两地距离是450千米，大头多行了50千米；知道了路程的总长度，又知道在这段路程中，大头比小头多跑了50千米，这正好是一道标准的和差问题，那就可以用计算和差问题的基本方法来求出他俩各自行驶的路程来；只要求出各自行驶的路程来就好办了，大头行了$(450+50)\div2=250$（千米），小头行了$(450-50)\div2=200$（千米），现在有了各自行驶的距离，速度是已知的，就可求出各自行驶的时间来，这样，两人行驶的时间差就容易求出来了。

可列式计算：

大头行驶的路程：$(450+50)\div2=250$（千米）

小头行驶的路程：$(450-50)\div2=200$（千米）

大头在途中的时间：$250\div40=6.25$（小时）

小头在途中的时间：$200\div50=4$（小时）

大头比小头提前出发的时间：$6.25-4=2.25$（小时）

验算：减去大头提前行驶的路程，大头跟小头在途中同时行驶的时间相等：

$(450-40\times2.25)\div(40+50)=4$（小时）符合题意

答：大头比小头提前2.25小时出发。

21 夫妻俩在家门口的一条小道上，同时同方向开始跑步。丈夫每分钟跑260米，妻子每分钟跑220米；丈夫跑到离起点5 760米处立即转身往回跑，在与妻子相遇时，他俩已经跑了多少分钟？两人在离起点多少米的地方相遇?

【解题思路】这道题并不难，丈夫跑得快，妻子跑得慢，等到丈夫跑完一个单边转身往回跑时，才与妻子相遇，这时他俩合起来跑了 2 个单边，就是 5 760×2=11 520(米)；现在知道了他俩跑的距离和，而且是同时开始跑步的，就可以用距离和除以他俩的速度和就是已经跑步的时间；再将这个时间乘以妻子跑步的速度，就是他俩相遇地点离起点的距离。

可列式计算：

夫妻俩相遇时已跑步时间：5 760×2÷(260+220)=24(分钟)

距离起点：220×24=5 280(米)

答：夫妻俩相遇时跑了 24 分钟，在离起点 5 280 米的地方相遇。

22 张村、李村、王村在公路的同一旁，李村在两村中间的某个地方，张村跟李村相距 800 米，甲、乙两人同时从张村跟李村出发，向王村前行。出发 8 分钟后，甲、乙两人离李村的距离相等；20 分钟后，甲、乙两人在王村相遇，求李村跟王村的距离是多少米?

【解题思路】这道题目的第一个已知条件，两人出发 8 分钟后，跟李村的距离相等，这句话也可以这样理解，如果甲、乙两人当时不是同向而行，而是相向而行的话，这 8 分钟他俩正好走完张村跟李村的距离，在中间的某一点相遇，这时他俩离李村的距离也是乙走过的这段距离，又已知张村到李村的距离是 800 米，这说明甲、乙两人的速度和每分钟是 800÷8=100(米)；再看第二个已知条件，20 分钟后，两人在王村相遇，说明在这 20 分钟时间里，甲比乙多走了张村到李村这 800 米距离，那么他俩的速度差每分钟是 800÷20=40(米)；现在知道了两人的速度和跟速度差，就能计算出乙的速度来，有了乙的速度(因为他是从李村走到王村的)，然后要求李村跟王村的距离就是一件相当容易的事情了。

可列式计算：

甲、乙两人的速度和每分钟是 800÷8=100(米)

甲、乙两人的速度差每分钟是 800÷20=40(米)

乙每分钟走多少米：(100−40)÷2=30(米)

李村跟王村的距离：30×20=600(米)

答：李村到王村的距离是 600 米。

23 甲、乙两人在一个圆形水池周围的人行道上，从同一地点开始，双方背向散步。甲每分钟走 52 米，乙每分钟走 48 米，已知这人行道路的周长是 600 米，在他俩相遇 5 次后，求甲需要继续走多少米才能到达起点？

【解题思路】甲、乙两人合起来走完一圈就会相遇 1 次，先求出他俩几分钟相遇 1 次，600÷(52+48)＝6(分钟)；他俩每 6 分钟相遇 1 次，相遇 5 次一共用时 6×5＝30(分钟)，那么甲在这 30 分钟里走了 52×30＝1 560(米)；知道了甲走的总路程，就可以求出他最后相遇的地点来，这 1 560 米是人行道周长的 2 倍多，不足 3 倍，那就先减去 2 倍人行道的周长，用 1 560－600×2＝360(米)，因为甲走完两圈人行道周长后正好在起点的位置，那么这 360 米就说明甲从起点又走了 360 米，这时甲离起点只有 600－360＝240(米)，这 240 米就是甲需要继续走到起点的距离。

可列式计算：

甲、乙多少分钟相遇 1 次：600÷(52+48)＝6(分钟)

相遇 5 次时，甲走的路程：6×5×52＝1 560(米)

甲到起点还需要继续走的路程：600－(1 560－600×2)＝240(米)

答：相遇 5 次后，甲还需要继续走 240 米才能到达起点。

24 大能跟小能兄弟俩同时骑车从家里沿公路去镇上，大能的车速每小时 30 千米，小能的车速每小时 26 千米。大能在镇上没有停留，立即返回，在返回 4 千米后相遇小能，问大能跟小能家到镇上是多少千米？

【解题思路】大能到了镇上，小能还在途中，大能从镇上返回 4 千米相遇小能，说明大能在这段 4 千米的路上跑了一个来回，那么大能比小能多行了 4×2＝8(千米)；现在知道了大能跟小能这段 8 千米的距离差，也知道他俩每小时的速度差是 30－26＝4(千米)，就可以利用他俩的距离差跟速度差，求出他们在途中的时间来。有了时间，就能求出他们家到镇上的距离来。

可列式计算：

大能比小能多行了 4×2＝8(千米)

大能小能在途中的时间：4×2÷(30－26)＝2(小时)

大能家到镇上的距离：2×26+4＝56(千米) 或者 30×2－4＝56(千米)

答：大能跟小能家到镇上是 56 千米。

25 甲、乙两人同时从东站出发去西站，甲骑摩托，乙步行，甲、乙的速度每小时分别为 30 千米跟 5 千米，如果甲到达西站停留 2 小时后，再原路返回，正好在出发 4 小时后与乙相遇，求东西两站相距多少千米？

【解题思路】要想求出两地的距离，首先要知道甲、乙两人运动的时间跟速度。这里速度是已知的，时间虽然也告诉了，但题目中设计了一个小小的环节，就是甲、乙两人在路上行驶的时间是不一样的，乙出发后一直没停过，那么他在路上行走了 4 小时；而甲到达西站后，还逗留过 2 小时，所以，他在路上行驶的实有时间是 $4-2=2$(小时)；时间关系明确后，就可以计算出他俩各自行驶的距离来，甲 2 小时行驶 $30\times2=60$(千米)，乙 4 小时行走 $5\times4=20$(千米)，把 $60+20=80$(千米)；这 80 千米就是东、西两站距离的 2 倍(因为甲先从东站行驶到西站，单独走完一个两站的距离，再返回来跟乙相遇，这时他俩合走了一个两站的距离)，确定了上述 2 倍的关系后，到这里，这道题目的思路就全部清晰了。

可列式计算：

甲 2 小时行驶的路程：$30\times2=60$(千米)

乙 4 小时行走的路程：$5\times4=20$(千米)

东、西两站之间的距离：$(60+20)\div2=40$(千米)

验算：$(40\times2-5\times4)\div30=2$(小时) 符合题意

答：东西两站之间的距离是 40 千米。

26 一辆客车上午 9 时从南市开往北市，每小时行驶 40 千米，3 小时后，一辆小车从北市开往南市，每小时行驶 60 千米。下午 3 时，两车相遇，相遇后两车继续行驶，当小车到达南市时，客车离北市还有多少千米？

【解题思路】两车相遇时，客车从上午 9 时到下午 3 时，共行驶了 6 小时，行了 $40\times6=240$(千米)；小车行驶了 $6-3=3$(小时)，行了 $60\times3=180$(千米)；两车相遇后，小车继续往南市开，要行驶完客车已行的路程需要 $240\div60=4$(小时)；那么，客车继续往北市开，再行驶 4 小时，可行 $40\times4=160$(千米)，因为两车相遇时，小车已行 $60\times3=180$(千米)，用 $180-160=20$(千米)，这 20 千米就是当小车到达南市时，客车离北市的距离。

可列式计算：

两车相遇时，客车行驶了：$40\times6=240$（千米）

小车行驶了：$60\times3=180$（千米）

两车相遇后，小车到达南市时间：$240\div60=4$（小时）

客车 4 小时行驶路程：$40\times4=160$（千米）

客车离北市还有 $60\times3-40\times4=20$（千米）

答：小车到达南市时，客车离北市还有 20 千米。

27 东西两地相距 80 千米，甲骑自行车，乙步行，两人同时从东地前往西地，甲比乙每小时快 8 千米。甲到达西地后立即返回，在距西地 32 千米的地点与乙相遇，求乙每小时步行多少千米？

【解题思路】这道题目要先弄清甲比乙多行了多少千米的路程才好办。甲从东地到达西地后，没有停留立即返回，在返回途中又行驶了 32 千米才遇上乙，那么，这时甲在这里比乙多行了这 32 千米的一个来回，也就是 $32\times2=64$（千米）；知道了甲比乙多行的路程是 64 千米，还知道甲的速度每小时比乙快 8 千米，这说明甲在途中行驶了 $64\div8=8$（小时），因为两人是同时出发的，所以乙也在路上走了 8 小时。甲返回后又行驶了 32 千米，那么，乙 8 小时走了 $80-32=48$（千米），现在到这里答案就清楚了。

可列式计算：

甲在途中行驶时间：$32\times2\div8=8$（小时）

乙每小时行走的路程：$(80-32)\div8=6$（千米）

验算：$6\times8+(6+8)\times8=80\times2=160$（千米） 符合题意

答：乙每小时步行 6 千米。

28 甲、乙两人开车同时从张村跟李村出发，相向而行。在离张村 36 千米处相遇，相遇后两人继续向前行驶，在各自到达对方村上后，立即原路返回，又在离张村 28 千米处相遇，求两村相距多少千米？

【解题思路】凡是这类两人相向而行，立即返回，又再次相遇的题目，最关键的地方就是要懂得，两人合起来都是走了两人起点之间，这段全路程 3 倍的距离；知道了这个 3 倍距离的问题，对解题是大有帮助的，在这里暂且将它放在一旁，先分析甲的行车路线。甲从张村出发，两人第一次相遇时，是在离张村 36 千米的地方，说明甲这时行了 36 千米；两人第二次相遇时，甲行的路程是第一次相遇时的 3 倍，行了 36×3＝108(千米)；这 108 千米是甲从张村到李村，立马返回后在离张村 28 千米的地方与乙相遇时所行的距离，如果不计算乙从李村到张村的距离，只计算乙从张村返回与甲相遇时所行的这 28 千米，那么用 108+28＝136(千米)，这 136 千米就是 2 倍张村跟李村之间的距离(请读者特别注意，这里是 2 倍而不是 3 倍了，因为这里没有包括乙第一次行完李村到张村那段距离，只包括甲单独行完两村的距离与最后跟乙合起来行完两村距离这两次行程)清楚了这个 2 倍距离后，就能求出两村的距离来。

可列式计算：

张村到李村的距离：(36×3+28)÷2＝68(千米)

验算：第二次相遇后，甲离张村的距离：68×2−36×3＝28(千米) 符合题意

答：张村到李村的距离是 68 千米。

29 小明跟小亮在亲子乐园里，每人操作一辆智能车在玩具轨道上相向而行。小明的智能车每秒前行 6 厘米，小亮的智能车按第一秒前行 1 厘米，第 2 秒前行 3 厘米，第三秒前行 5 厘米……这样的递增速度前进。当两车相遇时，双方走的路程相等。求小明跟小亮是将两车放在多少厘米的距离上，同时开启遥控开关的？

【解题思路】这道题目首先应该想到，这个相遇点肯定是在 6 的倍数点上，因为小明的智能车每秒前行 6 米；只好先试着将小亮的车行走以后，依次将各秒的路程加起来，看它什么时候等于 6 的倍数时，看是否符合题意；小亮的智能车开动后，各秒的速度累加起来，加到 1+3+5+7+9+11＝36 厘米时，正好符合要求，因为这时小亮的车行走了 6 秒；小明的车也行走了 36÷6＝6(秒)，距离也是 6×6＝36 厘米，正好符合题目中出发时间相同，距离相等的要求。

可列式计算：

两车相遇时，各自行走的距离：1+3+5+7+9+11＝6×6＝36(厘米)

两车行走前应保持的距离：36×2＝72(厘米)

答：两车开启遥控前，需要相距 72 厘米。

30 甲、乙两车分别从相距 448 千米的两个县城同时相向开出，甲车每小时行

66千米，乙车每小时行50千米。开出半小时后，甲车因事返回县城，停留1小时后，用原速继续与乙车相向而行。求两车出发几小时后在途中相遇？

【解题思路】这道题要这样思考，甲车开出半小又返回县城，这趟往返用了半小时的2倍，再停留1小时，共耽误了0.5×2+1=2(小时)，这就是甲车还没出发，乙车已在路上行驶了2小时，行驶路程是50×2=100(千米)；那么，全路段还剩下448−100=348(千米)，这348千米才是甲、乙两车同时出发，相向而行直到相遇时所行的路程，可以用这段距离除以两车的速度和，得出一个时间来，再用这个时间加上耽误的2小时，就是两车出发后在途中相遇的时间。

可列式计算：

甲车开出半小又返回县城，再停留1小时，共耽误了0.5×2+1=2(小时)

乙车先行2小时后剩下的路程：448−50×2=348(千米)

甲车重新出发后两车几小时相遇：348÷(66+50)=3(小时)

两车同时出发后几小时相遇：3+2=5(小时)

答：两车同时出发后5小时相遇。

31 大道跟小路两人同时从自家出发相向而行，行了12分钟后，两人还相距20米；已知大道走完这段路要20分钟，小路每分钟走65米，求大道跟小路家相距多少米？

【解题思路】在这里必须把两个已知条件分开来看。先看大道这边，他走完整段路需要20分钟，已经走了12分钟，那么，他还需要走8分钟才能走完全程到小路家，他这8分钟还要走多远的路程，需要再看看小路这边才能定下来；小路也走了12分钟，那么他走了65×12=780(米)，这时两人还相差20米才能相遇，那么，把小路已经走的780米加上剩下这20米，就是大道要在8分钟内走完的路程，现在知道了大道应走的路程跟对应的时间，就可以求出他的速度每分钟是(780+20)÷8=100(米)；现在知道了大道的速度，又知道他走完全程的时间，就可以求出两家之间的距离来。

可列式计算：

大道的速度每分钟为：(65×12+20)÷8=100(米)

大道跟小路两家的距离：100×20=2 000(米)

验算：2 000−65×12−100×12=20(米) 符合题意

答：大道跟小路两家的距离是 2 000 米。

这道题目还有下面一种解法。

先分析大道这边，他走完整段路需要 20 分钟，已经走了 12 分钟，那么，他走了全路段的$\frac{12}{20}$，也就是$\frac{3}{5}$的路程，剩下 $1-\frac{3}{5}=\frac{2}{5}$的路程；再来分析小路这边，他已经走了 $65\times12=780$（米），这时两人相差 20 米才能相遇，那么，把小路已经走的 780 米加上剩下的这 20 米，这 800 米正好是大能剩下那全程$\frac{2}{5}$的路程，那么大能到小路家的距离就是 $800\div\frac{2}{5}=2\ 000$（米）。

可列式计算：

大道走了全程的几分之几：$\frac{12}{20}=\frac{3}{5}$

大道还剩下全程的几分之几：$1-\frac{3}{5}=\frac{2}{5}$

大道跟小路两家的距离：$(65\times12+20)\div\frac{2}{5}=2\ 000$（米）

验算：$2\ 000-\left(2\ 000\times\frac{3}{5}+65\times12\right)=20$（米） 符合题意

答：大道跟小路两家的距离是 2 000 米。

第11讲 追及途中别心急

追及问题，就是两个人或物，一个人或物在前面一段距离，后面的人或物要追上前面的人或物，这里需要计算一下，看他们要用多少时间，或者在规定的时间内，用什么速度追上前面的人或物，基本上就是这种类型的题目。

追及问题的基本计算方法：

1. 路程差÷速度差=追及时间；
2. 路程差÷追及时间=速度差；
3. 追及时间×速度差=路程差。

1 乖乖兔在粗心猫前面8米的地方，粗心猫每秒比乖乖兔快2米，现在它俩同时开始跑步，求粗心猫追上乖乖兔需要多少秒？

【解题思路】这是一道相当简单的题目，路程差÷速度差=追及时间。

可列式计算：

8÷2=4(秒)

答：粗心猫追上乖乖兔需要4秒钟的时间。

2 小富小贵两人各有一辆摩托车。有一天小富说："我让你先跑一个小时，我用2小时就能追上你。"已知小贵每小时行驶22千米，求小富每小时行驶多少千米，才能在2小时追上小贵？

【解题思路】小贵先行驶1小时，他就会跑到小富前面22千米的地方，这就是他俩的路程差；小富每小时的速度没有说，就是说他两人的速度差暂时还不知道，但是这里说了，追及时间是 2 小时，两人的路程差是 22 千米，这里就用：路程差÷追及时间＝速度差，这种方法来计算；到这里就知道，小富要想在 2 小时内追上小贵，他每小时必须比小贵快 22÷2＝11（千米），就是说，小富每小时要行驶 22+11＝33（千米），才能在 2 小时内追上小贵。

可列式计算：

小贵提前 1 小时出发，两人的路程差：22×1＝22（千米）

小富每小时需要比小贵快：22÷2＝11（千米）

小富的速度每小时为：22+11＝33（千米）

验算：22×1+22×2＝33×2＝66（千米）符合题意

答：小富每小时需行驶 33 千米，才能在 2 小时内追上小贵。

3 甲、乙两人各拿一辆遥控车在一条长长的赛道上玩。甲车每秒行 5 米，乙车每秒行 3 米，乙车出发 12 秒后甲车才出发去追，两车的安全行驶间隔距离为 6 米，在双方距离为 6 米时必须停车，求在甲车出发多少秒后，甲方必须遥控停车？

【解题思路】 这是一道追及问题。乙车出发 12 秒行驶的距离是 3×12＝36（米），这就是两车的路程差；现在要求两车距离不得少于 6 米，那么，甲车追上 36−6＝30（米）时就要停车；因为甲车比乙车每秒快 5−3＝2（米），要追上 30 米的距离需要 30÷2＝15（秒）。所以在甲车出发行驶 15 秒后，甲方必须遥控停车。

可列式计算：

乙车出发 12 秒行驶的距离：3×12＝36（米）

甲车追至安全线时，需要追上的距离：36−6＝30（米）

甲车追至安全线的时间：30÷（5−3）＝15（秒）

答：甲车出发 15 秒后，甲方需立即遥控停车。

4 乙车在甲车前方一定的距离，甲、乙两车同时出发，同方向行驶。如果甲车每小时行驶 58 千米，则 6 小时可追上乙车；如果甲车每小时行驶 66 千米，则 3 小时可追上乙车，求乙车每小时行驶多少千米？出发前，乙车跟甲车相距多少千米？

【解题思路】 先看第一个已知条件，甲车 6 小时行驶 58×6＝348（千米），说明乙车也行驶了 6 小时到达 348 千米的地方，由于行驶前两车有一段未知的距离，单凭乙车到达那里，是无法计算出乙车速度来的；那么再看第二个已知条件，甲车 3 小时行驶 66×3＝198（千米），说明乙车也行驶了 3 小时到达 198 千米的地方；因为乙车是从同一地点出发且速度不变的，就可以知道，这 348－198＝150（千米），正好是乙车 3 小时行驶的距离，知道了乙车这两次行驶时的时间差跟距离差，那么乙车每小时行驶多少千米，就能求出来了；知道了乙车每小时的速度，就可以求出出发时甲、乙两车相距多少千米来。

可列式计算：

乙车每小时行驶：（58×6－66×3）÷（6－3）＝50（千米）

出发时甲、乙两车相距多少千米：（58－50）×6＝48（千米）或者（66－50）×3＝48 千米

答：乙车每小时行驶 50 千米，出发时甲、乙两车相距 48 千米。

5 甲、乙两人在公园一处 600 米的环形小道上慢跑，开始时两人在同一地点，往同一方向前行，经过 20 分钟，甲追上乙；这时两人立即反向而行，经过 5 分钟相遇，求甲、乙两人每分钟分别慢跑多少米？

【解题思路】开始时，甲、乙两人是同时同方向跑的，跑得快的人应该一开始就在前面，跑得慢人的在后面，现在已知条件是说甲追上乙，说明是甲跑得快，因为这是环形跑道，只要甲比乙多跑一圈，就能追上乙；这就是说，甲在 20 分钟内比乙多跑了一圈 600 米的距离，那么，甲每分钟比乙多跑 600÷20＝30（米），这就是两人的速度差；两人反向而行，5 分钟相遇，就是他俩在 5 分钟合起来跑完一圈，那么，他俩每分钟的速度和是 600÷5＝120（米）。现在知道了两人的速度和跟速度差，这就是和差问题了，要求出甲、乙两人的速度来是容易的。

可列式计算：

甲每分钟比乙多跑：600÷20＝30（米）

甲、乙的速度和每分钟是：600÷5＝120（米）

甲每分钟跑：（120+30）÷2＝75（米）

乙每分钟跑：（120－30）÷2＝45（米）或者 75－30＝45（米）

验算：

甲多跑一圈追上乙：75×20－45×20＝600（米）

甲、乙合跑一圈：600÷(75+45)=5(分钟) 符合题意

答：甲、乙两人每分钟分别慢跑 75 米与 45 米。

6 一只小狗发现离自己 30 步远的前方有一只小猫，它想追上去跟小猫一起玩耍。如果小狗跑 5 步的距离跟小猫跑 8 步的距离相等，小狗跑 3 步的时间跟小猫跑 4 步的时间相等，假设小狗发现小猫时，他俩同时向前沿一条直线奔跑，求小狗跑了多少步才追上小猫？

【解题思路】这道题目中的第一个已知条件，说小狗离小猫有 30 步的距离，就是说，小猫呆在原地不动，小狗要跑 30 步才能到达小猫身旁；第二个已知条件，是说小狗跑 5 步的距离跟小猫跑 8 步的距离相等，小狗跑 3 步的时间跟小猫跑 4 步的时间相等，这两句话有点不顺口，比较难理解，如果来个等量变换，把后面这句话里的数字扩大到 2 倍，说成小狗跑 6 步跟小猫跑 8 步的时间相等，这就比较好理解了；因为小狗跑 5 步的距离跟小猫跑 8 步的距离相等，小狗跑 6 步的时间跟小猫跑 8 步的时间相等，所以在相等的时间里，小猫每跑 8 步，小狗就跑 6 步，除去 5 步距离跟小猫的 8 步距离相等外，小狗就可以超过小猫(6−5)=1(步)了，这就是说，小狗每跑 6 步就能追回了 1 步的距离；要想追回 30 步，这答案就相当明显了。

可列式计算：

每次小狗跑 6 步小猫跑 8 步，这样追上小猫需要跑的次数：30÷(6−5)=30(次)

小狗需要跑的步数：30×6=180(步)

答：小狗跑了 180 步才追上小猫。

7 弟弟从家中去超市买衣服，每分钟行 40 米，10 分钟后哥哥发现弟弟没带手机，便跑步去追赶，结果在离家中 720 米的地方追上弟弟，求哥哥每分钟跑多少米？

【解题思路】弟弟 10 分钟走了 40×10=400(米)，走到 720 米时还要走(720−400)÷40=8(分钟)，就是说哥哥要在 8 分钟跑完这 720 米的距离，才能在这里追上弟弟，那么，他每分钟需要跑 720÷8=90(米)。

可列式计算：

弟弟 10 分钟走了：40×10=400(米)

哥哥出发时，弟弟继续走了：(720−400)÷40＝8(分钟)

哥哥每分钟跑：720÷8＝90(米)

验算：哥哥刚好追上弟弟：90×8＝(10+8)×40＝720(米)

答：哥哥每分钟要跑 90 米，才能在离家 720 米处追上弟弟。

8 兄弟俩从家中骑摩托去 90 千米远的县城。由于弟弟车速快，为了同时到达县城，哥哥需提前 18 分钟出发；哥哥在行驶到全程的$\frac{2}{3}$路程时，耽误了 4 分钟的修车时间，结果比弟弟晚 4 分钟到达县城。在双方车速保持不变的情况下，那么，弟弟在离家多少千米的地点追上且超过哥哥的？

【解题思路】这道题目有隐藏的条件，需要仔细分析才行。哥哥在途中耽误了 4 分钟，结果晚到 4 分钟，说明修车没有影响他俩原计划的速度跟时间；就是说，按照原计划，哥哥提前 18 分钟出发，他俩会同时到达县城的；弟弟要在 90 千米的路程里，追回 18 分钟的时间，说明每 10 千米弟弟要比哥哥快 2 分钟，也是每 10 千米哥哥要比弟弟慢 2 分钟；哥哥已经行完$\frac{2}{3}$的路程，是 $90\times\frac{2}{3}=60$(千米)；他这时修车，看弟弟追上他没有，如果这时弟弟追上了，就算哥哥的车已经修好，在剩下的 90−60＝30(千米)的这段路程中，哥哥要比弟弟晚30÷10×2＝6(分钟)到县城，这是不符合题意的(如果车没修好，晚的时间更多)；哥哥修车用了 4 分钟，相当于弟弟可以少追 4 分钟，那么，弟弟只需要追回 14 分钟，就能跟哥哥同时到达县城，但已知条件说哥哥比弟弟晚 4 分钟到县城，因为这 4 分钟就是 20 千米的时间差；所以说，弟弟在 60+10＝70(千米)的地点，追上且立即超过了哥哥。

可列式计算：

按每 10 千米分成 1 份：90÷10＝9(份)

每份 10 千米需要追回的时间：18÷9＝2(分钟)

除去哥哥修车的 4 分钟，弟弟追上哥哥的距离：(18−4)÷2×10＝70(千米)

验算：弟弟在 70 千米处追上哥哥后，在剩下的路段比哥哥快：(90−70)÷10×2＝4(分钟) 符合题意

答：弟弟在离家中 70 千米的地点追上且超过了哥哥。

9 甲、乙两家相距 18 千米，乙家在甲家跟县城之间，某天两人相约去离乙家 32 千米的县城玩，甲骑摩托每小时行驶 13 千米，乙骑自行车每小时行驶 7 千米，双方同时出发，求甲追上乙时，两人离县城还有多少千米？

【解题思路】题目中的已知条件说，甲跟乙相距 18 千米，现在甲比乙每小时快 13−7=6(千米)，追回这 18 千米需要 18÷6=3(小时)，就是说，在甲、乙同时出发 3 小时后，甲在乙前行到 7×3=21(千米)处追上了乙；因为乙家离县城 32 千米，已经行走了 21 千米，所以，当甲追上乙时，两人离县城还有 32−21=11(千米)。

可列式计算：

甲追上乙的时间：18÷(13−7)=3(小时)

甲追上乙时离县城距离：32−7×3=11(千米)

验算：

甲 3 小时后离甲家距离：13×3=39(千米)

乙 3 小时后离甲家距离：18+7×3=39(千米) 符合题意

答：甲追上乙时，两人离县城还有 11 千米。

10 爸爸、妈妈带着小乐在公园散步，突然发现前面有一小孩遥控着一机器猫按一定速度前行。于是，他们三人加快速度去追机器猫。爸爸每分钟行 70 米，4 分钟就追上了；妈妈每分钟行 45 米，8 分钟就追上了；小乐每分钟行 40 米，用了 10 分钟才追上。求机器猫被爸爸他们发现时，距离他们多少米？机器猫每分钟行多少米？

【解题思路】这道题目设计得有点巧妙，先看第一个已知条件，爸爸用 4 分钟时间追上机器猫，他行了 70×4=280(米)，单从 280 米这个数字来考虑的话，是无法知道机器猫当时的位置跟行走速度的；再来看第二个已知条件，妈妈用 8 分钟，行了 45×8=360(米)才追上机器猫，比爸爸多追了 360−280=80(米)，多用了 4 分钟，那么，这 80 米就是机器猫 4 分钟行的路程；再来看一下小乐这个已知条件，小乐用了 10 分钟，行了 40×10=400(米)才追上，他比妈妈多用 2 分钟，多追了 400−360=40(米)，这 40 米是机器猫 2 分钟行的路程；机器猫 2 分钟行 40 米，4 分钟行 80(米)，到这里可以确定机器猫的速度是 80÷4=20(米/分钟)或者 40÷2=20(米/分钟)；有了机器猫的速度，就可求出机器猫被发现时，它跟爸爸他们相距的那段距离了。

可列式计算：

机器猫每分钟的速度：$(45\times8-70\times4)\div(8-4)=20$（米）

机器猫当时离爸爸他们的距离：$70\times4-20\times4=200$（米）

答：机器猫当时离爸爸他们 200 米，它每分钟行 20 米。

11 大宁、中宁跟小宁三兄弟从家里开车去风景点旅游，中宁跟小宁同时出发，中宁每小时行 60 千米，小宁每小时行 50 千米；大宁晚 1 小时出发，4 小时后跟中宁同时到达风景点。求大宁每小时行多少千米？求大宁出发后行驶多少千米后才追上小宁？

【解题思路】这道题目有两问，关键是要求出大宁的车速，然后再求出与此相关的数字来；大宁晚 1 小时出发，用 4 小时跟中宁同时到达风景点，说明中宁行车时间为 $4+1=5$（小时），那么，大宁家离风景点的距离是 $60\times5=300$（千米）；现在知道了距离跟大宁的行车时间，接下来就可求出大宁每小时行：$300\div4=75$（千米）；现在知道了大宁的车速，根据两人的速度差，以及小宁提前 1 小时出发，先行了 $50\times1=50$（千米）这个已知条件，就能求出大宁追上小宁的距离来。

可列式计算：

大宁家到风景点的距离：$60\times(4+1)=300$（千米）

大宁的行驶速度每小时为：$300\div4=75$（千米）

大宁追上小宁的时间：$(50\times1)\div(75-50)=2$（小时）

大宁追上小宁的距离：$75\times2=150$（千米）

答：大宁每小时行驶 75 千米，他出发 2 小时后在 150 千米处追上了小宁。

12 甲、乙两人要从张村到李村，甲骑车，乙步行，乙速度是甲速度的 0.4 倍；如果两人同时出发，甲比乙要早 30 分钟到达李村；如果要求甲正好在两村的中点赶上乙，求甲需要比乙晚多少分钟才从张村出发？

【解题思路】先分析题目中给出的第一个已知条件，乙速度是甲速度的 0.4 倍，那么甲的速度是乙速度的 $1\div0.4=2.5$ 倍；再来看第二个已知条件，如果两人同时出发，甲比乙要早 30 分钟到达李村，由此可知，甲节约这 30 分钟就是靠着比乙快 2.5−1=1.5 倍这个速度差节约出来的时间，也就是说，甲从张村到李村只需要 1 倍的时间，节约出来的 1.5 倍时间等于 30 分钟；由此可知，甲行完两村全部路程的那 1 倍时间是 30÷1.5=20(分钟)；因为甲的速度是乙的 2.5 倍，那么在距离相等时，乙用的时间是甲的 2.5 倍，所以乙从张村到李村的时间是 20×2.5=50(分钟)；现在知道了甲、乙双方各自从张村到李村的时间，就能找出题目中的答案来。

可列式计算：

甲的速度是乙的 1÷0.4=2.5 倍

甲行完全程所需时间：30÷(2.5−1)=20(分钟)

乙行完全程所需时间：20×2.5=50(分钟)

乙出发后到达中点时间：50÷2=25(分钟)

甲出发后到达中点时间：20÷2=10(分钟)

甲需要比乙晚出发的时间：25−10=15(分钟)

答：甲需要比乙晚 15 分钟出发，双方才能在两村的中点相遇。

13 小胖去学校上学，他离家 6 分钟后，妈妈发现他没带红领巾，便骑电动车去追，在离家 300 米的地方追上小胖；谁知小胖说还忘了放在大门前椅子上的语文书，妈妈只好立即回家拿书(没有多余停留)，再次在离家 450 米的地方追上了小胖。求妈妈跟小胖每分钟各行多少米?

【解题思路】 这道题目已知条件不明显，如果按照第一个已知条件是找不到突破口的；那就先来看第二个已知条件，原来在这个已知条件里面，间接地给出了一组数字，就是从妈妈第一次追上小胖到第二次追上小胖这段时间里，小胖走了 450−300=150(米)，那妈妈在这段时间里走了多少米呢? 妈妈走了来回的两个 300 米，再加上这 150 米，一共是 300×2+150=750(米)；这说明在相同的时间里，小胖走 150 米，妈妈走 750 米，妈妈的速度就是小胖的：750÷150=5 倍；有了这个 5 倍的数字，可以继续去计算相关数字了；小胖离家后一共走了 450 米，假设妈妈跟小胖同时出门，按 5 倍的速度她应该走了 450×5=2 250(米)，但是她只走了 300×3+150=1 050(米)，这里的 300×3 是妈妈第一次在离家 300 米处追上小胖，又回去，再出来追到 300 米处的三次路程之和，妈妈前后走了 1 050 米，她比自己应该走的路程少走 2 250−1 050=1 200(米)，这是因为妈妈在小胖离开家后的前 6 分钟在家忙别的事情，是 6 分钟以后发现了红领巾才开始追小胖的；正是这 6 分钟才让她少行了 1 200 米，由此可知，妈妈骑车出门后的速度每分钟是：1 200÷6＝200（米）。分析到这里才发现，这道题目设计得真的巧妙。

可列式计算：

妈妈的速度是小胖的：（300×2＋150）÷（450－300）＝5 倍

妈妈 6 分钟可行路程：450×5－（300×3＋150）＝1 200（米）

妈妈每分钟行：1 200÷6＝200（米）

小胖每分钟行：200÷5＝40（米）

验算：妈妈行 300 米的时间：300÷200＝1.5（分钟）

小胖走到 300 米的时间：300÷40＝6＋1.5＝7.5（分钟）符合题意

答：妈妈跟小胖每分钟分别行 200 米跟 40 米。

14 南村跟北村相距 64 千米，大华跟小华两人分别从南、北两村同时出发，相向而行，已知大华每小时行 9 千米，小华每小时行 7 千米，3 小时后，小明正好搭上朋友的便车，从南村往北村前行，三人恰好在途中某地同时相遇。求小明朋友的便车每小时行多少千米？

【解题思路】根据已知条件，大华跟小华相遇需要：64÷（9＋7）＝4（小时），这时大华行了 9×4＝36（千米）；因为大华跟小华同时出发，在途中没有耽误任何时间一直前行，那么，他俩只能在出发 4 小时后相遇，也就是在大华行走到 36 千米的地方相遇，这个地点是无法改变的；现在确定了大华跟小华的相遇地点，那么小明搭的便车只有按时赶到离南村 36 千米的地方，才符合题目的要求；再来看大华这里，因为小明朋友的便车是从南村开出的，跟大华在一条路线上行走，他们晚走了 3 小时，那么他们只能用 4－3＝1（小时）的时间赶到大华跟小华的相遇地点，就是说，这辆便车 1 小时走的路程必须跟大华 4 小时走的路程相等才行。

可列式计算：

大华跟小华途中相遇时的行走时间：64÷（9＋7）＝4（小时）

大华与小华相遇时，大华行的路程：9×4＝36（千米）

便车每小时行的路程：36÷（4－3）＝36（千米）

答：小明朋友的便车每小时行驶 36 千米。

15 两辆小车同时从甲站开往乙站，红车每小时行驶 70 千米，白车每小时行驶 50 千米，出发 1 小时后，红车因修理故障耽误 2 小时，修好后继续按原速度行驶，求在修好车后，红车追上白车时用了几小时？

【解题思路】红车耽误了 2 小时，白车比红车多行 50×2＝100（千米），因为红车每小时比白车快 70－50＝20（千米），所以在出发 1 小时后已经超出了 20 千米，修好车后，离白车只有 100－20＝80（千米），这 80 千米就是红车跟白车的距离差（这 80 千米还可以这样理解，红车出发 1 小时，修车 2 小时，共 3 小时行了 70 千米，白车 3 小时行了 150 千米，两车的距离差是 80 千米）；现在知道了两车的距离差跟速度差，就可以按照追及问题的基本计算方法，求出红车追上白车的时间来。

可列式计算：

修车后红车追上白车的时间：（50×3－70×1）÷（70－50）＝4（小时）

答：红车修好车后，4 小时就追上了白车。

16 欣欣家离学校 1 280 米，她平时都用每分钟 80 米的速度行走，刚好按时到校。某天她出门晚一点，走着走着，她算了一下，照这样的速度会迟到的，她马上将速度增加到每分钟 120 米，这样途中共用了 14 分钟，也跟平时一样按时到校。求欣欣出门后走了多远路程才开始加速的？

【解题思路】这道题目要先看欣欣按原速度行走，多少分钟才能到校，1280÷80＝16（分钟）；现在途中用了 14 分钟，追回了 16－14＝2（分钟）的时间，这说明她某天比平时晚出发 2 分钟；这 2 分钟，她按原速度可走 80×2＝160（米），现在欣欣将每分钟的速度增加了 120－80＝40（米）；由此可知，欣欣追回这 160 米用了 160÷40＝4（分钟）的时间；她这次从家里到学校共用了 14 分钟，由于在最后 4 分钟加速了才没有迟到，由此可知，欣欣是走了 14－4＝10（分钟）后才开始加速的，这样就能够计算出她在离家后走了多远路程才开始加速的这个答案来。

可列式计算：

欣欣按原速度到校时间：1 280÷80＝16（分钟）

欣欣加速后比平时节约时间：16－14＝2（分钟）

欣欣按原速度2分钟走的路程：80×2＝160（米）

欣欣加速后追回160米所用时间：160÷（120－80）＝4（分钟）

欣欣出门后开始加速时离自家的距离：80×（14－4）＝800（米）

验算：欣欣某天中途加速后14分钟到校：80×10＋120×4＝1 280（米）符合题意

答：欣欣出门后走完800米路程时才开始加速的。

17 甲、乙两家相距16千米，如果甲、乙两人同时从家中出发，相向而行，则2小时相遇；如果两人同时从家中出发，同向而行，速度不变，甲用8小时才能追上乙，求甲、乙两人每小时各行多少千米？

【解题思路】 这道题目的前部分是相遇问题，根据第一个已知条件，可以求出甲、乙两人的速度和每小时是16÷2＝8（千米）；后部分是追及问题，根据第二个已知条件，可以求出甲、乙两人的速度差每小时是16÷8＝2（千米）；求出这两个数字后，就能进一步用两种题型的基本计算方法，求出题目的答案来。

可列式计算：

甲、乙两人的速度和每小时为：16÷2＝8（千米）

甲、乙两人的速度差每小时为：16÷8＝2（千米）

甲每小时行：（8＋2）÷2＝5（千米）

乙每小时行：（8－2）÷2＝3（千米）

验算：

甲、乙2小时相遇：16÷（5＋3）＝2（小时）

甲8小时追上乙：16÷（5－3）＝8（小时）符合题意

答：甲、乙两人每小时各行5千米跟3千米。

18 有两列火车在双轨铁路上同向而行。甲列车长320米，速度是每秒30米，乙列车的速度是每秒21米。从甲列车车头与乙列车车尾并列时，到甲列车车尾超过乙列车车头的瞬间，共用时78秒。求乙列车的长度是多少米？

【解题思路】 这是两辆列车的追及问题，就要用追及问题的基本方法来计算。甲车的车头从追到乙车的车尾开始，到甲车的车尾离开乙车车头的瞬间，这时甲车正好行驶完两辆列车的车身长度和。这道题目的关键点就在这里，知道这 78 秒是甲车跑完两个车身的长度后，问题就清楚了。

可列式计算：

甲车 78 秒比乙车多跑的距离：$(30-21)\times78=702$（米）

乙车的长度：$702-320=382$（米）

答：乙列车的长度是 382 米。

第12讲　水上航行分逆顺

水上航行问题，要注意船速跟水流速度这两个问题。船速指的是船在静水中的速度，水速则是水流动的速度。如果船只是顺水而下，那么它的速度就等于船速加水速；如果是逆水而上，那么它的速度就等于船速减水速。在答题时，要记得把水速加减进去就行了。

水上航行问题的基本计算方法：

（1）船的顺水速度=船速+水速；

（2）船的逆水速度=船速−水速；

（3）船速=（船的顺水速度+船的逆水速度）÷2；

（4）水速=（船的顺水速度−船的逆水速度）÷2。

1 一艘机动船在上、下游两个码头之间来回运送货物。它从上游码头到下游码头需要8小时，从下游码头到上游码头需要12小时。已知水流速度为每小时6千米。求上、下两个码头相距多少千米？求这艘机动船的静水速度是每小时多少千米？

【解题思路】这艘机动船在上、下两码头之间，顺水跟逆水所需时间比是8∶12=2∶3，那么它的顺水速度跟逆水速度比就是12∶8=3∶2，也就是说，顺水速度是逆水速度的$\frac{3}{2}$，比逆水速度快$\frac{3}{2}-1=\frac{1}{2}$；从水上航行的基本计算方法可知，同一艘船的顺水速度要比逆水速度快2倍的水速，这里的2倍水速就是6×2=12(千米/小时)，这12千米正是这艘机动船每小时的顺水速度比逆水速度快的那$\frac{1}{2}$，所以，这艘机动船的逆水速度每小时是$12\div\frac{1}{2}=24$(千米)；现在知道了船的逆水速度，就能求出船的静水速度跟上、下码头之间的距离来。

可列式计算：

船的顺水跟逆水所需时间比是2∶3，那么它的顺水速度跟逆水速度比就是3∶2

船的顺水速度是逆水速度的$\frac{3}{2}$，比逆水速度快$\frac{3}{2}-1=\frac{1}{2}$

船的顺水速度要比逆水速度快 2 倍的水速：6×2＝12（千米/小时）

船的逆水速度每小时是：$12\div\frac{1}{2}=24$（千米）

船的静水速度每小时是：24+6＝30（千米）

船的顺水速度每小时是：30+6＝36（千米）

两码头间的距离：24×12＝288（千米）或者 36×8＝288（千米）

验算：288÷36＝8（小时），288÷24＝12（小时） 符合题意

答：机动船的静水速度是每小时 30 千米。两码头间的距离是 288 千米。

2 一艘客轮从甲城到乙城是顺水航行，每小时行 28 千米；返回时是逆水航行，途中用了 10 小时，已知水速为每小时 3 千米，求甲城到乙城之间的距离是多少千米？

【解题思路】这里顺水速度比逆水速度要快 2 倍的水流速度，那么，题目中的逆水速度每小时就是 28−3×2＝22（千米），现在知道了客轮的逆水速度跟逆水航行的时间，要求甲、乙两城之间的距离就相当容易了。

可列式计算：

客轮的逆水速度每小时为：28−3×2＝22（千米）

甲、乙两城之间的距离：22×10＝220（千米）

答：甲、乙两城之间的距离是 220 千米。

3 一艘轮船碰巧遇上加油点暂时没有油，它船上的油还可用 18 小时，轮船的顺水速度是每小时 35 千米，逆水速度是每小时 28 千米，现在它要将货物送到下游 260 千米的一处货场，求它是否能将货物送到货场后再回到此加油点来加油？

【解题思路】能否送货过去，要看这 18 小时的油量能来回跑多少千米的路

程。顺水行完这 260 千米需要$\frac{260}{35}$小时，逆水回来需要$\frac{260}{28}$小时，因为这来回时间相加$\frac{260}{35}+\frac{260}{28}=\frac{117}{7}$(小时)，少于 18 小时，所以说货轮将货送去以后再回来加油是可以的。

可列式计算：

送货来回时间：$\frac{260}{35}+\frac{260}{28}=\frac{117}{7}$(小时)

答：轮船可以送完货回来时再加油。

4 一艘货轮在上、下两个港口之间航行，顺水需要 5 小时，逆水需要 9 小时，已知水流速度每小时为 8 千米。求上、下两个港口的距离是多少千米？

【解题思路】这道题目只说了水流速度跟行驶完两港口的时间，因为两港口之间的距离不变，有了来回时间，就可以算出货轮顺水跟逆水时的速度比来；顺水 5 小时行的距离等于逆水 9 小时行的距离，它们的时间比是 5∶9，那么速度比就是 9∶5，这就等于说货轮的顺水速度是逆水速度的 9÷5＝1.8 倍。这顺水速度要比逆水快 2 倍的水速，就是每小时快 8×2＝16(千米)，这快出来的 16 千米，就相当于逆水速度的 1.8−1＝0.8 倍。所以，货轮的逆水速度每小时是 8×2÷(1.8−1)＝20(千米)。知道了货轮的逆水速度跟行驶时间，要回答题目中的问题就不难了。

可列式计算：

货轮顺水时间跟逆水时间比是 5∶9，那么速度比就是 9∶5＝1.8∶1

货轮的逆水速度每小时为：8×2÷(1.8−1)＝20(千米)

上、下两港口的距离：20×9＝180(千米)

验算：180÷20＝9(小时) 180÷(20+8×2)＝5(小时) 符合题意

答：上、下两港口的距离是 180 千米。

5 一机动船在静水中的速度是每小时 12 千米，水流速度是每小时 2 千米，该机动船在河流上、下两码头之间连续往返(不计停留时间)3 次，用了 18 小时，求两码头之间的距离是多少千米？

【解题思路】船的静水速度是每小时 12 千米，水流速度是每小时 2 千米，这样就知道船的顺水速度每小时是 12+2=14(千米)，逆水速度是每小时 12−2=10(千米)。船的顺水速度跟逆水速度的比是 14∶10=7∶5，那么，顺水航行跟逆水航行的时间比就是 5∶7,也就是说，顺水行完两码头之间的时间占 5 倍，逆水行完两码头的时间占 7 倍。因为船往返 3 次用了 18 小时，那么，往返 1 次就是 18÷3=6(小时)，用 6÷(7+5)=0.5(小时)，这就相当于每 1 倍时间是 0.5 小时。逆水时间占 7 倍，说明逆水行完两码头之间的时间是 7×0.5=3.5(小时)，顺水行完两码头之间的时间是 5×0.5=2.5(小时)。现在就能求出两码头之间的距离来。

可列式计算：

船的顺水速度每小时：12+2=14(千米)

船的逆水速度是每小时：12−2=10(千米)

船的顺水速度跟逆水速度的比：14∶10=7∶5，顺水航行跟逆水航行的时间比就是 5∶7

将船来回 1 次的时间按 12 倍平分，每倍时间为：(18÷3)÷(7+5)=0.5(小时)

船顺水航行 1 次时间为：0.5×5=2.5(小时)

船逆水航行 1 次时间为：0.5×7=3.5(小时)

两码头之间的距离：14×2.5=35(千米)或者 10×3.5=35(千米)

验算：(35÷14+35÷10)×3=6×3=18(小时) 符合题意

答：上、下两码头之间的距离是 35 千米。

6 一艘客轮顺水航行 90 千米后再逆水航行 30 千米，跟顺水航行 60 千米后再逆水航行 50 千米，所用时间都是 5 小时。求这艘客轮在静水中的速度跟水流速度分别是每小时多少千米？

【解题思路】这两种距离的航行时间一样，可以列出如下等式出来。90 顺+30 逆=60 顺+50 逆，等式两边移动后就是 30 顺=20 逆，这就是说，这艘客轮在顺水中航行 30 千米跟在逆水中航行 20 千米的时间是相等的；有了这个等式关系，就可以把上面等式的两边进行一次等量代换，将等式左边 30 千米的逆水距离换算成 30÷20×30=45(千米)的顺水距离，那么，90 顺+45 顺=135 顺，就是 135 千米的顺水距离，也就是说，客轮用 5 小时顺水航行了 135 千米，那么，它的顺水速度每小时是 135÷5=27(千米)；同样理由，将上面等式右边 60 千米的顺水距离换算成 60÷30×20=40(千米)的逆水距离，那么，40 逆+50 逆=90 逆，就是 90 千米的逆水距离，也就是说，客轮用 5 小时逆水航行了 90 千米，那么，它的逆水速度每小时是 90÷5=18(千米)。

现在知道了客轮每小时的顺水跟逆水速度，就可求出水速来，因为客轮的顺水速度跟逆水速度是相差 2 倍的水流速度。

可列式计算：

客轮的水流速度每小时为：(27-18)÷2=4.5(千米)。

客轮在静水中的速度每小时为：27-4.5=22.5(千米)或者(27+18)÷2=22.5(千米)

验算：90÷27+30÷18=60÷27+50÷18=5(小时) 符合题意

答：客轮在静水中的速度是每小时 22.5 千米，水流速度是每小时 4.5 千米。

7 一艘客轮跟一艘货轮同时从甲港顺流而下，去相距 180 千米的乙港。客轮跟货轮在静水中的速度每小时分别为 40 千米与 50 千米，货轮到达乙港后立即返回，又行了 20 分钟与客轮相遇。求两港口间的水流速度每小时是多少千米?

【解题思路】这道题目的关键点应该在货轮返回那 20 分钟里面。货轮到港后立即返回再行 20 分钟才与客轮相遇，说明客轮在这段时间里也开了 20 分钟，这两个 20 分钟双方行驶的距离正好是货轮行完全程时比客轮快的那段距离；用这 20 分钟的时间乘以它俩的速度和，就是两轮船相差的距离，现在不知道水流的速度，那么货轮跟客轮的速度如何确定呢？其实题目中的条件早就设计好了，就是不用水速也能计算出这段距离来；因为货轮返回时是逆水行船，客轮还是顺水行船，货轮要减去水速，客轮要加上水速，所以水速在这里不用加减，只用二者在静水中的速度就行了，而客轮跟货轮在静水中的速度是已知的，只要将 20 分钟换算成小时就行了；20 分钟是$\frac{1}{3}$小时，客轮跟货轮的静水速度每小时分别是 40 千米与 50 千米，那么，货轮到达乙港后与客轮相距的距离是$(40+50)\times\frac{1}{3}=30$(千米)，由此可知，货轮从甲港到达乙港的时间是：30÷(50-40)=

3(小时)。到这里可求出货轮的顺水速度，同时也可算出水流的速度来。

可列式计算：

货轮到达乙港后与客轮相距的距离：$(40+50)\times\frac{1}{3}=30$(千米)

货轮从甲港到达乙港的时间：$30\div(50-40)=3$(小时)

货轮的顺水速度每小时为：$180\div3=60$ 千米

水流速度=货轮顺水速度-货轮静水速度=$60-50=10$(千米/小时)

答：甲、乙港口之间的水流速度是每小时 10 千米。

8 一艘客轮在上、下两码头之间来回航行共用去 8 小时，去时顺水时间是回来时逆水时间的 0.6 倍，去时的速度比回来时的速度每小时快 20 千米，求两码头之间的距离是多少千米？

【解题思路】把回来的时间看成 1 倍，那么，去的时间就是 0.6 倍，这样可以先求出回来的时间是 $8\div(1+0.6)=5$(小时)，那么，去的时间是 $8-5=3$(小时)；去时每小时比回时快 20 千米，那么，去时顺水 3 小时比回时逆水 3 小时共快 $20\times3=60$(千米)，这里可采用推荐的计算方法：逆水速度=顺水时间×2 倍水速÷(逆水时间-顺水时间)，那么，逆水回来时每小时行了 $20\times3\div(5-3)=30$(千米)，这样就能知道去时的速度了。

可列式计算：

客轮逆水返回时用的时间：$8\div(1+0.6)=5$(小时)

客轮顺水去时用的时间：$8-5=3$(小时)

客轮顺水 3 小时比逆水 3 小时多行的路程：$20\times(8-5)=60$(千米)

客轮逆水返回时每小时行：$60\div(5-3)=30$(千米)

客轮顺水去时每小时行：$30+20=50$(千米)

上、下两码头之间的距离：$50\times3=150$(千米)或者 $30\times5=150$(千米)

验算：$5+3=8$(小时)，$150\div3-150\div5=20$(千米/小时) 符合题意

答：上、下两码头之间的距离是 150 千米。

9 从甲地到乙地，一轮船顺水时需要 10 小时到达，逆水返回时需要 14 小时；后来有一天突下暴雨，水流速度变成了平时的 2 倍，求这时这一轮船在甲、

乙两地往返一次共需要多少小时？

【解题思路】这道题目已知的是时间，求的还是时间，要想得出正确答案，可以假设一个速度进来。因为顺水跟逆水的时间比是10∶14，那么，顺水跟逆水的速度比就是14∶10，假设轮船逆水速度是每小时50千米，那么，它的顺水速度就是每小时70千米；这样一来，甲、乙两地的距离就是70×10＝700（千米）；因为同轮船的顺水速度要比逆水速度快2倍的水速，所以每小时水速是（70－50）÷2＝10（千米）；现在暴雨后水速是平时的2倍，即10×2＝20（千米），比暴雨前每小时增加了20－10＝10（千米）；因为刚才假设轮船的速度时，已包括了暴雨前的水流速度，所以现在只需将暴雨前轮船的速度加减暴雨后增加的这10千米水流速度就行了。

那么，暴雨后顺水轮船每小时行70＋10＝80（千米），行完两地700千米的距离需要700÷80＝8.75（小时）；暴雨后逆水轮船每小时行50－10＝40（千米），返回700千米的距离需要700÷40＝17.5（小时）；将8.75＋17.5＝26.25（小时），这就是暴雨后轮船往返甲、乙两地需要的时间。

可列式计算：

设轮船逆水速度每小时为50千米，则顺水速度每小时为70千米

甲、乙两地的假设距离为：70×10＝700（千米）

暴雨水速增加后：

顺水速度每小时为：70＋10＝80（千米）

逆水速度每小时为：50－10＝40（千米）

暴雨后往返甲、乙两地时间：700÷80＋700÷40＝8.75＋17.5＝26.25（小时）

答：暴雨后，轮船往返甲、乙两地需要26.25小时。

10 甲、乙两码头之间相距120千米，一艘货轮在两码头之间往返，顺水需要3小时，逆水需要5小时。如果这艘货轮顺水而下需要4小时，那么这艘货轮在静水中的速度每小时是多少千米？

【解题思路】这种题目要先求出水速以及货轮的顺水或逆水速度来，才能找到正确答案。这里可以求出货轮第一次往返的速度来，顺水速度为每小时：120÷3＝40（千米），逆水速度为每小时：120÷5＝24（千米）；知道了这两种速度，就可求出水流速度来。

可列式计算：

货轮顺水速度为每小时：120÷3＝40(千米)

逆水速度为每小时：120÷5＝24(千米)

水速为每小时：(40－24)÷2＝8(千米)

货轮第二次顺水时间为 4 小时，那么，它的顺水速为每小时 120÷4＝30(千米)，因为这时的水速并没有变化，所以用此顺水速度减去水速，就是它在静水中的速度。

货轮第二次静水速度每小时为:30－8＝22(千米)

答：如果货轮在两码头之间的顺水航行需要 4 小时的话，它在静水中的速度就是每小时 22 千米。

11 一艘轮船在甲港与乙港之间往返，顺水需要 6 小时，逆水需要 9 小时，如果两港之间的距离为 180 千米，求水流速度每小时是多少千米?

【解题思路】这道题是不难的，有了时间跟距离，就能求出速度来；再跟据顺水速度跟逆水速度之差，就能求出水流速度来。

可列式计算：

轮船的顺水速度每小时为：180÷6＝30(千米)

轮船的逆水速度每小时为：180÷9＝20(千米)

水流速度每小时为：(30－20)÷2＝5(千米)

答：甲、乙两港之间的水流速度是每小时 5 千米。

12 一艘货轮从上码头顺水航行到下码头用了 5 小时，卸货后再逆水航行回上码头用了 7 小时，已知顺水速度比逆水速度每小时多行 16 千米，求货轮前 6 小时比后 6 小时多行了多少千米?

【解题思路】因为货轮顺水航行跟逆水航行的时间比为 5∶7，所以顺水速度是逆水速度的$\frac{7}{5}$；又知顺水速度每小时比逆水速度快 16 千米，这 16 千米相当于逆水速度的$\frac{7}{5}-1=\frac{2}{5}$(因为这里是将逆水速度当做单位“1”，也就是$\frac{5}{5}$来看待的，所以这$\frac{2}{5}$是逆水速度的$\frac{2}{5}$)，那么，货轮逆水航行的速度每小时是$16\div\frac{2}{5}=$

40(千米)，顺水航行的速度每小时是 40+16=56(千米)。

到这里再分析一下货轮前 6 小时跟后 6 小时的航行情况，因为顺水 5 小时跟逆水 7 小时行驶的距离(都是上、下码头之间)是相等的；那么除了前 5 小时顺水航行走完上、下两码头的距离外，还要加 1 小时逆水航行距离进去才是前 6 小时航行的距离，现在从 7 小时逆水航行的距离中拿走了 1 小时的距离加给前面的 5 小时，这样一加一减，后 6 小时跟前 6 小时就相差 2 小时的逆水距离(在双方数量相等时，如果从一方拿出一份数量给另一方，那么双方就会相差 2 份这样的数量)，从上述分析已知，货轮的逆水航行速度每小时为 40 千米，所以货轮前 6 小时比后 6 小时多行了 40×2=80(千米)。

可列式计算：

货轮顺水航行跟逆水航行的时间比为 5：7

则顺水船速是逆水船速的$\frac{7}{5}$

逆水每小时船速为：$16\div\left(\frac{7}{5}-\frac{5}{5}\right)=40$(千米)

顺水每小时船速为：40+16=56(千米)

货轮前 6 小时比后 6 小时多行的距离：56×5+40×1−40×(7−1)=80(千米)

答：货轮前 6 小时比后 6 小时多行了 80 千米。

13 某客轮在水速为每小时 4 千米的江中逆行，8 小时行了 240 千米。返回时突然涨水，水速是刚才的 1.5 倍，求它顺水返回这 240 千米的距离需要几个小时？

【解题思路】这道题目要一步一步地分析下去。客轮逆行速度每小时是 240÷8=30(千米)，这逆行速度是减掉一个水速的，如果加上水速 30+4=34(千米/小时)，这就是它在静水中的速度；知道了客轮在静水中的速度，再加上水速就是它的顺水速度，现在返回时的水速是 4×1.5=6(千米/小时)，那么，34+6=40(千米/小时)就是客轮在涨水后的顺水速度，再用距离除以速度等于时间的计算方法，就能得到本题的答案。

可列式计算：

客轮逆行速度每小时为：240÷8=30(千米)

客轮静水中速度每小时为：30+4=34(千米)

返回时水流速度每小时为：4×1.5=6(千米)

客轮顺水返回速度每小时为：34+6=40(千米)

返回需要的时间：240÷40=6(小时)

答：涨水后，客轮顺水返回这 240 千米需要 6 小时。

第13讲　包含重复要分清

包含类型的题目中，往往会出现不同类别的数字交织在一起，出现甲中有乙，乙中有丙，丙中有甲等等的情况，在解这类题目时，就是要让这些交织在一起的数字，到最后做到不重复，不遗漏，还数字与事物的本来面目就行了。

1 在120位家长中，能辅导孩子语文的有88人，能辅导孩子数学的有98人，又知每位家长至少能辅导孩子一门功课。求既能辅导语文又能辅导数学的家长一共有多少人？

【解题思路】 这道题目一看就会知道，辅导两门功课的家长明显多于120位家长，为什么会出现这种情况呢？因为有的家长能够辅导孩子们的两门功课，这样他们就会分别出现在辅导语文跟数学的名单里，这样的家长1人就被当做2人来统计，所以两门功课的辅导人数就大于实有人数了。现在要求既能辅导语文又能辅导数学的家长一共有多少人，这里只要求出这里面有多少位家长是一个人被当做两个人来统计的就行了。

可列式计算：

能同时辅导语文跟数学的家长：$88+98-120=66$（人）

答：既能辅导语文又能辅导数学的家长一共有66人。

2 某班体育课时对学生进行跳远跟短跑测试。测试中有26人跳远合格，有32人短跑合格，其中跳远跟短跑都合格的有15人，跳远跟短跑都不合格的有5人。求某班一共有学生多少人？

【解题思路】解答这种包含类题目，基本要求是不重复，不遗漏。在某班学生里这些跳远合格跟短跑合格的人数中，包括了跳远跟短跑都合格的这 15 人，就是说，这 15 人被重复统计了一次，应该减出去；还有跳远跟短跑都不合格的这 5 人，他们没有被统计在合格人数之内，应该加进去。

可列式计算：

某班一共有学生：26+32−15+5＝48(人)

答：某班一共有学生 48 人。

3 某小组几个人订购甲、乙、丙三种资料，每人至少订购一种资料。据统计，订购甲种资料的5 人，订购乙种资料的4 人，订购丙种资料的3 人；其中同时订购甲、乙两种资料的 3 人，订购乙、丙两种资料的 2 人，订购甲、丙资料的 2 人；有 1 人同时订购了甲、乙、丙三种资料。求某小组一共有多少人？

【解题思路】这种包含类型的题目，关键是如何做到不重复，不遗漏。

这里将订购 3 种资料的人数加起来是相当容易的，但是要剔除重复部分是需要动脑筋的。这里订购 2 种资料的人被计算了 2 次，比如小芳订购了甲、乙两种资料，那么她就会在订购甲种资料跟订购乙种资料的人数里各统计 1 次，所以在计算实际人数时，将同时订购 2 种资料的人数减出去，就不会重复了，这点还是可以理解的；再来看同时订购 3 种资料的人，假设小芳订购了三种资料，在这道题目中，她先是被当做订购了甲、乙、丙 3 种资料的人数一共统计了 3 次；接着就把她当做同时订购了甲、乙跟乙、丙以及甲、丙两种资料的人数统计了 3 次，在解题时她被当做同时订购 2 种资料的人减去了 3 次，这样一来，她 1 人开始被当做 3 人来统计，接着她 1 人就被当做 3 人减去了，等于连她本人这 1 个人的数字都没有计算进来，所以在减去全部同时订购 2 种资料的人数后，要把同时订购 3 种资料的人数加进来，这样才是题目中要求的实际人数。

可列式计算：

采用推荐计算方法：某小组人数＝订购 1 种资料的人数和−同时订购 2 种资料的人数和+订购 3 种资料的人数和

某小组人数：5+4+3−3−2−2+1＝6(人)

答：这个小组有 6 人。

4 某小组几个人订购甲、乙、丙三种资料，每人至少订购一种资料。据统计，订购甲种资料的5人，订购乙种资料的4人，订购丙种资料的3人；其中同时订购甲、乙两种资料的2人，订购乙、丙两种资料的1人，订购甲、丙两种资料的1人；有1人同时订购了甲、乙、丙三种资料。求该小组一共有多少人？

【解题思路】这道题目跟上面题目不同的地方，就是将同时订购了3种资料这1人是单独统计的，没有将他统计到同时订购2种资料的人数中去。如果在解题时遇到这种情况，就要用另外一种解题方法来寻找答案。将同时订购2种资料的人数减去后，可剔除同时订购2种资料人数的重复计算；现在来看同时订购3种资料的人，他在甲、乙、丙这3种资料中都被统计了一次，1人顶了3人的数字，但又没有出现在同时订购2种资料的人数中被减掉，为了不重复计算，这里需要将他减去2次，保留1次才是符合实际情况的。

可列式计算：

采用推荐计算方法：某小组人数=订购1种资料的人数和−同时订购2种资料的人数和−2×订购3种资料的人数和

某小组人数：$5+4+3-2-1-1-1\times2=6$（人）

答：该小组有6人。

5 某旅游团旅行结束时，有62人购买了当地的土特产，有36人购买了当地的玉石，有50人购买了工艺品；其中既买土特产又买玉石的有8人，既买土特产又买工艺品的有6人，既买玉石又买工艺品的有10人，三种产品都买的有12人；已知这个旅行团的人至少买了一种产品，求这个旅游团共有游客多少人？

【解题思路】这道题目很明显，出题人是把同时购买3种产品的人跟同时购买2种产品的人分开统计的，因为同时购买2种产品的人数分别比同时购买3种产品的人数还要少。

可列式计算：

某旅游团人数：$62+36+50-8-6-10-12\times2=100$（人）

答：某旅游团人数是100人。

6 某农博会设有 120 个展厅，有甲、乙、丙三位采购商在里面寻找产品。已知甲去过 50 个展厅，乙去过 46 个展厅，丙去过 52 个展厅；其中，甲、乙同时去过 22 个展厅，甲、丙同时去过 18 个展厅，乙、丙同时去过 9 个展厅。求这些展厅中，甲、乙、丙三人都没去过的展厅最少有多少个？

【解题思路】按照包含题目的计算方法，如果已知条件中再增加一条三人都去过的展厅，那么，这道题目就能直接求出最后的答案来。现在缺少这个条件，只能分步来计算，将 50+46+52−22−18−9＝99（个）；这 99 个展厅是什么意思呢？这就是他们三人至少有 1 人去过一次的地方；因为三人同时去过的展厅，都包含在两人同时去过的展厅中，上面的算式中被减掉了三次，按照重复的原理，它只能减掉两次就行了，所以这里要将多减去的那一次加进来；题目中没有说三人同时去过的展厅是多少个，只能从题目的意思来分析，因为乙、丙两人同时去过的展厅为最少，只有 9 个，这就是说，他们三人能同时去过的展厅最多是 9 个，将这 9 个加到刚才计算出来的那 99 个里面去，99+9＝108（个）；这 108 个展厅是三位采购商去过展厅的最大值，所以他们三人都没有去过的展厅最少有 120−（99+9）＝12（个）。

可列式计算：

三人至少有 1 人去过一次的展厅：50+46+52−22−18−9＝99（个）

三人都没去过的展厅最少数：120−（99+9）＝12（个）

答：三人都没去过的展厅最少有 12 个。

7 某班有 42 人，在一次考试中，语文成绩达到良好及以上的有 36 人，数学成绩达到良好及以上的有 32 人，两科成绩都达到良好及以上的有 23 人。求两科成绩都未达到良好的有多少人？

【解题思路】这道题目是不太难的，已知条件都相当明确了。这里只要将 36+32−23＝35（人），这 35 人，不管是语文也好，数学也行，他们起码有一科成绩达到了良好及以上；用 42−35＝7（人），这 7 人两科成绩都没有达到良好。

可列式计算：

起码有一科的成绩达到良好及以上人数：36+32−23＝35（人）

两科成绩都没有达到良好的人数：42−35＝7（人）

答：某班有 7 人两科成绩都没有达到良好的标准。

8 某公司对100名职工进行驾驶技术调查，相关数据如下：会开摩托车的60人，会开小车的48人，会开货车的42人；既会开摩托车又会开小车的38人，既会开小车又会开货车的12人，既会开货车又会开摩托车的8人，三种车都会开的有5人。求三种车都不会开的有多少人？

【解题思路】这道题目跟前面同学们订购课外资料是同类型的，只是所求答案不同而已。从题目中的数字来分析，已知条件中已经将同时会开3种车的人统计到同时会开两种车的人数里面去了。于是，这里可以运用前面提到的推荐解题方法来解答此题。

可列式计算：

会一门以上开车技术的职工：60+48+42−38−12−8+5=97(人)

三种车都不会开的职工：100−97=3(人)

答：三种车都不会开的职工有3人。

9 某小学动员学生家长参加学校的志愿者活动。报名参加的人数如下，二年级跟三年级的家长共有56人报名；在全部报名人数中，有38人不是三年级的家长；有50人不是二年级的家长。求某小学一共有多少位家长报名参加志愿者活动？

【解题思路】这道题目读起来有点不顺口，好像有些难度似的。其实，只要一步一步地分析下去，这个答案就会呈现出来的。现在二年级跟三年级家长的报名人数定了，是56人；已知条件接着说，有38人不是三年级的家长，其实这里就是说，一、二、四、五、六年级家长的报名人数是38人；同样的道理，有50人不是二年级的家长，就是一、三、四、五、六年级家长的报名人数是50人；现在从50+38=88(人)这个数字来看，就是一、四、五、六这四个年级报名的家长被统计了两次，二、三年级的家长只统计了一次；既然是这样，这里将这88人减去二、三年级家长报名的56人后，再除以2就是除了二、三年级家长以外的家长们。

可列式计算：

不是二、三年级同学的家长：(50+38−56)÷2=16(人)

报名参加志愿者活动的全部家长：56+16=72(人)

答：某小学一共有72位家长报名参加志愿者活动。

10 某活动中心邀请 20 名钓鱼爱好者进行钓鱼比赛，结果钓到大号草鱼的有 10 人，钓到大号鲈鱼的有 12 人，同时钓到 2 种大号鱼的有 7 人。求 2 种大号鱼都没有钓到的有多少人？

【解题思路】这道题目比较容易，先求出至少钓到一条大号鱼的人数来，再求出题目的答案来就行了。

可列式计算：

至少钓到一条大号鱼的人数：10+12−7=15(人)

2 种大号鱼都没有钓到的人数 20−15=5(人)

答：2 种大号鱼都没有钓到的人数有 5 人。

11 在 1—80 的自然数中，既不是 4 的倍数又不是 5 的倍数的数有多少个？

【解题思路】要想求出这 80 个自然数中，既不是 4 的倍数又不是 5 的倍数的数来，只能先求出有多少个数字是 4 跟 5 的倍数才可以；用 80÷4=20(个)，80÷5=16(个)，是不是用 80 减去这 20+16=36(个)就是题目的答案呢，这样是不对的；因为这 36 个数字里面，还包含着 4 跟 5 的公倍数，这些公倍数既是 4 的倍数，又是 5 的倍数，同一个数被计算了 2 次，所以要减去 1 次才是正确答案；用 80÷(4×5)=4(个)，也就是 20、40、60 跟 80 这 4 个数字被计算了 2 次，到这里就知道题目的答案了。

可列式计算：

4 的倍数：80÷4=20(个)

5 的倍数：80÷5=16(个)

同为 4 与 5 的倍数：80÷(4×5)=4(个)

既不是 4 的倍数又不是 5 的倍数的数：80−(20+16−4)=48(个)

答：在 1—80 的自然数中，既不是 4 的倍数又不是 5 的倍数的数有 48 个。

12 某初中二年级举行文艺比赛，参加比赛人数占全年级人数的 45%，参加唱歌比赛的人数占参赛人数的$\frac{3}{5}$，参加跳舞比赛的人数占参赛人数的$\frac{7}{10}$，两项比赛都参加的有 27 人。求参加比赛的人数跟二年级的学生各是多少人？

【解题思路】这是一道标准的包含题目，它在参与人数上用了分数，增加了解题的难度，不过，参加比赛的同学，他们每个人至少参加了一门比赛，这里就用包含题目的计算方法，再用方程来解这道题就行了。

此题可列方程解答：

设参赛同学为 x 人，依题意可列方程：

$$\frac{3x}{5}+\frac{7x}{10}-27=x$$

$$6x+7x-270=10x$$

$$3x=270$$

$$x=90$$

二年级同学人数：90÷45%=200(人)

答：某初中二年级同学人数是200人，参加比赛人数是90人。

13 某景区有东、西两座山，当天某旅行团的60名游客可自由活动，等活动结束后才知道，游东山的有39人，游西山的有32人，有2人去朋友家玩而没有去游玩，求当天同时游了东、西两座山的游客是多少人？

【解题思路】 题目已知条件中说有两人没有去游玩，就可以将这2人从游客中减去，相当于这个旅行团是58名游客在游景点；因为有游客游了两座山，他们在东山算一次游客，在西山也算一次游客，所以他们被重复统计了一次；现在来看游两座山的游客一共有39+32=71(人)，再用71-(60-2)=13(人)；这13人就是东、西两座山都去过的游客。

可列式计算：

游过两座山的游客：(39+32)-(60-2)=13(人)

答：当天游了东、西两座山的游客是13人。

14 老师让幼儿园大班的36位小朋友在一起活动，每人至少参加一项活动。其中堆积木的20人，玩贴贴纸的28人，玩小汽车的12人；既玩积木又玩贴贴纸的有10人，既玩贴贴纸又玩小汽车的有13人，这三项活动全部参与的有5人。求既堆积木又玩小汽车的小朋友有多少人？

【解题思路】 这道题目从数字上来分析，同时参与3项活动的人数已经包括在同时参与2项活动的小朋友中间。就可以将参与各单项活动的人数加起来，减去同时参与两项活动的人数，再加上同时参加三项活动的人数就行了。但由于此题所求的答案不一样，这里就把所求答案的数字当做未知数看待，再通过其他已知数字求出这个未知数来，难度并不是太大的。

这道题目要求出既堆积木又玩小汽车的小朋友有多少人，可以将这一项的人数设为 x 人，然后再进行计算。

可列式计算：

$20+28+12-10-13-x+5=36$

$x=42-36=6$

答：既堆积木又玩小汽车的小朋友有 6 人。

第14讲　牛吃草时一大群

牛吃草类型的题目，主要是回答两个方面的问题。一是有一块草地，要求在规定时间内将草地上的草吃完，求需要多少头牛？二是有一块草地，来了一群牛，求这群牛多少天能够将这块草地的草吃完？

这类题目有一个特点，就是草地上的草，在被一群牛不断吃掉的过程中，草地上的草在不断地生长或者不断地枯萎，在解题时必须要考虑这些增加或减少的草量。

在解题时，一般都是假设一头牛一天吃掉“1”份草，然后根据这个假设，运用下面的基本计算方法计算出其他相关数字来。

(1) 草地原有草量=吃草的牛数×吃的天数−新草的生长量×牛吃的天数

(2) 牛吃的天数=草地原有草量÷（吃草的牛数−草地上新增草量可供牛吃的头数）

(3) 吃草的牛数=草地原有草量÷能吃的天数+草地上新增草量可供牛吃的头数

(4) 新草的生长量=（吃草的牛数×吃时较多天数−吃草的牛数×吃时较少天数）÷（吃时较多天数−吃时较少天数）

1 假设有一片草地，每天草地的新增草量相等。60 头牛 8 天可以将这些草吃完，36 头牛 20 天可以将这些草吃完，求 40 头牛多少天可以将这片草地的草吃完？

【解题思路】这些牛吃的草，不是割回家里储备起来的干草，而是长在这地上的草，它一边被牛吃，还一边不断地往上长，在答题时，必须要将这个新增的草量考虑进去才行。因此，可以先求出这片草地每天新增的草量(36×20－60×8)÷(20－8)＝20(份)；草地每天新增 20 份草量，就要 20 头牛专门来吃这些新草才可以；那么 40 头牛就只剩下 20 头牛去吃草地上的原有草量了，只要求出这片草地上原有草量 60×8－20×8＝320(份)；再运用：牛吃的天数＝草地原有草量÷(吃草的牛数－草地上新增草量可供牛吃的头数)这个计算方法，就能找到题目的答案了。

可列式计算：

设每头牛每天的吃草量为 1 份。

这片草地每天新增的草量：(36×20－60×8)÷(20－8)＝20(份)

这片草地上原有草量：60×8－20×8＝320(份)或者 36×20－20×20＝320(份)

40 头牛能吃的天数：320÷(40－20)＝16(天)

验算：草地上原有草量＝40×16－20×16＝320(份) 符合题意

答：40 头牛 16 天可以将这片草地的草吃完。

2 进入秋末冬初，草地上的草每天都以相等的数量枯萎减少。如果某片草地上的草可供 25 头牛吃 6 天，可供 68 头牛吃 3 天，按照这个标准，这片草地可供多少头牛吃 2 天？

【解题思路】上面的题目是说每天新增相等的草量，这道题目是说每天减少相等的草量，这两种题型的题目，解题方法是相类似的，只是一个草量越来越多，一个草量越来越少而已。这里把每头牛每天吃的草量看做 1 份，还是能找出问题的答案来。

可列式计算：

设每头牛每天吃的草量为 1 份。

草地每天减少的草量：(68×3－25×6)÷(6－3)＝18(份)

(说明：因为此题是草量在每天等量地减少，所以上式要用时间少的草量减去时间多的草量，才能求出每天减少的草量来。下式草地原有草量，要加上若干天内减少的草量，也是符合实际情况的。)

草地原有草量：25×6＋18×6＝258(份)

多少头牛 2 天吃完：(258－18×2)÷2＝111(头)

答：111 头牛 2 天可以吃完这片草地上的草。

3 有一口小山塘，山腰上有两处泉水不停地流入塘内。第一次用5台抽水机6小时将小山塘的水抽干；第二次用7台抽水机3小时将小山塘的水抽干。如果要使小山塘的水面保持不升不降，需要用多少台抽水机连续工作，才能达到这样的效果？

【解题思路】把一台抽水机当做一头牛来看待，把山上的泉水当做新增加的草量来看待，这样就跟牛吃草问题是同一种类型的题目了。设每台抽水机1小时的抽水量为1份，则5台抽水机6小时的抽水量就是5×6=30(份)，7台抽水机3小时的抽水量就是7×3=21(份)；5台抽水机抽6小时，7台抽水机抽3小时，根据这个6−3=3(小时)的时间差，求出泉水每小时的增加量，然后再找出答案来。

可列式计算：

设每台抽水机1小时的抽水量为1份。

5台抽水机6小时的抽水量：5×6=30(份)

7台抽水机3小时的抽水量：7×3=21(份)

小山塘每小时增加的水量：(30−21)÷(6−3)=3(份)

需要多少台抽水机连续工作：3÷1=3(台)

答：需要3台抽水机连续工作，小山塘的水面就会保持不升不降。

如果这道题提出跟上题一样的问题，9台抽水机几小时能将小山塘的水抽干？那么，这里还要计算出小山塘原有水量来。

小山塘原有水量：5×6−3×6=12(份)

9台抽水机几小时抽干：12÷(9−3)=2(小时)

上式(9−3)的意思是，小山塘每小时增加3份水量，需要3台抽水机专门来抽新增加的水量，另外6台抽水机专门抽小山塘原有水量。

答：9台抽水机2小时能将小山塘的水抽干。

4 一个体育馆进行篮球比赛，定于上午8时开门，但很早就有人在门外排队等待。从第一名观众排队时起，每分钟都增加相等的观众来排队。如果开5个入场口，8分钟后不再有人排队；如果开9个入场口，4分钟后不再有人排队。求第一名观众是什么时候到门外排队等待的？

【解题思路】这道题目跟牛吃草题型有点类似。可以把8×5=40(分钟)，把

4×9＝36(分钟)拿来进行对比计算，就知道，场外每分钟增加的观众人数就是(40−36)÷(8−4)＝1(份)；8 点之前来的人数就是 40−8×1＝32(份)，这里要这样理解，打开 5 个入场口，8 分钟后不再有人排队，说明这 8 分钟将 8 点前在外排队的人，以及这 8 分钟内增加的观众共 40 份人数全部放进去了；因为每分钟增加的人数是 1 份，入场口开门后这 8 分钟只增加了 8 份人数，那么 8 点之前在门外排队的人数就是 40−8＝32(份)。如果有读者还不太理解的话，这里就用开 9 个入场口，4 分钟入场完毕这个数字来验证一下；9×4＝36 份，入场口开门后这 4 分钟增加了 4 份观众，那么 8 点前在场外等待的观众仍然是 36−4＝32(份)，这说明两次在外等待人数的份数是相等的；因为每分钟增加的人数是 1 份，来足 32 份人数需要 32÷1＝32(分钟)，所以第一名来排队的观众是在 8 点前的 32 分钟，也就是 7 点 28 分来排队的。

可列式计算：

每分钟增加的观众份数：(5×8−9×4)÷(8−4)＝1(份)

8 点之前原有观众份数：5×8−8×1＝32(份) 或者 9×4−4×1＝32(份)

第一名观众到门外等待时间：32÷1＝32(分钟)

第一名观众到达门外时间：60−32＝28(分)

答：第一名观众到达门外的时间是 7 点 28 分。

5 一个风景秀丽的山上有一座小动物乐园，平均每小时增加 40 只小动物在门外排队等候入园。乐园的每个入口，每小时可进入 70 只小动物。如果乐园只开一个入口，则 3 小时后不再有小动物在门外排队；如果同时开两个入口，那么，多少小时后就没有小动物在门外排队了？

【解题思路】这道题目虽然是小动物排队进园，但题型是跟牛吃草题型类似的。此题可以先求出在开入口前，门外有多少只小动物在提前排队等待，用(70×3−40×3)＝210−120＝90(只)，因为开一个入口 3 小时可进去 210 只小动物，这 3 小时也会新增 120 只小动物的到来，所以用 3 小时可以进去的小动物减去 3 小时内新增的小动物，这 90 只就是没开入口前在门外等候的小动物，相当于草地上原有 90 份草量；题目中说，如果同时开两个入口，那么，多少小时后就没有小动物在门外排队了，这里可以先求出开 2 个入口，1 小时能放入多少只小动物这个数字来，用(70×2×1−40×1)＝100(只)，这 100 只就是说，如果开 2 个入口，不但能放入在 1 小时内新增加的 40 只小动物，还能放入 100 只提前在门外等待的小动物，相当于除了用 40 头牛专门吃新增草量以外，还有 100 头牛可以专门吃原有草量；现在用 90÷100＝0.9（小时），就是说 90 份草地的原有草量，在不考虑新增草量的情况下，只够 100 头牛（每头牛每小时吃 1 份草）吃 0.9 小时。分析到这里问题就清楚了。

可列式计算：

(70×3−40×3)÷(70×2×1−40×1)＝0.9（小时）。

可以对这一组数字进行验算，0.9 小时会增加 40×0.9＝36（只）小动物的到来，加上原在门外排队的 90 只小动物，一共是 126 只。2 个入口 0.9 小时刚好可进入小动物 2×70×0.9＝126（只），这是符合题意的。

答：如果同时开两个入口，0.9 小时后就没有小动物在门外排队了。

6 某市要为一个新建公园植树，开工前已经运进若干份树苗，开工后每天运进份数相等的树苗。如果 70 人 10 天可以种完已运进园内的所有树苗；140 人 3 天可以种完已运进园内的所有树苗；现在要求在 5 天内将运进园内的所有树苗种完，求需要安排多少人（假设每人的工作效率相同）？

【解题思路】 这道题目跟牛吃草题型是相类似的，可以将开工前已经运进的若干份树苗，当成是草地上原有草量；把开工后每天运进份数相等的树苗看成是草地上每天新增相等的草量。当然，这里不能把种树苗的人当做吃草的牛来看待，这里是人种树，那里是牛吃草，不过，将这些人种完的全部树苗，跟一些牛吃完一片草地上的草，当成同一类型的应用题来进行解答是可以的。

可列式计算：

设每人每天完成的工作量为 1 份。

每天运进公园内的树苗份数：(70×10−140×3)÷(10−3)＝40（份）

公园内原有树苗：70×10−40×10＝300（份）

5 天种完园内树苗需要工人数：(300+40×5)÷5＝100（人）或者 300÷5+40÷1＝100（人）

验算：公园内原有树苗：100×5−40×5＝300（份）符合题意

答：如果 5 天要将运进园内的全部树苗种完，需要安排 100 人。

7 有相邻的三块草地，它们相同面积的原有草量相同，每天新增加的草量也相同。3 000 平方米那块草地可供 9 头牛吃 30 天，5 000 平方米那块草地可供 16 头牛吃 25 天。求 8 000 平方米那块草地可供多少头牛吃 20 天？

【解题思路】此题中出现了不同面积的草地，这里要想办法将不可比的条件变为可比的条件才可以。在这里，应该要先求出每 1 000 平方米可以进行比较的相关数字来。这样来分析，9 头牛吃 30 天，是 3 000 平方米草地原有草量跟 30 天生长草量的总和，如果将总数除以 3，就是每 1 000 平方米草地的原有草量跟 30 天新增加草量的和。

3 000 平方米草地上每 1 000 平方米草地原有草量跟 30 天增加草量的和是 $30\times9\div3=90$(份)。

同样道理，5 000 平方米草地上每 1 000 平方米草地原有草量跟 25 天新增加草量的和是 $25\times16\div5=80$(份)。

根据这两组数字，可以计算出，每 1 000 平方米草地每天新增加的草量跟原有的草量来。

可列式计算：

设每头牛每天吃的草量为 1 份。

每 1 000 平方米草地每天新增加的草量：$(90-80)\div(30-25)=2$(份)

每 1 000 平方米草地原有的草量：$90-30\times2=30$(份)或者 $80-25\times2=30$(份)

知道了这两组数字，就可以计算出 8 000 平方米那块草地的相关数字来。

8 000 平方米草地原有草量：$30\times8=240$(份)

8 000 平方米草地每天新增加的草量：$2\times8=16$(份)

可供多少头牛吃 20 天：$240\div20+16\div1=28$(头)

答：8 000 平方米草地可供 28 头牛吃 20 天。

8 有一片草地，假设每天新增加的草量相同。如果 10 头牛 6 天吃完；8 头牛 10 天吃完。要想使这片草地永远不被一群牛吃完，每天最多能放多少头牛在草地上？

【解题思路】这道题目要求草地上的草量永远吃不完，要想达到这个要求，就不能让牛吃草地上的原有草量，只能吃新增加的草量；因为原有草量是固定不变的，只要有牛(就算只有一头牛)去吃，总有一天会把原有草量吃完，所以原有草量是不允许有牛去吃的。既然是这样，就计算出这片草地每天新增加的草量来，再安排相应数量的牛来吃那些新增加的草量就行了。

可列式计算：

设每头牛每天吃的草量为 1 份。

草地每天新增加草量：$(10\times8-6\times10)\div(10-6)=5$(份)

草地上原有草量：$10\times8-10\times5=30$(份)

最多能放牛：$5\div1=5$(头)

答：在这片草地上每天最多能放牧 5 头牛。

9. 有一块草地，假设每天新增加的草量相同。60 只羊跟 5 头牛可以吃 18 天，21 头牛可以吃 30 天，如果 3 只羊每天的吃草量相当于 1 头牛每天的吃草量，那么，39 只羊跟 20 头牛在一起，这块草地可以吃多少天？

【解题思路】这里有两种动物在一起吃草，要把它们换算成一种动物后，数字才有可比性；这里把羊换成牛，$60\div3+5=25$(头)牛，第一个已知条件就变成 25 头牛可以吃 18 天；再把最后一问也变过来，$39\div3+20=33$(头)牛，那么，最后一问就变成 33 头牛在一起，这块草地可以吃多少天？到这里，就可以按照牛吃草的标准题型来计算了。

可列式计算：

设每头牛每天吃的草量为 1 份。

60 只羊跟 5 头牛相当于牛：$60\div3+5=25$(头)

39 只羊跟 20 头牛相当于牛：$39\div3+20=33$(头)

草地上每天新增加的草量：$(21\times30-25\times18)\div(30-18)=15$(份)

草地原有草量：$25\times18-18\times15=180$(份) 或者 $21\times30-30\times15=180$(份)

39 只羊跟 20 头牛吃多少天：$180\div(33-15)=10$(天)

答：这块草地可供 39 只羊跟 20 头牛吃 10 天。

10. 某中转货场不断有汽车把货物运进来，每小时按相同吨位增加，又不断用相同型号的汽车将货物运走。如果用 20 辆车，5 小时可以运完；如果用 14 辆车，10 小时可以运完。该货场开始用 5 辆车，4 小时后增加了若干车辆，再过 6 小时就可以运完，求后来增加了多少辆车？

【解题思路】 设一辆车一小时运走的货物为 1 份，20 辆车 5 小时运走 $20\times5=100$(份)，14 辆车 10 小时运走了 $14\times10=140$(份)。所以，每小时从外面运进货物的份数是 $(14\times10-20\times5)\div(10-5)=8$(份)，货场原有货物份数是 $20\times5-5\times8=60$(份)；5 辆车工作 4 小时后货场还有货物 $60+4\times8-5\times4=72$(份)，再过 6 小时货场共有货物是 $72+6\times8=120$(份)。120 份要在 6 小时运完，所需车辆是 $120\div6=20$(辆)，因为有 5 辆车在工作，所以需要增加 $20-5=15$(辆)。

可列式计算：

设一辆车一小时运走的货物为 1 份。

每小时从外面运进货物的份数：$(14\times10-20\times5)\div(10-5)=8$(份)

货场原有货物份数：$20\times5-5\times8=60$(份) 或者 $14\times10-10\times8=60$(份)

5 辆车工作 4 小时后货场还有货物：$60+4\times8-5\times4=72$(份)

再过 6 小时货场共有货物：$72+6\times8=120$(份)

要在 6 小时运完，所需车辆：$120\div6=20$(辆)

因为有 5 辆车在工作，所以需要增加 $20-5=15$(辆)

答：4 小时后需要增加 15 辆车，才能在 6 小时内将货场的货物运完。

11 一艘轮船在海上航行时，突然出现一个漏眼，让海水匀速地流进舱里。当漏眼被发现时，船舱已有 2 厘米深的积水。船长马上安排人员将水泼到船外。如果安排 4 个人需要 5 小时泼完，6 个人需要 3 小时泼完，现在只能安排 5 个人，求几小时能将舱里的水全部泼完？

【解题思路】 这也是一道类似于牛吃草的题目。先求出轮船每小时的进水量来，用 $(4\times5-6\times3)\div(5-3)=1$(份)；再求出船舱的原有水量，用 $4\times5-1\times5=15$(份)；到这里就可以找到题目的答案了。

可列式计算：

设每人每小时能泼到船外的水量为 1 份。

轮船每小时的进水量：$(4\times5-6\times3)\div(5-3)=1$(份)

船舱里原有水量：$4\times5-1\times5=15$(份) 或者 $6\times3-1\times3=15$(份)

5 人几小时将船舱的水泼完：$15\div(5-1)=3.75$(小时)

答：5 人 3.75 小时能将船舱的水泼完。

第15讲　分数分数真逗人

把一个整体（称为单位“1”）平均分成若干份，表示这样一份或者几份的数叫做分数。做分数题目时，一是要确定好这个整体（称为单位“1”）的量；二是要掌握基本计算方法。

（1）单位“1”的量×分率=分率对应的量，比如：$30\times\frac{1}{5}=6$

（2）分率对应的量÷分率=单位“1”的量，比如：$6\div\frac{1}{5}=30$

（3）分率对应的量÷单位“1”的量=分率，比如：$6\div30=\frac{1}{5}$

1 甲、乙两人共有11个苹果，甲比乙多$\frac{1}{5}$，甲、乙两人各有多少个苹果？

【解题思路】这道题目首先要确定甲、乙两人哪个是整体，是单位“1”的量。题目中已知条件是说甲比乙多$\frac{1}{5}$，那么乙就是单位“1”的量；就是将乙的数字分成5份，甲要比乙多其中的1份，就是乙的$\frac{1}{5}$(在分数题目中，凡是被比较的人或物，都是单位“1”的量，比如甲比乙，张三比王五，那么乙跟王五就是单位“1”的量)；也就是说，乙的份量是$\frac{5}{5}$，甲的份量是$\frac{5}{5}+\frac{1}{5}=\frac{6}{5}$才对。这里千万要注意，不能把甲当成单位“1”的$\frac{5}{5}$，把乙看成是甲的$\frac{4}{5}$啊！明确了这一点后，再继续往下分析。这里的乙是$\frac{5}{5}$，甲是$\frac{6}{5}$，它俩相加是$\frac{11}{5}$，这个$\frac{11}{5}$就是分率；这个分率的对应量是 11 个苹果。可以运用：分率对应量÷分率=单位“1”的量，先求出本题中乙这个单位“1”的量来，用 $11\div\frac{11}{5}=5$(个)，说明乙有 5 个苹果(有读者习惯把分数当小数来运算也是可以的。那么在这道题目中，乙就是单位 1，甲就是 1.2 个单位，将 11 个苹果分给 2.2 个单位，11÷2.2=5 个，这 5 个就是乙的，甲就是 5×1.2=6 个)。

可列式计算：

乙的苹果：$11\div\left(\frac{5}{5}+\frac{6}{5}\right)=5$(个)

甲的苹果：$5\times\frac{6}{5}=6$(个)

答：甲有 6 个苹果，乙有 5 个苹果。

2 甲、乙两人分别从家中出发，相向而行。甲走了两家距离的$\frac{3}{7}$，乙走了两家距离的$\frac{1}{3}$，这时两人还相距 150 米，求甲、乙两家之间的距离是多少米？

【解题思路】这道题目要先求出甲、乙两人一共走了两家距离的几分之几，剩下路段的分率，通过公式：分率对应量÷分率=单位“1”的量，求出两家的距离来。

可列式计算：

剩下路段的分率：$1-\left(\frac{3}{7}+\frac{1}{3}\right)=1-\frac{16}{21}=\frac{5}{21}$

甲、乙两家的距离：$150\div\frac{5}{21}=630$(米)

验算：$630-630\times\frac{3}{7}-630\times\frac{1}{3}=630-270-210=150$(米) 符合题意

答：甲、乙两家之间相距 630 米。

3 水井外面有上、下两个水泥池子，都装了水龙头。上面池子装一个水龙头，打开后 2 小时可将下面水池注满；下面水池装了一大一小两个水龙头，如果只打开下面水池的大水龙头，则 3 小时可将一水池的水放完；现在将上面池子的水龙头跟下面池子一大一小的两个水龙头同时打开，则需要 9 小时才能将下面水池子注满，求单独打开下面池子的小水龙头，几小时能将下面一水池的水放完？

【解题思路】已知上面水龙头 2 小时能注满下面水池子，说明它每小时的工作效率是$\frac{1}{2}$，同样的道理，下面大水龙头每小时的工作效率是$\frac{1}{3}$；如果不开下面池子的小水龙头，只开上、下两个比较大的水龙头，就是$\frac{1}{2}-\frac{1}{3}=\frac{1}{6}$，要用$1\div\frac{1}{6}=6$(小时)就能注满下面的水池子；现在开了小水龙头，增加了放水量，本来 6 小时可以注满的水池却用了 9 小时，这 9 小时小水龙头放出去的水量，就是上面水龙头在 3 小时内，比平时只打开下水池大水龙头时多注进来的水量，用$\left(\frac{1}{2}-\frac{1}{3}\right)\times9-1=\frac{1}{2}$或者$\frac{1}{6}\times3=\frac{1}{2}$就知道，在这 9 小时内，上面池子往下面池子多注了下面一半池子的水进来；说明小龙头在 9 个小时里，能放掉下面水池子里面一半的水量，到这里就知道，小水龙头单独放完下面池子水的时间是$9\div\frac{1}{2}=18$(小时)。

可列式计算：

同时打开上、下两个大水龙头，注满下面水池需要：$1\div\left(\frac{1}{2}-\frac{1}{3}\right)=6$(小时)

同时打开上、下两个大水龙头，9 小时可注满下面水池：$9\times\frac{1}{6}=\frac{3}{2}$

小水龙头 9 小时放完下面水池水量的：$\frac{3}{2}-1=\frac{1}{2}$

小水龙头放完下面水池水量的时间：$9\div\frac{1}{2}=18$(小时)

答：单独打开下面池子的小水龙头，18 小时能将下面一池子的水放完。

4 甲、乙两筐分别装有若干个苹果。如果从甲筐拿一些苹果到乙筐，甲筐就比乙筐少$\frac{3}{7}$，如果从乙筐拿数量一样多的苹果到甲筐，乙筐就比甲筐少$\frac{2}{5}$，假设两筐苹果数字和在 100 个以上 200 个以下的话，求甲、乙两筐原有苹果分别是多少个？

【解题思路】这类分数题，没有给出苹果的具体个数，分析应该从分数所包含的意义入手。

甲筐拿出苹果后，比乙方筐少$\frac{3}{7}$，甲筐就是乙筐的 $1-\frac{3}{7}=\frac{4}{7}$，乙筐就是$\frac{7}{7}$，这时甲筐苹果占两筐苹果总数的$\frac{4}{11}$，乙筐占$\frac{7}{11}$(因为乙筐苹果平均分成 7 份，甲筐苹果也平均分成了跟乙筐苹果相等的 4 份，所以两筐苹果的总份数是 11 份)；乙筐拿出相同的苹果后，比甲筐少$\frac{2}{5}$，乙筐就是甲筐的 $1-\frac{2}{5}=\frac{3}{5}$，甲筐就是$\frac{5}{5}$，这时乙筐苹果占两筐苹果总数的$\frac{3}{8}$，甲筐苹果占两筐苹果总数的$\frac{5}{8}$。

因为这时两筐的苹果需要按 11 份跟 8 份各分一次，所以两筐的苹果总数必须是 11 与 8 的公倍数。11 与 8 的最少公倍数是 88，少于 100 个；那么 $88\times2=176$(个)符合题目中要求，这里就用此数。

甲筐拿出苹果后，甲筐苹果占总数的 $176\times\frac{4}{11}=64$(个)，乙筐有苹果 $176-64=112$(个)；乙筐拿出苹果后，乙筐有苹果 $176\times\frac{3}{8}=66$(个)，甲筐有苹果 $176-66=110$(个)。

因为两筐苹果都是先后给了对筐数量相等的苹果，两筐这样一进一出，那么两筐各自拿进后的个数跟拿出后的的个数之差，就等于拿出或者拿进苹果个数的 2 倍(假设甲有 8 个苹果，如果拿进 2 个就是 10 个，如果拿出 2 个就是 6 个，用 $10-6=4$，这个 4 就是拿进拿出那个数字 2 的 2 倍)；知道了这个 2 倍的关系，就能求出甲、乙两筐各自拿出拿进的苹果数来；先看甲筐，它拿出苹果后是 64 个，拿进苹果后是 110 个，用 $(110-64)\div2=23$(个)，这 23 个就是甲筐第一次拿给乙筐的苹果数；同理，乙筐第二次拿给甲筐的苹果数是 $(112-66)\div2=23$(个)。现在知道了拿出拿进的这个数字，就能算出两筐原有苹果的数字来。

可列式计算：

经过分析，两筐苹果个数和是 176 个，才符合题目要求。

甲筐拿出苹果后，甲筐苹果占总数的 $176\times\frac{4}{11}=64$(个)，乙筐有苹果 $176-64=112$(个)

乙筐拿出苹果后，乙筐有苹果 $176\times\frac{3}{8}=66$(个)，甲筐有苹果 $176-66=110$(个)

甲、乙两筐相互拿给对方苹果数：$(110-64)\div2=23$(个) 或者 $(112-66)\div2=23$(个)

甲筐原有苹果：$64+23=87$(个)或者 $110-23=87$(个)

乙筐原有苹果：$66+23=89$(个)或者 $112-23=89$(个)

验算：

$(87-23)\div(89+23)=\frac{4}{7}$

$(89-23)\div(87+23)=\frac{3}{5}$ 符合题意

答：甲、乙两筐原有苹果分别是 87 个与 89 个。

5 某班男生人数占全班人数的 45%，后来转出女生 4 人，这时班上的男生人数跟女生人数相等。求这个班原有学生多少人？

【解题思路】这班男生占 45%，那么女生就占 55%；女生转出 4 名，就跟男生相等，这里可以这样分析，先不管女生转出后的情况，只分析班上原有人数的结构。因为男生占的比例不变，女生转出 4 人后跟男生人数相等，这说明女生减少 4 人后，在原班也占 45%；原班女生人数从 55%减少到 45%，是减少了 10%，这 10%只减少了 4 人，说明这 4 人在原班的人数中占有 10%的份量，这样就能求出班上原来的人数。

可列式计算：

全班原有人数：$4\div(55\%-45\%)=40$(人)

验算：$40\times55\%-4=40\times45\%=18$(人) 符合题意

答：这个班原有学生 40 人。

⑥ 某家庭山上有一棵苹果树跟梨树，有一天家里人去采摘。上午摘的苹果比梨多 300 个；下午摘的苹果比上午减少了$\frac{1}{5}$，梨比上午增加了$\frac{1}{10}$，苹果跟梨一共摘下 1760 个；求上午摘的苹果跟梨一共是多少个？

【解题思路】这道题目上午的数字太简单，难以进一步分析；只能从下午这些数字入手，结合上午的数字，再一步一步地去求出上午的数字来。

另外，一次性求出两种水果数字的难度太大，这里可以用梨来代替苹果进行计算。因为上午的苹果比梨多摘 300 个，那么上午的苹果用上午的梨(上午梨+300)来代替，再按下午的已知条件来寻找答案。

可列式计算：

下午摘的苹果是：$\frac{4}{5}\times$(上午梨+300) = 0.8 上午梨+240(个)

下午摘的梨是：上午梨$\times\left(1+\frac{1}{10}\right)$=1.1 上午梨

根据下午摘的苹果跟梨的总数 1 760 个来列等式：

0.8 上午梨+240+1.1 上午梨=1 760

1.9 上午梨=1 760−240

上午梨=800(个)

上午苹果：800+300=1 100(个)

上午摘的苹果跟梨：1 100+800=1 900(个)

验算：

下午摘梨：$800\times\left(1+\frac{1}{10}\right)=880$(个)

下午摘苹果：$1\ 100\times\left(1-\frac{1}{5}\right)=880$(个)

880+880=1 760(个) 符合题意

答：上午摘的苹果跟梨一共是 1 900 个。

⑦ 张三家有一棵 15 年的李子树，他跟家人上午摘了树上李子的$\frac{2}{5}$，装满 4 个

相同的塑胶桶后还多 8 千克；下午将树上的李子全部摘完，刚好装满 8 个相同的塑胶桶。求这棵树上共有李子多少千克？

【解题思路】这棵李子树上午摘了$\frac{2}{5}$，那么下午就是摘了$\frac{3}{5}$。这种分数题，对解题最有作用的应该是 8 千克这个数字，要想办法将它跟别的数字联系起来。

如果将上午的数字扩大到它的 2 倍，$\frac{2}{5}\times2=\frac{4}{5}$，这棵树上$\frac{4}{5}$的李子刚好装满 8 个塑胶桶还多 16 千克。用扩大后的数字跟下午的数字进行比较，$\frac{4}{5}-\frac{3}{5}=\frac{1}{5}$，说明 2 倍上午的李子数比下午多出了这棵树上李子的$\frac{1}{5}$，8 桶跟 8 桶是相等的，这多出的 16 千克正好是树上李子$\frac{1}{5}$的重量。

可列式计算：

将上午摘的李子数扩大到 2 倍：$2\times\frac{2}{5}=\frac{4}{5}$　$2\times$(4 桶+8)= 8 桶+16(千克)

树上李子的重量：(8 桶+16 千克−8 桶)$\div\left(\frac{4}{5}-\frac{3}{5}\right)=80$(千克)

验算：

下午每塑胶桶的李子重：$80\times\frac{3}{5}\div8=6$(千克)

上午每塑胶桶的李子重：$\left(80\times\frac{2}{5}-8\right)\div4=6$(千克) 符合题意

答：这棵树上的李子共重 80 千克。

8 甲、乙、丙三堆水果，甲堆比乙堆少 30 千克，重量是乙堆的$\frac{4}{5}$；甲、乙两堆水果重量和是丙堆的$\frac{27}{29}$。求丙堆的水果重多少千克？

【解题思路】先把甲、乙两堆水果的情况弄清楚。甲堆重量是乙堆的$\frac{4}{5}$，说

明甲堆比乙堆少 $1-\frac{4}{5}=\frac{1}{5}$；又甲堆比乙堆少 30 千克，这 30 千克相当于乙堆水果重量的 $\frac{1}{5}$，那么乙堆水果重量就是 $30\div\frac{1}{5}=150$（千克），甲堆水果重量就是 $150\times\frac{4}{5}=120$（千克）；又知甲、乙两堆水果重量和是丙堆的 $\frac{27}{29}$，则丙堆水果重量就是 $(120+150)\div\frac{27}{29}=290$（千克）。

可列式计算：

甲堆水果比乙堆水果少：$1-\frac{4}{5}=\frac{1}{5}$

乙堆水果重：$30\div\frac{1}{5}=150$（千克）

甲堆水果重：$150\times\frac{4}{5}=120$（千克）或者 $150-30=120$（千克）

丙堆水果重：$(120+150)\div\frac{27}{29}=290$（千克）

答：丙堆的水果重 290 千克。

9 一项工程甲队单独做需要 16 天完成，乙队单独做需要 20 天完成。现在由甲队先做 10 天后，再由乙队做 5 天，然后再由甲队来完工，求甲队还需要几天才能将全部工程完工？

【解题思路】把工程总量看做单位“1”。甲队 16 天完成，它每天的工作效率就是 $\frac{1}{16}$，先做 10 天，完成工程总量的 $10\times\frac{1}{16}=\frac{10}{16}=\frac{5}{8}$；乙队每天的工作效率是 $\frac{1}{20}$，再做 5 天，完成工程总量的 $5\times\frac{1}{20}=\frac{5}{20}=\frac{1}{4}$；到这个时候，工程总量就剩下 $1-\left(\frac{5}{8}+\frac{1}{4}\right)=1-\frac{7}{8}=\frac{1}{8}$。再根据工程总量除以工作效率等于工作时间的计算方法，就可以求出答案来。

可列式计算：

甲队做 10 天完成工程总量的：$10\times\frac{1}{16}=\frac{10}{16}=\frac{5}{8}$

乙队做 5 天完成工程总量的：$5\times\frac{1}{20}=\frac{5}{20}=\frac{1}{4}$

剩下的工程总量：$1-\left(\frac{5}{8}+\frac{1}{4}\right)=1-\frac{7}{8}=\frac{1}{8}$

甲队还需要工作时间：$\frac{1}{8}\div\frac{1}{16}=\frac{1}{8}\times16=2$(天)

答：甲队还需要 2 天才能将全部工程完工。

10 有甲、乙两筐苹果，当甲筐苹果卖出总个数的$\frac{1}{4}$，乙筐苹果卖出总个数的$\frac{1}{5}$后，再从甲筐拿出剩下苹果个数的$\frac{1}{6}$放入乙筐，这时甲、乙两筐的苹果个数相等；已知乙筐原有苹果 100 个，求甲筐原有苹果多少个？

【解题思路】已知乙筐原有苹果 100 个，卖出$\frac{1}{5}$就是 20 个，还剩下 $100-20=80$(个)，这里先确定这个数字后再做进一步分析；甲筐苹果卖出$\frac{1}{4}$，还剩下$1-\frac{1}{4}=\frac{3}{4}$，从这$\frac{3}{4}$中又拿出$\frac{1}{6}$就是甲筐总个数的$\frac{3}{4}\times\frac{1}{6}=\frac{1}{8}$，那么甲筐还剩下 $1-\frac{1}{4}-\frac{1}{8}=\frac{5}{8}$；现在的情况是，甲筐的$\frac{5}{8}$等于乙筐中的 80 个加上甲筐的$\frac{1}{8}$，读者请注意，这个等式要变动一下了，如果乙筐不要甲筐这$\frac{1}{8}$(将它减掉)，甲筐的$\frac{5}{8}$再减掉$\frac{1}{8}$(等式两边分别减掉同一个数后仍然相等)，甲筐用$\frac{5}{8}-\frac{1}{8}=\frac{1}{2}$，乙筐不要甲筐的$\frac{1}{8}$后还是 80 个，那么甲筐$\frac{1}{2}$的苹果数就等于乙筐里面的 80 个苹果了；到这里就知道甲筐原有的苹果是 $80\div\frac{1}{2}=160$(个)。

可列式计算：

乙筐卖出$\frac{1}{5}$后的苹果：$100-100\times\frac{1}{5}=80$（个）

甲筐卖出$\frac{1}{4}$后还剩总数的：$1-\frac{1}{4}=\frac{3}{4}$

甲筐拿出剩下的$\frac{1}{6}$，相当于拿出总数的：$\frac{3}{4}\times\frac{1}{6}=\frac{1}{8}$

甲筐拿给乙筐后甲筐还剩总数的：$\frac{3}{4}-\frac{3}{4}\times\frac{1}{6}=\frac{5}{8}$

这时有等式：

$80+\frac{1}{8}$甲筐$=\frac{5}{8}$甲筐

$80=\frac{5}{8}$甲筐$-\frac{1}{8}$甲筐$=\frac{1}{2}$甲筐

甲筐$=80\div\frac{1}{2}=160$（个）

验算：

甲筐最后有苹果$\left(160-160\times\frac{1}{4}-160\times\frac{3}{4}\times\frac{1}{6}\right)=100$（个）

乙筐最后有苹果：$100-100\times\frac{1}{5}+160\times\frac{1}{8}=100$（个）符合题意

答：甲筐原有苹果 160 个。

11 幼儿园买了一些小蛋糕分给各班的小朋友。老师先把全部蛋糕的$\frac{1}{5}$加 8 个分给一班，再把剩下的$\frac{1}{2}$减少 6 个分给二班，再把剩下的$\frac{2}{3}$加 9 个分给三班，最后还剩下 5 个小蛋糕，求全部小蛋糕有多少个？

【解题思路】出现这种分数题目，跟前面讲过的还原题目是一个类型的，这种题目要从最后一步一步地倒算过来才行。

三班分后剩下 5 个，分时比剩下的$\frac{2}{3}$还多拿了 9 个过去，那么，这 $5+9=14$

(个)就是剩下的$1-\frac{2}{3}=\frac{1}{3}$的份量；于是，这里可以求出在分给二班后剩下的蛋糕数是$14\div\frac{1}{3}=42$个。

二班分后剩下42个，二班是将一班分后剩下的$\frac{1}{2}$还少拿了6个，就是说，二班没有拿完剩下的$\frac{1}{2}$，比$\frac{1}{2}$还少拿了6个，这里要把一班剩下的$\frac{1}{2}$再加6个进来，才是42个蛋糕。现在要倒算回去，应该将42−6=36(个)，这36个才是一班分后剩下蛋糕的$\frac{1}{2}$，于是，这里可以求出一班分后剩下的蛋糕数是$(42-6)\div\left(1-\frac{1}{2}\right)=36\div\frac{1}{2}=72$(个)。

一班分后剩下72个，一班是分了全部蛋糕的$\frac{1}{5}$还多8个，如果不拿这8个，一班就只要了$\frac{1}{5}$，那么，8+72=80(个)就是全部蛋糕的$1-\frac{1}{5}=\frac{4}{5}$，分析到这里就能求出全部小蛋糕的个数来。

可列式计算：

二班分后剩下的蛋糕：$(5+9)\div\left(1-\frac{2}{3}\right)=14\div\frac{1}{3}=42$(个)

一班分后剩下的蛋糕：$(42-6)\div\left(1-\frac{1}{2}\right)=36\div\frac{1}{2}=72$(个)

全部小蛋糕个数：$(72+8)\div\left(1-\frac{1}{5}\right)=80\div\frac{4}{5}=100$(个)

验算：

一班分的蛋糕：$100\times\frac{1}{5}+8=28$(个)

二班分的蛋糕：$(100-28)\times\frac{1}{2}-6=36-6=30$(个)

三班分的蛋糕：$(100-28-30)\times\frac{2}{3}+9=28+9=37$ 个)

剩下的蛋糕：100−28−30−37=5（个）符合题意

答：全部小蛋糕是 100 个。

12 张大爷屋后有一棵苹果树与一棵梨树，去年共收获苹果与梨子 680 个，今年共收获 891 个。已知苹果树上的苹果比去年增加了 35%，梨子树上的梨子比去年增加了 26%，求今年这两棵树上各收获苹果跟梨多少个？

【解题思路】这道题目可以借用鸡兔同笼的解题方法。假设今年梨树上的梨子也增加了 35%，那么今年的总果子就是 680×（1+35%）= 918（个），比实际收获数字多 918−891=27（个）；为什么多了 27 个，是因为将梨树 26%的增加量也当成 35%的增加量来计算的；那么去年梨树上的梨子个数就是 27÷（35%−26%）= 27÷9%=300（个）；有了这个数字，题目中的答案就容易找到了。

解法一：算术解题法

假设今年梨树上的梨子也增加了 35%，两棵树应收果子：680×35%=918（个）

比实际收获数字多：918−891=27（个）

去年梨树收获梨子：27÷（35%−26%）= 27÷9%=300（个）

去年苹果树收获苹果：680−300=380（个）

今年苹果树收获苹果：380×（1+35%）= 513（个）

今年梨树收获梨子：300×（1+26%）= 378（个）

验算：513+378=891（个）符合题意

答：今年两棵树上收获的苹果跟梨子分别是 513 个跟 378 个。

解法二：列方程解题法

设去年梨树收获梨子为 x 个，则苹果树收获苹果为（$680-x$）个。可根据今年两棵树上收获果子数的等量关系来列方程：

$x\times(1+26\%)+(680-x)\times(1+35\%)=891$

$1.26x+918-1.35x=891$

$0.09x=27$

$x=300$

去年收获苹果：680−300=380（个）

今年苹果树收获苹果：380×（1+35%）= 513（个）

今年梨树收获梨子：300×（1+26%）= 378（个）

答：今年两棵树上收获的苹果跟梨子分别是 513 个跟 378 个。

13 王大爷每月的工资是卢大爷的 1.2 倍。卢大爷每月拿出工资的 40%存入银行，王大爷每月拿出工资的 45%存入银行，一年后，王大爷存入银行的钱比卢大爷多 8 400 元，求王大爷跟卢大爷每月的工资各是多少元？

【解题思路】在这里把卢大爷的月工资当做单位“1”来看待，那么王大爷的月工资就是“1.2”个单位。卢大爷每月存工资的 40%，那么王大爷存的 45%就相当于卢大爷的 $1\times1.2\times45\%=54\%$，说明王大爷按照卢大爷的工资标准来计算的话，他每月比卢大爷多存了卢大爷工资的 $54\%-40\%=14\%$。正因为王大爷每月比卢大爷多存了这个 14%，才会一年比卢大爷多存 8 400 元，用 $8\ 400\div12=700$(元)，这 700 元就相当于卢大爷每月工资的 14%。这样就能求出卢大爷的月工资来。

可列式计算：

王大爷每月存工资的 45%就相当于卢大爷每月工资的：$1\times1.2\times45\%=54\%$

王大爷每月比卢大爷多存了卢大爷工资的：$54\%-40\%=14\%$

卢大爷每月工资：$(8\ 400\div12)\div14\%=\dfrac{700\times100}{14}=5\ 000$(元)

王大爷每月工资：$5\ 000\times1.2=6\ 000$(元)

验算：

卢大爷每月存钱：$5\ 000\times40\%=2\ 000$(元)

王大爷每月存钱：$6\ 000\times45\%=2\ 700$(元)

王大爷每年比卢大爷多存：$(2\ 700-2\ 000)\times12=8\ 400$(元) 符合题意

答：王大爷跟卢大爷每月的工资分别是 6 000 元跟 5 000 元。

14 有若干乒乓球，分别将它们放在一、二、三、四号箱子里，一号箱占总数的 $\dfrac{1}{4}$，二号箱占总数的 $\dfrac{2}{5}$，三号箱占一、二号箱合计数的 $\dfrac{6}{13}$，四号箱里面有 6 个乒乓球。求这些乒乓球一共是多少个？

【解题思路】题目中一、二、三号箱都是用分数表示，只有四号箱是一个具体数字；要想求出总数来，关键是要求出这 6 个乒乓球占总数的几分之几，才能找出问题的答案来；这里将乒乓球的总数看成是单位“1”，再一步一步地减掉各箱所占的几分之几，到最后求出四号箱占总数的几分之几就可以了。

这里的一、二号箱都是占总数几分之几的分数，可直接计算，先要求出三号箱占总数的几分之几来，用$\left(\frac{1}{4}+\frac{2}{5}\right)\times\frac{6}{13}=\frac{3}{10}$；再用$1-\left(\frac{1}{4}+\frac{2}{5}+\frac{3}{10}\right)=\frac{1}{20}$，这$\frac{1}{20}$就是四号箱占总数的份量，就明乒乓球的总数就是$6\div\frac{1}{20}=120$(个)。

可列式计算：

三号箱占总数的份量：$\left(\frac{1}{4}+\frac{2}{5}\right)\times\frac{6}{13}=\frac{3}{10}$

四号箱占总数的份量：$1-\left(\frac{1}{4}+\frac{2}{5}+\frac{3}{10}\right)=\frac{1}{20}$

乒乓球总数：$6\div\frac{1}{20}=120$(个)

验算：

一号箱个数：$120\times\frac{1}{4}=30$(个)

二号箱个数：$120\times\frac{2}{5}=48$(个)

三号箱个数：$(30+48)\times\frac{6}{13}=36$(个)

乒乓球总数：30+48+36+6=120(个) 符合题意

答：这些乒乓球一共是 120 个。

15 某物流公司要装一车货物，甲单独装好需要 20 小时，乙单独装好需要 15 小时。两人刚合作时，乙突然胃疼，工作效率降低了 40%，甲立即将工作效率提高了 20%。求甲、乙两人合装这一车货需要多少小时？

【解题思路】从第一个已知条件知道，甲每小时的工作效率是$\frac{1}{20}$，乙每小时的工作效率是$\frac{1}{15}$；从第二个已知条件可以计算出来，甲每小时的工作效率是$\frac{1}{20}\times$

$(1+20\%)=\frac{3}{50}$，乙每小时的工作效率是$\frac{1}{15}\times(1-40\%)=\frac{1}{25}$；现在知道了甲、乙合作后各自每小时的工作效率，这里把装一车货物的工作量看做单位“1”，就可以求出题目中的答案来。

可列式计算：

甲原来每小时的工作效率：$\frac{1}{20}$

乙原来每小时的工作效率：$\frac{1}{15}$

两人合作后甲每小时的工作效率：$\frac{1}{20}\times(1+20\%)=\frac{3}{50}$

两人合作后乙每小时的工作效率：$\frac{1}{15}\times(1-40\%)=\frac{1}{25}$

两人合作装车需要的时间：$1\div\left(\frac{3}{50}+\frac{1}{25}\right)=10$（小时）

答：甲、乙两人合作装这一车货需要 10 小时。

16 某车间举办职工技能比赛，参赛的女职工比男职工多 20 人。比赛结束，参赛的男职工全部获奖，参赛的女职工有 80%获奖，获奖的职工总人数是 34 人，还知道参赛人数是车间总人数的 20%，求某车间共有职工多少人？

【解题思路】参赛的女职工比男职工多 20 人，参赛的女职工有 80%获奖，那么多出来的这 20 人女职工中就有 $20\times80\%=16$（人）获奖；因为获奖的职工总人数是 34 人，所以其余那部分职工的获奖人数是 $34-16=18$（人）；除了这 20 人参赛女职工以外，在其余那部分参赛职工中，男女职工人数是相等的，但只有 18 人获奖，因为男职工全部获奖，女职工有 80%获奖，将男职工获奖人数看成是单位“1”，则女职工获奖人数就是 0.8 个单位；所以男职工获奖人数就是 $18\div(1+0.8)=10$（人），女职工获奖人数就是 $18-10=8$（人），这中间还有 2 位女职工是没有获奖的（因为女职工在这部分参赛人员中，也只有 80%的人获奖）；由此可知，除去比男职工多出的那 20 位女职工外，其余这部分参赛职工也是 20 人，那么参赛总人数就是 $20+20=40$（人）。现在知道了参赛总人数，再求车间职工人数就容易了。

可列式计算：

参赛女职工比男职工多 20 人，这 20 人女职工中获奖人数：$20\times80\%=16$（人）

其余参赛职工的获奖人数：$34-16=18$（人）

其余参赛男职工获奖人数：$18\div(1+0.8)=10$（人）

其余参赛女职工获奖人数：$18-10=8$（人）

其余参赛女职工未获奖人数：$10-8=2$（人）

全部参赛职工人数：$20+18+2=40$（人）

车间职工人数：$40\div20\%=200$（人）

答：某车间有职工 200 人。

17 有一项工程，如果甲、乙两人合做，12 天可完成；如果由甲单独做 20 天后，再由乙单独做 8 天可完成；现在由甲单独做 30 天后，再由乙去做，乙还需要几天才能完成这项工程？

【解题思路】这道题目必须要知道甲、乙各自的工作效率，也就是他俩每天的工作量后，才能寻找到题目的答案；仅凭第一个已知条件，只知道甲、乙两人合作一天的工作效率是$\frac{1}{12}$，是求不出各自工作效率的，只能从第二个已知条件去想办法；甲单独工作 20 天，乙单独工作 8 天就能完成任务，这里需要变通一下，可以将这个已知条件说成是，甲、乙合作 8 天后，再由甲单独做 12 天完成任务，这样就能求出甲每天的工作量来；只要完成这一步计算，后面的计算就有据可依了。

可列式计算：

甲、乙合做 8 天后剩下的工程量：$1-8\times\frac{1}{12}=\frac{1}{3}$

甲每天完成的工作量：$\frac{1}{3}\div(20-8)=\frac{1}{36}$

乙每天完成的工作量：$\frac{1}{12}-\frac{1}{36}=\frac{1}{18}$

甲做 30 天完成的工作量：$30\times\frac{1}{36}=\frac{5}{6}$

乙还需要做的天数：$\left(1-\frac{5}{6}\right)\div\frac{1}{18}=3$（天）

答：由甲单独做30天后，乙还需要3天才能做完这项工程。

18 一本相册价格的50%比一支钢笔价格的50%多60%，那么钢笔的价格是相册价格的百分之几？

【解题思路】这种只有百分数，没有具体数字的题目，可以假设一个任何数进来，这样容易理解且方便计算，得到的答案都是符合题意的。

设一支钢笔价格的50%为10元，那么一本相册价格的50%就是$10\times(1+60\%)=16$（元）；由此可知，一支钢笔的全价是$10\div50\%=20$（元），一本相册的全价是$16\div50\%=32$（元）。钢笔价格是相册价格的$20\div32=0.625=62.5\%$

答：钢笔价格是相册价格的62.5%。

如果有读者对百分数的题目理解得比较透彻的话，题目虽然只说了钢笔跟相册半价之间的关系，但是在这里，可以直接将钢笔的全价看做单位“1”，那么相册的全价就是$1\times(1+60\%)=1.6$个单位。因此可以得出钢笔价格是相册价格的$\frac{1}{1.6}=0.625=62.5\%$，答案是相同的。

19 某初中班全部学生的平均身高是1.58米，男生人数比女生人数多$\frac{1}{7}$，男生的平均身高比女生平均身高要高10%，求这个班男生跟女生的平均身高各是多少米？

【解题思路】这个班男女学生的人数是按一定比例存在的，暂时不知道这个班的实有学生数，只能抽出相对一部分比例的人数来分析。因为男生比女生多$\frac{1}{7}$，可以假设女生是7人，那么男生就是$7\times\left(1+\frac{1}{7}\right)=8$（人），这15人的身高总和是$(7+8)\times1.58=23.7$（米）。因为男生的平均身高比女生的平均身高要高10%，所以男生8人的平均身高相当于$8\times(1+10\%)=8.8$个女生的平均身高；现在可以用8.8个女生来代替8个男生，这样这15人的身高总和就变成了$7+8.8=15.8$（个）女生身高的总和了。

可列式计算：

男生 8 人，女生 7 人的身高总和：(7+8)×1.58=23.7(米)

男生 8 人的平均身高相当于：8×(1+10%)=8.8 个女生的平均身高

女生的平均身高：23.7÷(7+8.8)=1.50(米)

男生的平均身高：(23.7−7×1.5)÷8=1.65(米)

验算：1.50×(1+10%)=1.65(米) 符合题意

答：这班男、女学生的平均身高分别是 1.65 米跟 1.50 米。

20 某项工程，甲队单独完成需要 30 天，乙队单独完成需要 40 天。后来两队合作，用连续 20 天时间完成了这项工程，工作期间，甲队去别的工地工作过，求甲队去别的工地工作过几天？

【解题思路】这道题目的已知条件告诉了甲、乙两队各自完成某项工程的时间，就等于说明了两队每天的工作效率；现在两队合作后，用 20 天完成了某项工程，其中不知道甲队去别处工作了几天，可以这样考虑，就是假设甲队没有离开，看他俩合作 20 天，能超额完成工程量的几分之几，用 $20\times\left(\frac{1}{30}+\frac{1}{40}\right)=\frac{7}{6}$，用 $\frac{7}{6}-1=\frac{1}{6}$，这 $\frac{1}{6}$ 就是两队如果合作 20 天，可以超额完成的工程量；现在再求出这超额 $\frac{1}{6}$ 的工程量，相当于甲队多少天的工作量，就说明甲队离开了几天的时间。

可列式计算：

假设甲、乙两队同时工作 20 天，可完成工程量：$20\times\left(\frac{1}{30}+\frac{1}{40}\right)=\frac{7}{6}$

假设中超额完成的工程量：$\frac{7}{6}-1=\frac{1}{6}$

甲队完成 $\frac{1}{6}$ 工程量所需时间：$\frac{1}{6}\div\frac{1}{30}=5$(天)

验算：$(20-5)\times\frac{1}{30}+20\times\frac{1}{40}=\frac{1}{2}+\frac{1}{2}=1$ 符合题意

答：在两队合作时，甲队到别工地去了 5 天。

21 甲、乙两校共有运动员72人参加市教育系统组织的运动会。甲校男运动员占本校参赛运动员的$\frac{3}{5}$，乙校男运动员占本校参赛运动员的$\frac{5}{7}$，甲、乙两校参赛的女运动员一样多。求甲、乙两校参赛的运动员各有多少人？

【解题思路】 题目中已知条件说两校参赛的女运动员一样多，这里应该是关键点。甲校女运动员占本校参赛运动员的$1-\frac{3}{5}=\frac{2}{5}$，乙校女运动员占本校参赛运动员的$1-\frac{5}{7}=\frac{2}{7}$；这就是说，甲校参赛人员的$\frac{2}{5}$跟乙校参赛人员的$\frac{2}{7}$是相等的；通过两校女运动员相等的关系，可以进一步求出两校参赛人员的比，再进一步求出两校各自参赛的人数来。

可列式计算：

下式用“甲”代表甲校参赛人数，“乙”代表乙校参赛人数，则有：

甲+乙=72

$\frac{2\text{甲}}{5}=\frac{2\text{乙}}{7}$

14甲=10乙

乙=1.4甲

用甲替代乙，计算甲校参赛人数

甲+1.4甲=72

甲=72÷2.4=30(人)

用乙=1.4甲的等式，计算乙校参赛人数

乙=1.4甲=30×1.4=42(人)

验算：

甲、乙两校参赛女运动员人数相等：$30\times\frac{2}{5}=42\times\frac{2}{7}=12$(人)

甲、乙两校共有参赛运动员：30+42=72(人) 符合题意

答：甲、乙两校参赛的运动员各有30人跟42人。

此题可列方程解：

设甲校参赛运动员为x人，则乙校参赛运动员为$(72-x)$人。依据两校参赛

女运动员人数相等的关系列方程：

$\frac{2x}{5}=\frac{2(72-x)}{7}$

$14x=720-10x$

$24x=720$

$x=30$

乙校参赛人数：72−30=42(人)

答：甲、乙两校参赛的运动员各有 30 人跟 42 人。

22 乖乖兔、粗心猫和聪明猴去超市买了同一种玩具，他们分别花了自己身上所带钱的$\frac{2}{3}$、$\frac{3}{5}$跟$\frac{5}{7}$，后来乖乖兔发现自己身上只剩下 9 元钱。求乖乖兔、粗心猫和聪明猴去超市时，身上各带了多少钱？

【解题思路】题目中只说乖乖兔剩下 9 元钱，关键点应该在这里。它用去了$\frac{2}{3}$，那么它身上只剩下 $1-\frac{2}{3}=\frac{1}{3}$的钱，这$\frac{1}{3}$的钱是 9 元钱，那么乖乖兔身上的钱是 $9\div\frac{1}{3}=9\times3=27$(元)；知道了乖乖兔身上的钱，就可以求出玩具的价格来，用 $27\times\frac{2}{3}=18$(元)；知道了玩具的价格，就可以求出粗心猫跟聪明猴身上带了多少钱。

可列式计算：

乖乖兔身上的钱：$9\div\left(1-\frac{2}{3}\right)=9\div\frac{1}{3}=27$(元)

玩具的价格：$27\times\frac{2}{3}=18$(元)

粗心猫身上的钱：$18\div\frac{3}{5}=30$(元)

聪明猴身上的钱：$18\div\frac{5}{7}=25.2$(元)

答：乖乖兔、粗心猫和聪明猴去超市时，身上各带了 27 元、30 元跟 25.2 元。

23 一瓶子里装有若干料酒，第一周用了它的$\frac{2}{5}$又30克，第二周用了第一周的$\frac{1}{3}$，瓶里还有65克。求原来瓶里有料酒多少克？

【解题思路】题目中已知条件里用的多是分数，需要把瓶里原有料酒当做单位“1”来看，再去计算相关数字。第二周用了第一周$\frac{1}{3}$，就是$\left(\frac{2}{5}+30\right)\times\frac{1}{3}=\frac{2}{15}+10$(克)，两周共用了$\frac{2}{5}+30+\frac{2}{15}+10=\frac{8}{15}+40$(克)；请注意，这40克是不包括在$\frac{8}{15}$以内的，为了计算方便，可以假设将这40克重新放入瓶里去，那么瓶里就是$65+40=105$(克)；这105克就相当于瓶里原有料酒的$1-\frac{8}{15}=\frac{7}{15}$，那么瓶里原有料酒就是$105\div\frac{7}{15}=225$(克)。

可列式计算：

第二周用了：$\left(\frac{2}{5}+30\right)\times\frac{1}{3}=\frac{2}{15}+10$(克)

两周共用了：$\frac{2}{5}+30+\frac{2}{15}+10=\frac{8}{15}+40$(克)

瓶里原有料酒：$(65+40)\div\left(1-\frac{8}{15}\right)=105\div\frac{7}{15}=225$(克)

验算：

第一周用了$225\times\frac{2}{5}+30=120$(克)

第二周用了：$120\times\frac{1}{3}=40$(克)

瓶里剩下：$225-120-40=65$(克) 符合题意

答：瓶里原有料酒225克。

24 聪明猴、粗心猫跟乖乖兔逛超市时，将身上带的钱全部拿出来，凑在一起刚好买了三个玩具。粗心猫拿的钱是聪明猴的$\frac{5}{6}$,乖乖兔拿的钱是粗心猫的$\frac{1}{2}$，因为它们需要各自付玩具的钱，所以回家后，乖乖兔拿出 20 元钱给它俩，求聪明猴跟粗心猫各自应该收多少钱？求每个玩具的价格是多少元？

【解题思路】聪明猴出的钱最多，就把它出的钱看做单位“1”。粗心猫是聪明猴的$\frac{5}{6}$，那聪明猴就是$\frac{6}{6}$；乖乖兔是粗心猫的$\frac{1}{2}$，那它就是聪明猴的$\frac{5}{6}\times\frac{1}{2}=\frac{5}{12}$；为了将不可比的数字变成可比的，现在把这三个分数都用 12 来做同分母；那么聪明猴就是$\frac{12}{12}$，粗心猫就是$\frac{10}{12}$，乖乖兔就是$\frac{5}{12}$；现在分母相同了，就可以把分子看成是出钱的总份数 12+10+5=27(份)；它们每位平均应付 27÷3=9(份)的钱，乖乖兔当时只付了 5 份，还需要付 9−5=4(份)钱出来，他拿出 20 元，说明每份应该是 20÷4=5(元)。知道了每份的钱是多少，就能求出玩具的价格来。

可列式计算：

三位付钱总份数：$1+\frac{5}{6}+\frac{5}{6}\times\frac{1}{2}=\frac{12}{12}+\frac{10}{12}+\frac{5}{12}=\frac{27}{12}$

每位应付钱份数：27÷3=9(份)

乖乖兔需要补付的份数钱：9−5=4(份)

每份对应的钱数：20÷4=5(元)

每个玩具的价格：5×9=45(元)

聪明猴应收钱：5×(12−9)=15(元)

粗心猫应收钱：5×(10−9)=5(元)

验算：每个玩具的价格：(5×12+5×10+5×5)÷3=45(元) 符合题意

答：每个玩具的价格是 45 元，聪明猴应收 15 元，粗心猫应收 5 元。

25 唐师傅跟徒弟一起整理衣服的扣眼，他的任务数是徒弟的 3 倍；已知唐师傅每小时整理 120 个扣眼，徒弟每小时整理 70 个扣眼，当徒弟完成任务时，唐师傅这时还有 360 个扣眼没完成，求唐师傅的任务是整理扣眼多少个？

【解题思路】唐师傅跟徒弟每小时整理的扣眼数分别的120个跟70个，那么她俩的工作效率比就是120∶70＝12∶7，这就是说，当徒弟完成任务时，唐师傅完成了徒弟任务量的$\frac{12}{7}$，加上唐师傅的任务数是徒弟的3倍，那么她在徒弟完成任务时，唐师傅还有徒弟任务的$3-\frac{12}{7}=\frac{9}{7}$没有完成，这没完成的360个扣眼就相当于徒弟任务的$\frac{9}{7}$，用$360\div\frac{9}{7}=360\times\frac{7}{9}=280$(个)，这280个就是徒弟的任务数。到这里，题目的答案就容易求出了。

可列式计算：

唐师傅跟徒弟的工作效率比：120∶70＝12∶7

徒弟完成任务时，唐师傅完成了徒弟任务的$\frac{12}{7}$

唐师傅还剩下徒弟任务的：$3-\frac{12}{7}=\frac{9}{7}$

徒弟的任务数：$360\div\frac{9}{7}=360\times\frac{7}{9}=280$(个)

唐师傅的任务数：$280\times3=840$(个)

验算：

当徒弟完成任务时，唐师傅还剩下扣眼：$840-280\times\frac{12}{7}=360$(个) 符合题意

答：唐师傅的任务是整理扣眼840个。

26 甲、乙、丙三棵苹果树上的苹果一共有900个。乙树上的苹果是甲树上的$\frac{5}{9}$，丙树上苹果的$\frac{1}{3}$跟乙树上苹果的$\frac{2}{5}$相等。求三棵苹果树上各有苹果多少个？

【解题思路】这种只有分数跟总数的题目，应该先求出它们各自可以进行比较的份数来，然后再用总数除以总份数，得出每份的数字后，再分别去求每棵苹果树的苹果数就行了。

因为乙树是甲树的$\frac{5}{9}$，所以就把甲树看成单位“1”，是$\frac{9}{9}$份，那么乙树就是

$\frac{5}{9}$份；分清甲树跟乙树的份数后，再来看丙树的份数，丙树上苹果的$\frac{1}{3}$跟乙树上苹果的$\frac{2}{5}$相等，先算出乙树上的$\frac{2}{5}$相当于甲树的多少份，$\frac{5}{9}\times\frac{2}{5}=\frac{2}{9}$(份)；这$\frac{2}{9}$份相当于丙树上的$\frac{1}{3}$，那么丙树就是总份数的$\frac{2}{9}\div\frac{1}{3}=\frac{6}{9}$(份)；现在三棵树可以进行比较的份数是$\frac{9}{9}+\frac{5}{9}+\frac{6}{9}=\frac{20}{9}$(份)。这里三棵树份数的分母相同，可以单取分子做为总份数就行。

可列式计算：

设甲树的苹果为 9 份，则乙树的苹果为 5 份，丙树的苹果为 $5\times\frac{2}{5}\div\frac{1}{3}=6$(份)

每份苹果数：$900\div(9+5+6)=45$(个)

甲树上的苹果：$45\times9=405$(个)

乙树上的苹果：$45\times5=225$(个)

丙树上的苹果：$45\times6=270$(个)

验算：

乙树是甲树的：$225\div405=\frac{5}{9}$

乙树的 $225\times\frac{2}{5}=$丙树的 $270\times\frac{1}{3}=90$(个)

三棵数的苹果和：$405+225+270=900$(个) 符合题意

答：甲、乙、丙树上各有苹果 405 个、225 个与 270 个。

27 某小区要砌一截围墙，如果甲组单独完成需要 6 小时，乙组单独完成需要 8 小时，丙组单独完成需要 10 小时。如果按甲、乙、丙的顺序轮流工作，每组工作 1 小时，那么轮到最后的一组，需要多少小时才能将围墙全部砌好？

【解题思路】这是多组合作完成的一项工程任务。这类工程题都要找准工程总量，工作时间及工作效率。此题的工作总量没有具体数字，就把它当作单位“1”来看待；按照题目中给出的已知条件可以确定，甲组、乙组跟丙组每小时的工作效率分别是$\frac{1}{6}$、$\frac{1}{8}$跟$\frac{1}{10}$；由此可知，三组轮流工作1小时，他们完成的工程量之和是$\frac{1}{6}+\frac{1}{8}+\frac{1}{10}=\frac{47}{120}$，就是说，如果把总工程量分成120份的话，三组各做1小时可完成工程总量的47份；用120÷47是一个大于2小于3的数字，说明三组轮流工作2小时后，剩下的工程量不需要三个组再轮流一次了；这里试着计算一下，看最后那部分工作量轮着哪一组，看这一组用多少时间完成就可以了。

可列式计算：

三组轮流2小时后完成的工作量：$2\times\left(\frac{1}{6}+\frac{1}{8}+\frac{1}{10}\right)=2\times\frac{47}{120}=\frac{47}{60}$

2小时后剩下的工作量：$1-\frac{47}{60}=\frac{13}{60}$

甲继续工作1小时后剩下的工作量：$\frac{13}{60}-\frac{1}{6}=\frac{3}{60}=\frac{1}{20}$

乙完成最后部分工作量需要的时间：$\frac{1}{20}\div\frac{1}{8}=\frac{8}{20}=\frac{2}{5}$（小时）

答：是乙组轮在最后，还需要$\frac{2}{5}$小时才能将围墙全部砌好。

28 姐妹俩合作摘一棵柚子树上的柚子，6小时可以摘完。如果姐姐单独摘完需要9小时。在姐妹俩合摘2小时后，姐姐因别的事情离开，妹妹继续摘下300个柚子后，才将柚子树上的柚子全部摘完，求姐妹俩各摘了多少个柚子？

【解题思路】这道题目根据前面的已知条件，可求出妹妹每小时的工作效率是$\frac{1}{6}-\frac{1}{9}=\frac{1}{18}$；姐妹俩合作2小时后，柚子树上剩下柚子总量的$1-2\times\frac{1}{6}=\frac{2}{3}$；由此可知，妹妹后来摘的300个，就是树上全部柚子的$\frac{2}{3}$，那么柚子树上的全部柚子数是$300\div\frac{2}{3}=450$（个）；知道了柚子树上柚子的总个数，就可求出姐妹俩各自摘的个数来。

可列式计算：

妹妹每小时的工作效率：$\frac{1}{6}-\frac{1}{9}=\frac{1}{18}$

姐妹俩合作 2 小时后，树上剩下柚子总数的：$1-2\times\frac{1}{6}=\frac{2}{3}$

树上的全部柚子数：$300\div\frac{2}{3}=450$（个）

姐姐摘的柚子：$450\times\frac{1}{9}\times2=100$（个）

妹妹摘的柚子：$450-100=350$（个）或者 $300+450\times\frac{1}{18}\times2=350$（个）

答：姐姐摘了 100 个柚子，妹妹摘了 350 个柚子。

29 三个小组的人员在一起搬运红砖。一个小时后，第一组搬运的块数是二、三组搬运块数的$\frac{1}{7}$，第二组搬运的块数是一、三组搬运块数的$\frac{1}{11}$，已知第一组比第二组多搬运 300 块，求第三组搬运了多少块红砖？

【解题思路】第一组是二、三组的$\frac{1}{7}$，就是说，二、三组共搬运了红砖总数的 7 份红砖，一组搬运了 1 份红砖，这些红砖一共是 8 份，所以一组占全部搬运红砖的$\frac{1}{8}$，而不是$\frac{1}{7}$，这点特别要想清楚；想清楚了这里的份数，在第二个已知条件中，第二组占一、三组的$\frac{1}{11}$，那么第二组占全部搬运红砖的$\frac{1}{12}$就好理解了；因为题目要求第三组搬运了多少块红砖，所以要求出第三组在全部搬运红砖数中占几分之几才行，把全部搬运红砖数字看做单位“1”，那么第三组占 $1-\frac{1}{8}-\frac{1}{12}=\frac{19}{24}$；再看第三个已知条件，第一组比第二组多搬运了 300 块，这 300 块就是第一组占总数$\frac{1}{8}$跟第二组占总数$\frac{1}{12}$这两个分数差之间的具体红砖数，通过这个数字可以求出这三个组搬运红砖的总数来，再求出第三组的搬运数字来。

可列式计算：

第一组搬运红砖数占总数：$1\div(1+7)=\frac{1}{8}$

第二组搬运红砖数占总数：$1\div(1+11)=\frac{1}{12}$

第三组搬运红砖数占总数：$1-\frac{1}{8}-\frac{1}{12}=\frac{19}{24}$

三个组共搬运红砖数：$300\div\left(\frac{1}{8}-\frac{1}{12}\right)=300\div\frac{1}{24}=7\ 200$（块）

第三组搬运红砖数：$7\ 200\times\frac{19}{24}=5\ 700$（块）

验算：

第一组搬运红砖数：$7\ 200\times\frac{1}{8}=900$（块）

第二组搬运红砖数：$7\ 200\times\frac{1}{12}=600$（块）

第一组比第二组多搬运：$900-600=300$（块）符合题意

答：第三组搬运红砖 5 700 块。

30 甲、乙、丙三人承包了某社区公园的绿化任务。甲、乙两人先合作 4 天，完成任务的$\frac{2}{7}$；接着是乙、丙两人合作 2 天，完成剩下工作量的$\frac{1}{3}$；再由甲、丙合作 5 天完成任务。已知这项任务的承包费是 6 300 元，两人合作时的收入平均分配，求他们三人在完成承包任务后，各人所得的工资是多少元？

【解题思路】应该先求出他们两两合作时，所完成任务占总任务的分数比来，再求他们各自的工资是多少。

甲、乙合作 4 天，占总任务的$\frac{2}{7}$，这是已知的；乙丙合作 2 天，完成剩下工作量的$\frac{1}{3}$，就是$\left(1-\frac{2}{7}\right)\times\frac{1}{3}=\frac{5}{21}$；那么甲、丙合作 5 天，完成剩下的工作量是$1-\frac{2}{7}$

$-\frac{5}{21}=\frac{10}{21}$。到这里，就可以按他们各自完成的工作量来分配工资了。

可列式计算：

甲、乙合作 4 天每人的工资：$6\,300\times\frac{2}{7}\div2=900$(元)

乙、丙合作 2 天每人的工资：$6\,300\times\frac{5}{21}\div2=750$(元)

甲、丙合作 5 天每人的工资：$6\,300\times\frac{10}{21}\div2=1\,500$(元)

甲的所得工资：900+1 500＝2 400(元)

乙的所得工资：900+750＝1 650(元)

丙的所得工资：750+1 500＝2 250(元)

验算：2 400+1 650+2 250＝6 300(元) 符合题意

答：甲、乙、丙三人所得工资分别是 2 400 元、1 650 元与 2 250 元。

31 一水池上方装有大、小两个进水管，单独打开大管 16 小时可将水池注满，小管是大管$\frac{3}{5}$的出水量。现在打开大管 6 小时后关闭，又打开小管 8 小时后关闭，求再次打开大管后，几小时才能将水池注满？

【解题思路一】第一个已知条件说，单独开大管 16 小时可将水池注满，可知大管每小时的工作效率是$\frac{1}{16}$，打开 6 小时注满水池的 $6\times\frac{1}{16}=\frac{3}{8}$；再看第二个已知条件，小管是大管$\frac{3}{5}$的工作量，那么它每小时的工作效率是$\frac{1}{16}\times\frac{3}{5}=\frac{3}{80}$，打开小管 8 小时能注满水池的 $8\times\frac{3}{80}=\frac{3}{10}$；通过两次注水后，可以求出水池还差几分之几没有注满，$1-\left(\frac{3}{8}+\frac{3}{10}\right)=\frac{13}{40}$。到这里，就容易求出答案来了。

可列式计算：

开大管 6 小时注满水池：$6\times\frac{1}{16}=\frac{3}{8}$

开小管 8 小时注满水池：$8\times\frac{1}{16}\times\frac{3}{5}=\frac{3}{10}$

水池没注满部分：$1-\left(\frac{3}{8}+\frac{3}{10}\right)=\frac{13}{40}$

还需要开大管的时间：$\frac{13}{40}\div\frac{1}{16}=\frac{26}{5}=5.2$（小时）

答：再次打开大管 5.2 小时就能将水池注满。

【解题思路二】此题还可以这样分析，单独打开大水管 16 小时可将水池注满，现在先计算打开小水管 8 小时相当于大水管几小时的注水量，$8\times\frac{3}{5}=4.8$（小时），用这 4.8 小时加上最先打开大水管的 6 小时，看这个数字跟 16 小时还相差多少小时就行了。

可列式计算：

打开小管 8 小时相当于打开大管：$8\times\frac{3}{5}=4.8$（小时）

相当于大管前后已打开：$6+4.8=10.8$（小时）

还需要开大管的时间：$16-(6+4.8)=5.2$（小时）

答：再次打开大管 5.2 小时就能将水池注满。

32 甲、乙两人要将一车货物运进仓库。甲每小时能运进 30 件，乙每小时能运进 18 件，乙需要运进的件数是甲的$\frac{1}{4}$。当乙运完后，甲还剩下 140 件，求这车货物共有多少件？

【解题思路】乙每小时运进 18 件，甲运进 30 件，乙、甲两人的工作效率之比是 $18:30=3:5$，如果将乙需要运进的货物看成 3 份的话，那么当乙运完这 3 份时，甲只运进了 5 份；但乙、甲应完成的工作量之比是 $1:4=3:12$，从这里的工作量之比可以知道，当乙完成自己 3 份的工作量时，甲只完成了 5 份工作量，剩下的 $12-5=7$（份）工作量，正好是 140 件货物；由此可知，甲、乙两人的每份工作量是 $140\div7=20$（件）。

可列式计算：

乙、甲的工作效率之比：$18:30=3:5$

乙、甲的工作量之比：$1:4=3:12$

乙、甲的每份工作量：$140\div(12-5)=20$（件）

这车货物共有：$20\times(3+12)=300$（件）

验算：

乙的工作量：$300\div(4+1)=60$（件）

甲的工作量：$60\times4=240$（件）

乙运完的时间：$60\div18=\frac{10}{3}$（小时）

甲在相同时间运的货物：$30\times\frac{10}{3}=100$（件）

甲剩下的工作量：$240-100=140$（件） 符合题意

答：这车货物共有 300 件。

33 如果甲、乙两组合作，9 小时可挖好一段水沟。两组合作 6 小时后，甲组的全部人员跟乙组的$\frac{2}{5}$人员没有继续参与，乙组剩下的人员用 15 小时才将水沟全部挖好。求甲、乙两组单独挖好这段水沟需要多少小时？

【解题思路】这里甲、乙两组合作的工作效率是$\frac{1}{9}$，合作 6 小时后，已经完成工程总量的$6\times\frac{1}{9}=\frac{2}{3}$，还剩下$\frac{1}{3}$；乙组剩下的人员，$1-\frac{2}{5}=\frac{3}{5}$的人员工作 15 小时，相当于乙组全部人员工作$15\times\frac{3}{5}=9$（小时），这就是说，乙组$\frac{3}{5}$的人员工作 15 小时，相当于全组人员工作了 9 小时；乙组全部人员在 9 小时完成了工作总量的$\frac{1}{3}$，那么乙组的工作效率就是$\frac{1}{3}\div9=\frac{1}{27}$，由此可知，乙组单独挖好水沟的时间是$1\div\frac{1}{27}=27$（小时）；现在知道了乙组每小时的工作效率是$\frac{1}{27}$，又知道两组合作的工作效率是$\frac{1}{9}$，那么甲组的工作效率就是$\frac{1}{9}-\frac{1}{27}=\frac{2}{27}$，由此可知，甲组单独挖好水沟的时间是$1\div\frac{2}{27}=13.5$（小时）。

可列式计算：

甲、乙两组每小时合作的工作效率是$\frac{1}{9}$

两组合作6小时后，剩下的工程总量：$1-6\times\frac{1}{9}=\frac{1}{3}$

乙组$1-\frac{2}{5}=\frac{3}{5}$的人员工作15小时，相当于全组工作：$15\times\frac{3}{5}=9$(小时)

乙组的工作效率：$\frac{1}{3}\div9=\frac{1}{27}$

乙组单独挖好水沟的时间：$1\div\frac{1}{27}=27$(小时)

甲组每小时的工作效率是$\frac{1}{9}-\frac{1}{27}=\frac{2}{27}$

甲组单独挖好水沟的时间：$1\div\frac{2}{27}=13.5$(小时)

答：甲、乙两组单独挖好水沟分别需要13.5小时跟27小时。

34 30人20天可摘完一果园里的全部果子，如果人数减少$\frac{1}{3}$，每人的工作效率平均提高$\frac{1}{5}$，则需要多少天才能摘完果园里的全部果子(假设每人每天的工作效率相同)？

【解题思路】在这里摘完全部果子的总工作量是$30\times20=600$(天)，就是说，如果一个人摘的话，需要600天才能摘完；当人数减少$\frac{1}{3}$后，20天完成的工作量是$600\times\left(1-\frac{1}{3}\right)=400$(天)；每人的工作效率平均提高$\frac{1}{5}$后，20天完成的工作量是$400\times\left(1+\frac{1}{5}\right)=480$(天)；这说明在减少人员，增加工作效率后，现工作效率只是原工作效率的$\frac{480}{600}=\frac{4}{5}$，到这里就能求出需要工作的时间来。

可列式计算：

30 人 20 天摘完全部果子的总工作量：30×20＝600（天）

减少人员提高效率后 20 天可完成的工作量：$600\times\left(1-\frac{1}{3}\right)\times\left(1+\frac{1}{5}\right)=480$（天）

摘完果园全部果子需要的时间：$20\div\frac{480}{600}=25$（天）

答：在减少人员、提高效率后，25 天可摘完果园的全部果子。

35 有一堆需要运走的河沙，兄弟俩合作运了 15 天以后，剩下部分哥哥 16 天可以单独运完，弟弟 20 天可以单独运完。求这堆河沙由哥哥单独运完需要多少天？

【解题思路】兄弟俩合作 15 天后，剩下的河沙是相同的。从兄弟俩单独运完剩下的河沙来分析，哥哥跟弟弟的工作时间比是 16∶20＝4∶5，就是说，弟弟工作 5 天等于哥哥工作了 4 天，那么弟弟在合作时工作的 15 天相当于哥哥工作了 15÷5×4＝12（天）。现在把哥哥已经工作的时间，加上弟弟那 15 天相当于哥哥工作的 12 天，再加上剩下部分哥哥还需要工作的 16 天，题目的答案就出来了。

可列式计算：

完成同一任务，哥哥跟弟弟的工作时间比是：16∶20＝4∶5

弟弟在合作时工作的 15 天相当于哥哥工作了：15÷5×4＝12（天）

哥哥单独运完这堆河沙需要：15＋12＋16＝43（天）

答：哥哥单独运完这堆河沙需要 43 天。

36 姐妹俩在家做纸玩具，姐姐每小时比妹妹多做 3 个，姐姐做了 25 小时，妹妹做了 20 小时，她俩各自做完后，发现妹妹做的个数正好是姐姐的$\frac{1}{2}$，求姐妹俩这次各做了多少个纸玩具？

【解题思路】这道题目可以这样理解，就是妹妹做 20×2＝40（小时）跟姐姐做 25 小时的纸玩具个数是相等的，现在先把姐姐每小时多做的那 3 个暂时放在一旁不考虑，那么姐姐每小时做的个数就跟妹妹做的个数相等，妹妹这 40 小时跟姐姐的 25 小时是可比的；用 40－25＝15（小时），说明妹妹多做的这 15 小时，正好做完姐姐在25小时里多做的，暂时没考虑的那 $3\times25=75$(个)纸玩具，到这里就知道妹妹每小时能做多少个纸玩具了。

可列式计算：

妹妹用2倍时间，跟姐姐做的个数相等：$2\times20=40$(小时)

妹妹每小时做的个数：$3\times25\div(40-25)=5$(个)

姐姐每小时做的个数：$5+3=8$(个)

妹妹20小时做的个数：$5\times20=100$(个)

姐姐25小时做的个数：$8\times25=200$(个)

验算：$100\div200=\frac{1}{2}$ 符合题意

答：姐姐跟妹妹这次分别做了纸玩具200个与100个。

37 甲、乙两人合折一批纸飞机，6小时可完成。已知甲每小时比乙多折6架，现由甲先折5小时，乙再折3小时后，还剩下总数的$\frac{3}{10}$没有折完，求原计划这批纸飞机要折多少架？

【解题思路】先从甲、乙两人已经折的时间来分析，甲折5小时，乙折3小时，可以把它看成是甲、乙合折3小时后，甲再单独折2小时；已知甲、乙合作6小时完成，则合作3小时完成了工作总量的$3\times\frac{1}{6}=\frac{1}{2}$；将工作总量看成是单位"1"，先减去甲、乙两人3小时折的份数，$1-\frac{1}{2}=\frac{1}{2}$，再将这$\frac{1}{2}$减去剩下没折完的份数$\frac{1}{2}-\frac{3}{10}=\frac{1}{5}$，这$\frac{1}{5}$就是甲在$5-3=2$(小时)的工作效率，那么甲每小时的工作效率是$\frac{1}{5}\div2=\frac{1}{10}$；知道了甲的工作效率，用甲、乙合作的工作效率减去甲的工作效率$\frac{1}{6}-\frac{1}{10}=\frac{1}{15}$，这$\frac{1}{15}$就是乙每小时的工作效率；因为题目中的已知条件已经明确，甲每小时比乙多折6架，这6架就是他俩的工作效率之差，所以由此可以求出题目的答案来。

可列式计算：

甲、乙合作 3 小时的工作效率：$3\times\frac{1}{6}=\frac{1}{2}$

甲 2 小时的工作效率：$1-\frac{1}{2}-\frac{3}{10}=\frac{1}{5}$

甲每小时的工作效率：$\frac{1}{5}\div2=\frac{1}{10}$

乙每小时的工作效率：$\frac{1}{6}-\frac{1}{10}=\frac{1}{15}$

甲、乙工作效率之差：$\frac{1}{10}-\frac{1}{15}=\frac{1}{30}$

原计划折的架数：$6\div\frac{1}{30}=180$(架)

验算：

甲每小时折的架数：$180\times\frac{1}{10}=18$(架)

乙每小时折的架数：$180\times\frac{1}{15}=12$(架)

甲、乙分别提前工作 5 小时跟 3 小时后剩下的架数：$180-18\times5-12\times3=54$(架)

甲、乙提前工作后剩下的工作量：$54\div180=\frac{3}{10}$ 符合题意

答：甲、乙两人原计划折 180 架纸飞机。

35 商场购买一批足球跟篮球，足球每个标价 50 元，篮球每个标价 100 元。由于购买数量较多，商场将足球按标价的 75% 出售，篮球按标价的 83% 出售，结果学校付款总数正好是按两种球标价计算的 80%，如果学校买的足球跟篮球总数不超过 30 个，求一共有几种买法？每次各买多少个？

【解题思路】这道题应该从最后的已知条件来寻找突破口。这两种球都有折扣，而且折扣不一样，先将两种球的买价都当成 80% 来分析一下；如果这样的话，那么每个足球的买价就是 $50\times80\%=40$(元)，比实际买价多付 $40-50\times75\%=2.5$(元)，每个篮球的买价就是 $100\times80\%=80$(元)，比实际买价少付 $100\times83\%-80=3$(元)；由于学校的付款总数不会变，那么就可以这样理解，足球这

边多付的钱跟篮球那边少付的钱，应该是相等的，否则所付款就无法平衡；既然如此，现在来分析3元跟2.5元这两个数字之间的关系，因为$3\div2.5=1.2$倍，就是说，篮球少交一个球3元的这种假设差价，足球就要多交1.2个球的假设差价来补齐，足球跟篮球都是整个卖，不能卖一部分，要想把这1.2个凑成整个的话，最低要$1.2\times5=6$（个），要多付$2.5\times6=15$（元），再看这15元是多少个篮球少交的钱，用$15\div3=5$（个），就是说，每次买6个足球跟5个篮球$6+5=11$（个），才是符合题目要求的；再将它们扩大到自身的2倍，$6\times2=12$（个），$5\times2=10$（个），$12+10=22$（个），少于30个，还是符合题目的要求。再往上扩大倍数就超过30个了，可以暂不考虑，其实，这道题目中足球跟篮球的个数，只要按6跟5的比去扩大相同倍数，任何倍数的结果除了受购买个数的限制外，都是符合题目要求的。

可列式计算：

假设每个足球的买价是：$50\times80\%=40$（元）

每个足球比实际买价多付：$40-50\times75\%=2.5$（元）

假设每个篮球的买价是：$100\times80\%=80$（元）

每个篮球比实际买价少付：$100\times83\%-80=3$（元）

$3\div2.5=1.2$倍

购买足球：$5\times1.2=6$（个）

购买篮球：$6\times2.5\div3=5$（个）

验算：$(6\times50\times75\%+5\times100\times83\%)\div(6\times50+5\times100)=80\%$ 符合题意

答：学校在不超过30个总数的前提下有两种买法，买足球6个跟篮球5个，或者买足球12个跟篮球10个。

39 姐妹俩合摘一棵苹果树上的苹果，3小时可摘树上苹果的$\frac{2}{3}$。妹妹比姐姐速度快一些，妹妹摘完苹果树上苹果的$\frac{1}{3}$跟姐姐摘完苹果树上苹果的$\frac{1}{5}$的时间相同，求姐、妹俩单独摘完苹果树上的苹果各需要多少小时？

【解题思路】根据妹妹摘完苹果树上苹果的$\frac{1}{3}$跟姐姐摘完苹果树上苹果的

$\frac{1}{5}$的时间相同这一个已知条件，就知道妹妹跟姐姐的工作效率之比是$\frac{1}{3}:\frac{1}{5}=\frac{5}{3}$，就是说，妹妹摘 3 小时相当于姐姐摘 5 小时的数量；再把这个工作效率放到合摘的 3 小时里面去，妹妹这 3 小时相当于姐姐摘了 5 小时，再加上姐姐自己摘的 3 小时，这等于姐姐单独摘了 5+3=8(小时)，摘完了树上苹果的$\frac{2}{3}$。到这里问题就比较清楚了。

可列式计算：

妹妹跟姐姐的工作效率之比：$\frac{1}{3}:\frac{1}{5}=\frac{5}{3}$

姐妹俩合摘 3 小时相当于姐姐单独摘了 5+3=8(小时)

姐姐 1 小时工作效率：$\frac{2}{3}\div 8=\frac{1}{12}$

姐姐单独摘完的时间：$1\div\frac{1}{12}=12$(小时)

妹妹单独摘完的时间：$12\div\frac{5}{3}=7.2$(小时)

验算：$3\times\left(\frac{1}{12}+\frac{1}{7.2}\right)=3\times\frac{16}{72}=\frac{2}{3}$ 符合题意

答：姐姐跟妹妹摘完苹果树上的苹果分别需要 12 小时跟 7.2 小时。

40 两车同样多的水果要运进仓库，甲、乙、丙三人分别运进一车水果需要 6 小时、8 小时跟 16 小时。如果甲、乙同时开始单独运进其中一车的水果，丙也同时开始两边都帮忙，结果两车水果同时运进仓库，求丙在整个工作过程中，分别帮了甲跟乙多少小时？

【解题思路】这道题目已知甲、乙、丙三人分别运完一车水果的时间，从这里可以知道他们每小时的工作效率分别是$\frac{1}{6}$，$\frac{1}{8}$跟$\frac{1}{16}$；那么他们同时运完两车的时间可以计算出来，是$2\div\left(\frac{1}{6}+\frac{1}{8}+\frac{1}{16}\right)=\frac{96}{17}$(小时)，说明他们三人都工作了$\frac{96}{17}$

小时；知道了他们的工作时间跟工作效率，就能计算出甲、乙各自完成的工作量来，再计算出丙对双方的帮忙时间来。

可列式计算：

三人运进两车水果用的时间：$2\div\left(\frac{1}{6}+\frac{1}{8}+\frac{1}{16}\right)=\frac{96}{17}$（小时）

甲单独完成的工作量：$\frac{96}{17}\times\frac{1}{6}=\frac{16}{17}$

乙单独完成的工作量：$\frac{96}{17}\times\frac{1}{8}=\frac{12}{17}$

丙帮助甲的工作时间：$\left(1-\frac{16}{17}\right)\div\frac{1}{16}=\frac{16}{17}$（小时）

丙帮助乙的工作时间：$\left(1-\frac{12}{17}\right)\div\frac{1}{16}=\frac{80}{17}$（小时）

验算：

丙工作时间与甲、乙相同：$\frac{16}{17}+\frac{80}{17}=\frac{96}{17}$（小时）符合题意

答：丙帮助甲、乙的时间分别是$\frac{16}{17}$小时跟$\frac{80}{17}$小时。

41 一商店进货一批衣服，开始按标价出售，一个星期后，为了加快资金回笼，商店决定按标价的70%出售，但仍然能获得12%的利润，求这批衣服标价时，商店是按百分之几的利润率来计算的？

【解题思路】这种只有百分数，没有其他具体数字的题目，内行的人可以列一道分数的综合算式来解答，但对于一些初次接触这类题目的读者来说，不一定能完全理解，所以要假设一个具体数字，然后再一步一步地分析下去，这样就通俗易懂一些。

假设一件衣服的进价是100元，按标价的70%出售，还能获得12%的利润，这就是说，这件衣服是按112元卖出去的，因为(112−100)÷100＝12%；到这里就知道了，这112元相当于衣服标价的70%，那么标价就等于112÷70%＝160（元）。

可列式计算：

假设一件衣服的进价是 100 元，则

按标价 70%的售价：(100+100×12%)= 112(元)

衣服的标价：112÷70%=160(元)

衣服标价的利润率：(160-100)÷100=60%

验算：(160×70%-100)÷100=12% 符合题意

答：商店是按 60%的利润率来标价的。

42 某家具厂做好一批椅子，每张成本为 80 元，开始时按成本价加价 50%出售，在卖出这批椅子数量的 75%以后，剩下的椅子按同一折扣价出售，最后获得的利润是原计划的 88%，求剩下的椅子是按原价的百分之几出售的？

【解题思路】这道题目没有椅子的具体数字，已知件条只说了这些椅子最初的售价，为了通俗易懂，解题时应假设一个具体数字。

假设这批椅子是 100 张。按成本加价 50%出售，每张售价为 80×(1+50%)= 120(元)，总收入应为 100×120=12 000(元)，应获利润 100×(120-80)= 4 000(元)，实际获利 4 000×88%=3 520(元)；从第二个已知条件来分析，卖出了椅子总数的 75%，就是 100×75%=75(张)，收入为 120×75=9 000(元)，这 9 000元减去 100 张椅子的全部成本后，已获利润 9 000-100×80=1 000(元)；这次实际获得利润为 3 520 元，现在已经获得利润 1 000 元，那么剩下的 100×(1-75%)=25(张)椅子，出售后所得收入应为 3 520-1 000=2 520(元)，平均每张售价为 2 520÷25=100. 8(元)，这 100. 8 元就是最后一批每张椅子的售价，相当于原价的 100. 8÷120=84%。

可列式计算：

假设这批椅子是 100 张。

每张椅子最初定价：80×(1+50%)= 120(元)

总收入应为 100×120=12 000(元)

应获利润 100×(120-80)= 4 000(元)

实际获利 4 000×88%=3 520(元)

出售第一批椅子收入：100×75%×120=9 000(元)

已获利润 9 000-100×80=1 000(元)

剩下部分每张椅子售价：(3 520−1 000)÷(100−75)= 100.8(元)

每张椅子相当于原售价：100.8÷120=84%

验算：(1 000+2 520)÷4 000=88% 符合题意

答：剩下的椅子是按原价的84%出售的。

43 某车间原有女职工占全车间职工的$\frac{3}{10}$，后来增加3名女职工跟1名男职工后，女职工占全车间职工的$\frac{1}{3}$，求车间现有职工多少人？

【解题思路】这道题目的算术解题法不好找，就用方程来解它。设车间原有人数为x，再根据女职工前后两次在车间职工中所占的比例列出方程来。

列方程解答：

设车间原有职工为x人，根据女职工前后变动的情况列方程：

$$\frac{3x}{10}+3=\frac{x+4}{3}$$

$$10x+40=9x+90$$

$$x=90-40=50$$

车间现有职工人数：50+4=54(人)

验算：

车间原有女职工人数：$50\times\frac{3}{10}=15$(人)

现有女职工占车间职工的：$(15+3)\div54=\frac{1}{3}$ 符合题意

答：某车间现有职工54人。

44 大山跟小山分别从公路的东、西两地同时开始跑步，相向而行。大山每分钟跑200米，小山每分钟跑160米，当小山跑完全路段的$\frac{7}{19}$时，两人相距416米，求东、西两地相距多少米？

【解题思路】大山跟小山是同时开始跑步的，他俩所跑路程的多少是跟各自的速度成正比的。因此，可以根据他俩的速度比来确定他俩所跑的路程比，用 200∶160＝5∶4，这就是大山跟小山的速度比跟路程比；现在可以通过小山跑完全路段$\frac{7}{19}$这个数字，换算出大山跑了全程的$\frac{7}{19}\times\frac{5}{4}=\frac{35}{76}$来，这样就可以根据最后一个已知条件，求出那 416 米占全路段的几分之几，这样就能计算出东、西两地的距离来。

可列式计算：

大山跟小山的速度比：200∶160＝5∶4

大山跟小山跑完的路程比：5∶4

大山所跑路程占全路段：$\frac{7}{19}\times\frac{5}{4}=\frac{35}{76}$

相距 416 米占全路段：$1-\frac{7}{19}-\frac{35}{76}=\frac{13}{76}$

东、西两地的距离：$416\div\frac{13}{76}=2\,432$（米）

验算：$2\,432\times\frac{7}{19}+2\,432\times\frac{35}{76}+416=896+1\,120+416=2\,432$（米）符合题意

答：东、西两地相距 2 432 米。

45 小云骑摩托车，小雨坐自行车，两人分别从南、北两地同时出发，相向而行；小云行到全程$\frac{5}{7}$的地方与小雨相遇，如果小云每小时行 35 千米，小雨 3 小时可走完全程。求南、北两地相距多少千米？

【解题思路】这道题可以按已知条件一步一步地往下分析。小云行到全程$\frac{5}{7}$的地方与小雨相遇，那么小雨行了全程的$1-\frac{5}{7}=\frac{2}{7}$，因为两人是同时出发，所以小雨的速度就是小云速度的$\frac{2}{7}\div\frac{5}{7}=\frac{2}{5}$；因为小云每小时的速度为 35 千米，所以小雨每小时的速度为$35\times\frac{2}{5}=14$（千米）；现在知道了小雨的速度，已知条件说小雨 3 小时可走完全程，那么，南、北两地的距离就容易求出来。

可列式计算：

两人相遇时小雨行完全程的：$1-\frac{5}{7}=\frac{2}{7}$

小雨行的路程是小云的：$\frac{2}{7}\div\frac{5}{7}=\frac{2}{5}$

小雨跟小云的速度比是：$2:5=\frac{2}{5}$

小雨每小时的速度：$35\times\frac{2}{5}=14$（千米）

南、北两地距离：$14\times3=42$（千米）

验算：

小云在途中时间：$42\times\frac{5}{7}\div35=30\div35=\frac{6}{7}$（小时）

小雨在途中时间：$42\times\frac{2}{7}\div14=12\div14=\frac{6}{7}$（小时）符合题意

答：南北两地相距 42 千米。

46 一桶矿泉水，用掉 80%以后，再往桶里倒入 12 千克矿泉水，这时桶里的矿泉水正好是原桶的 60%，求原来这桶矿泉水重多少千克？

【解题思路】这桶矿泉水用掉 80%以后，桶里还剩下 20%；再次倒入 12 千克以后，由 20%上升到 60%；那么，这 12 千克正是原水量的 60%−20%=40%，这样就能求出原来一桶矿泉水的重量来。

可列式计算：

第一次用掉 80%后，桶里剩余矿泉水：1−80%=20%

这桶矿泉水原有重量：12÷(60%−20%)=30（千克）

验算：

30−30×80%=6（千克）

(6+12)÷30=60% 符合题意

答：这桶矿泉水原有重量是 30 千克。

47 修一条村级公路，原计划 15 天可完成公路的$\frac{1}{3}$，工作 5 天后，由于设备更新，使工作效率提高了$\frac{1}{4}$。那么，修好这条公路的$\frac{2}{3}$还需要多少天？

【解题思路】题目中的已知条件涉及面比较广，解题时必须要准确地理解每个分数的含义，原计划 15 天可完成公路的$\frac{1}{3}$，说明原计划需要 $15\div\frac{1}{3}=45$（天）才能完工，那么原计划的工作效率就是$\frac{1}{45}$；工作 5 天完成了全路 $5\times\frac{1}{45}=\frac{1}{9}$的工作量；设备更新后的工作效率是$\frac{1}{45}\times\left(1+\frac{1}{4}\right)=\frac{1}{36}$；最后问的是，修好这条公路的$\frac{2}{3}$，而不是整条公路还需要多少天，只要准确理解，就能找出题目的答案来。

可列式计算：

原计划每天的工作效率：$1\div\left(15\div\frac{1}{3}\right)=\frac{1}{45}$

工作 5 天完成了全路段工作量：$5\times\frac{1}{45}=\frac{1}{9}$

设备更新后每天的工作效率：$\frac{1}{45}\times\left(1+\frac{1}{4}\right)=\frac{1}{36}$

完成公路$\frac{2}{3}$的任务还需要：$\left(\frac{2}{3}-\frac{1}{9}\right)\div\frac{1}{36}=20$（天）

答：还需要工作 20 天，才能完成这条公路$\frac{2}{3}$的任务。

第16讲　浓度问题动脑筋

在日常生活跟工作中，经常会遇到将糖或盐等物质溶于水中，变成糖水或盐水等情况。现在以盐水为例来说明盐、水以及盐水这三者之间的相互关系。将盐溶于水中，就变成了盐水，这盐水就叫溶液，盐叫溶质，水叫溶剂；还把盐水中含盐量的多少叫做盐水浓度；在等量的水中，加入的盐越多，盐水浓度越高，加入的盐越少，盐水浓度越低。

溶液、溶质、溶剂以及溶液浓度之间的相互关系：

(1) 溶液质量=溶质质量+溶剂质量

(2) 溶液浓度=溶质质量÷溶液质量×100%

(3) 溶液质量=溶质质量÷溶液浓度

(4) 溶剂质量=溶液质量×（1−溶液浓度）

1 有浓度为35%的盐水若干克，如果再加入200克水，盐水浓度就变成15%，求原盐水的质量为多少克？

解法一：算术解题法

采用推荐计算方法（在溶液中加水，使溶液浓度降低）：

原盐水质量=加水量×加水后盐水浓度÷（原盐水浓度−加水后盐水浓度）。

原盐水质量=200×15%÷（35%−15%）=30÷20%=150（克）

验算：150×35%÷（150+200）=15% 符合题意

答：原盐水质量为150克。

解法二：列方程解题法

设原盐水质量为 x 克，依照盐水前后含盐量不变的关系来列方程：

$x\times35\%=(x+200)\times15\%$

$0.35x=0.15x+30$

$0.2x=30$

$x=150$

答：原盐水质量为 150 克。

2 某玻璃缸装有浓度为 40%的糖水若干克，如果再加入 300 克水，糖水浓度就变成 25%，求原糖水的质量为多少克？

解法一：算术解题法

采用推荐计算方法：

原糖水质量 = 加水量×加水后糖水浓度÷(原糖水浓度−加水后糖水浓度)。

原糖水质量 = 300×25%÷(40%−25%) = 75÷15% = 500(克)

验算：500×40%÷(500+300) = 25% 符合题意

答：原糖水质量为 500 克。

解法二：列方程解题法

设原糖水质量为 x 克，依照糖水前后含糖量不变的关系来列方程：

$x\times40\%=(x+300)\times25\%$

$0.4x=0.25x+75$

$0.15x=75$

$x=500$

答：原糖水质量为 500 克。

3 有浓度为 10%的盐水 200 克，如果再加入若干克盐，盐水浓度就变成 40%，求加入盐的质量为多少克？

解法一：算术解题法

采用推荐计算方法(在溶液中加盐，使溶液浓度升高)：

加盐后盐水质量 = 原盐水质量×(1−原盐水浓度)÷(1−加盐后盐水浓度)。

加盐后盐水质量 = 200×(1−10%)÷(1−40%) = 180÷60% = 300(克)

加盐量：300−200 = 100(克)

验算：(100+200×10%)÷(100+200) = 40% 符合题意

答：加入盐的质量为 100 克。

解法二：列方程解题法

设加入盐 x 克，依照盐水前后含水量不变的关系来列方程：

$200\times(1-10\%)=(x+200)\times(1-40\%)$

$180=0.6x+120$

$0.6x=60$

$x=100$

答：加入盐的质量为 100 克。

4 有浓度为 30%的糖水 300 克，如果再加入若干克糖，糖水浓度就变成 75%，求加入糖的质量为多少克？

解法一：算术解题法

采用推荐计算方法：

加糖后糖水质量=原糖水质量×(1-原糖水浓度)÷(1-加糖后糖水浓度)。

加糖后糖水质量=300×(1-30%)÷(1-75%)=210÷25%=840(克)

加糖量：840-300=540(克)

验算：(540+300×30%)÷(300+540)=75% 符合题意

答：加入糖的质量为 540 克。

解法二：列方程解题法

设加入糖 x 克，依照糖水前后含水量不变的关系来列方程：

$300\times(1-30\%)=(x+300)\times(1-75\%)$

$210=0.25x+75$

$0.25x=135$

$x=540$

答：加入糖的质量为 540 克。

5 有浓度为 30%的盐水若干克，如果再加入 100 克水，盐水浓度就变成 20%，求原盐水质量为多少克？如果要将这些 20%浓度的盐水全部变成浓度为 80%的盐水，又需要在这里面加入多少克盐？

采用推荐的在盐水中加水的计算方法来求得题目前半部分的答案：

解法一：算术解题法

原盐水质量=加水量×加水后盐水浓度÷(原盐水浓度-加水后盐水浓度)。

原盐水质量=100×20%÷(30%-20%)=20÷10%=200(克)

加 100 克水后，盐水溶液=200+100=300(克)

验算：前后盐水的含盐量相等：200×30%=(200+100)×20%=60(克) 符合题意

答：原盐水质量是 200 克。

解法二：列方程解题法

设原盐水为 x 克，根据盐水前后含盐量相同可列方程：

$30\%\times x=(x+100)\times 20\%$

$0.3x=0.2x+20$

$0.1x=20$

$x=200$

答：原盐水质量是 200 克。

采用推荐的在盐水中加盐的计算方法来求得题目后半部分的答案：

解法一：算术解题法

加盐后盐水质量=原盐水质量×(1-原盐水浓度)÷(1-加盐后盐水浓度)。

加盐后盐水质量=300×(1-20%)÷(1-80%)=240÷20%=1 200(克)

新加入的盐量：1 200-300=900(克)

验算：(300×20%+900)÷1 200=80% 符合题意

答：需要加入 900 克盐。

解法二：列方程解题法

设需要加盐 a 克，依盐水加盐后的浓度可列方程：

$(300\times 20\%+a)\div(300+a)=80\%$

$60+a=240+0.8a$

$0.2a=180$

$a=900$

答：需要加入 900 克盐。

6 有浓度为 36%的盐水 200 克，要配制浓度为 28%盐水，求需要加入 12%的盐水多少克？

解法一：算术解题法

采用推荐计算方法（加入低浓度溶液，使原溶液浓度降低）：

参与配制溶液质量=原溶液质量×（原溶液浓度-配制后溶液浓度）÷（配制后溶液浓度-参与配制溶液浓度）。

12%盐水质量=200×（36%-28%）÷（28%-12%）=16÷16%=100（克）

验算：（200×36%+100×12%）÷300=28% 符合题意

答：需要加入12%的盐水100克。

解法二：列方程解题法

设加入浓度为12%的盐水x克，依照配制后浓度列方程：

$(200\times36\%+x\times12\%)\div(200+x)=28\%$

$72+0.12x=56+0.28x$

$0.16x=16$

$x=100$

答：需要加入12%的盐水100克。

7 有浓度为65%的盐水300克，要配制浓度为35%盐水，求需要加入10%的盐水多少克？

解法一：算术解题法

采用推荐计算方法：

参与配制溶液质量=原溶液质量×（原溶液浓度-配制后溶液浓度）÷（配制后溶液浓度-参与配制溶液浓度）。

10%盐水质量=300×（65%-35%）÷（35%-10%）=90÷25%=360（克）

验算：（300×65%+360×10%）÷（300+360）=35% 符合题意

答：需要加入10%的盐水360克。

解法二：列方程解题法

设需要加入10%的盐水x克，依照配制后浓度列方程：

$(300\times65\%+x\times10\%)\div(300+x)=35\%$

$195+0.1x=105+0.35x$

$0.25x=90$

$x=360$

答：需要加入 10%的盐水 360 克。

8 有浓度为 30%的盐水 300 克，要配制浓度为 35%盐水，求需要加入 50%的盐水多少克？

解法一：算术解题法

采用推荐计算方法(加入高浓度溶液，使原溶液浓度升高)：

参与配制溶液质量=原溶液质量×(配制后溶液浓度-原溶液浓度)÷(参与配制溶液浓度-配制后溶液浓度)。

50%盐水质量=300×(35%-30%)÷(50%-35%)= 15÷15%=100(克)

验算：(300×30%+100×50%)÷400=35% 符合题意

答：需要加入 50%的盐水 100 克。

解法二：列方程解题法

设加入浓度为 50%的盐水 x 克，依照配制后溶液浓度列方程：

$(300\times30\%+x\times50\%)\div(300+x)=35\%$

$90+0.5x=105+0.35x$

$0.15x=15$

$x=100$

答：需要加入 50%的盐水 100 克。

9 有浓度为 30%的盐水 100 克，要配制浓度为 60%盐水，求需要加入 85%的盐水多少克？

解法一：算术解题法

采用推荐计算方法：

参与配制溶液质量=原溶液质量×(配制后溶液浓度-原溶液浓度)÷(参与配制溶液浓度-配制后溶液浓度)。

85%盐水质量=100×(60%-30%)÷(85%-60%)= 30÷25%=120(克)

验算：(100×30%+120×85%)÷(100+120)= 60% 符合题意

答：需要加入 85%的盐水 120 克。

解法二：列方程解题法

设加入浓度为85%的盐水 x 克，依照配制后溶液浓度列方程：

$(100\times30\%+x\times85\%)\div(100+x)=60\%$

$30+0.85x=60+0.6x$

$0.25x=30$

$x=120$

答：需要加入85%的盐水120克。

10 用浓度为30%跟18%的酒精溶液混合后，配制成浓度为25.2%的酒精溶液500克，求需要浓度为30%跟18%的酒精溶液各多少克？

【解题思路】 这道题目只能从已知的混合溶液中，先计算出酒精含量 $500\times25.2\%=126$（克）来，这126克酒精是从两种不同浓度的酒精溶液里过来的，现在就是要求出它们各自有多少克酒精进入到混合溶液中。这道题目跟鸡、兔同笼问题相似，就可以借用那种解题方法。

假设这500克混合酒精溶液全是浓度为30%的酒精溶液，那么它的酒精含量是 $500\times30\%=150$（克），比实际含量多 $150-126=24$（克），这是因为将浓度为18%的酒精溶液当成浓度为30%的酒精溶液来计算的，就好比将2只脚的鸡当成4只脚的兔来计算是一样的；这样就容易理解了，用 $24\div(30\%-18\%)=200$（克），说明混合溶液中有200克浓度为18%的酒精溶液。

可列式计算：

解法一：算术解题法

500克浓度为25.2%酒精溶液的酒精含量：$500\times25.2\%=126$（克）

假设500克全是浓度为30%的酒精溶液，则酒精含量：$500\times30\%=150$（克）

加入浓度为18%酒精溶液：$(150-126)\div(30\%-18\%)=200$（克）

加入浓度为30%酒精溶液：$500-200=300$（克）

验算：$300\times30\%+200\times18\%=500\times25.2\%=126$（克）符合题意

答：需要浓度为30%跟18%的酒精溶液分别为300克与200克。

解法二：列方程解题法

设需要浓度为30%的酒精溶液 x 克，则需要浓度为18%的酒精溶液 $(500-x)$ 克。依酒精含量前后相等列方程：

$x\times30\%+(500-x)\times18\%=500\times25.2\%$

$0.3x+90-0.18x=126$

$0.12x=36$

$x=300$

浓度为 18%的酒精溶液：500−300＝200(克)

答：需要浓度为 30%跟 18%的酒精溶液分别为 300 克与 200 克。

11 在浓度为 22%的糖水中，加入 10 克糖以后，糖水的浓度为 32%，求原有糖水多少克？

【解题思路】这道题目的已知条件，在原糖水中加入 10 克糖以后，糖水的浓度为 32%；这 10 克糖，加进去以后，它也变成了 32%的糖水；先将这 10 克糖水单独拿出来分析，这 10 克糖水的含糖量是 10×32%＝3.2(克)，可以这样理解，就是这 10 克糖水中留下了自身 3.2 克的糖，从原糖水中要了 6.8 克水过来，这 10 克糖实际上只给了 6.8 克糖加入原糖水中；那么这 6.8 克糖就比较关键了，由于这 6.8 克糖加入原糖水中(原糖水中加入 10 克糖，现在拿了 10 克糖水出来，说明原糖水的质量没变)，使糖水浓度升高了 10%，说明这 6.8 克糖占原糖水的 10%，那么原糖水就是 6.8÷10%＝68(克)。

可列式计算：

解法一：算术解题法

(10−10×32%)÷(32%−22%)＝68(克)

验算：(68×22%+10)÷(68+10)＝32% 符合题意

答：原有糖水为 68 克。

解法二：列方程解题法

假设原糖水为 x 克，依糖水前后含糖量的关系列方程：

$x\times22\%+10=(x+10)\times32\%$

$0.22x+10=0.32x+3.2$

$0.1x=6.8$

$x=68$

答：原有糖水为 68 克。

12 甲、乙两个玻璃缸里分别装有糖水 300 克跟 200 克，其浓度比为 3∶1。在乙缸里加入200克水以后，将乙缸的糖水倒一部分进甲缸，再在两玻璃缸里加水，使它们都为500克，这时甲、乙两缸糖水的浓度比为19∶3，求乙缸倒进甲缸的糖水有多少克？

【解题思路】这道题目是相当复杂的，但是可以用一种通俗易懂的方法来求解。

假设甲缸糖水的浓度为30%，那么它含糖300×30%＝90(克)；这时乙缸糖水的浓度应为10%，那么它含糖200×10%＝20(克)，则甲、乙两缸共含糖90+20＝110(克)，这110克糖在两缸里不会变化，只是在哪只缸里的问题；乙缸里加入等量的200克水以后，乙缸的糖水浓度由10%变为5%。

再来看第二个已知条件，它们都为500克，这时甲、乙两缸糖水的浓度比为19∶3；那么甲缸里含糖500×19%＝95(克)，比原来增加了5克，乙缸里含糖500×3%＝15(克)，比原来减少了5克，由此可知，从乙缸往甲缸倒糖水时，有20−15＝5(克)糖进入了甲缸；现在分析到这里问题就明确了，就是要计算出这5克糖在乙缸第一次加水后，对应的糖水是多少就行了；前面已经假设乙缸原糖水溶液的浓度是10%，在加入等量的200克水以后，它的糖水浓度就是5%，那么，这种5%的糖水溶液里，多少克的糖水溶液里面有5克糖呢？这里用5克糖除以糖水浓度就行了，5÷5%＝100(克)，这100克就是题目中要求的从乙缸倒入甲缸的糖水。

这道题目无论假设两缸糖水的浓度是多少，只要甲缸糖水的浓度是乙缸糖水浓度的3倍，再按照题目中的要求来操作，最后结果都是从乙缸倒进甲缸的糖水为100克。

可列式计算：

假设甲缸的糖水浓度为30%，那么它含糖：300×30%＝90(克)

乙缸的糖水浓度为10%，那么它含糖：200×10%＝20(克)

乙缸加200克水后糖水浓度：20÷(200+200)＝5%

甲、乙两缸里共含糖：90+20＝110(克)

最后两缸浓度比为：19∶3

则甲缸含糖：500×19%＝95(克)

乙缸含糖：500×3%＝15(克)

乙缸倒进甲缸的糖：$20-15=5$(克)

乙缸倒进甲缸的糖水：$5\div5\%=100$(克)

答：乙缸倒进甲缸的糖水是 100 克。

13 现有浓度为 12%的盐水 100 克，要想把它制成浓度为 20%的盐水，你能运用两种方法吗？且求出两种方法的计算结果来。

【解题思路】这两种方法是容易理解的。一种是加热将原有水分蒸发一部分，使原有溶液的浓度增加；另一种方法是直接加盐，使原有溶液的浓度增加。

解法一(蒸发水分)：算术解题法

原 100 克盐水中有盐：$100\times12\%=12$(克)

因为这 12 克盐在新盐水中占 20%，所以新盐水为 $12\div20\%=60$(克)

需要蒸发水分：$100-60=40$(克)

答需要蒸发水分 40 克。

解法二(蒸发水分)：列方程解题法

设需要蒸发水 x 克，则依题意可列方程：

$12\div(100-x)=20\div100$

$120=200-2x$

$2x=80$

$x=40$

答：需要蒸发水分 40 克。

解法二(直接加盐)：算术解题法

原 100 克盐水中有水：$100\times(1-12\%)=88$(克)

因为这 88 克水在新盐水中占 80%，所以新盐水为 $88\div80\%=110$(克)

需要加盐：$110-100=10$(克)

答：需要加 10 克盐。

解法二(直接加盐)：列方程解题法

设需要加盐 x 克，则依题意可列方程：

$(100\times12\%+x)\div(100+x)=20\div100$

$120+10x=200+2x$

$8x=80$

$x=10$

答：需要加盐10克。

14 有甲、乙、丙三个缸里分别装着1 200克、600克与200克盐水。已知甲缸里盐水浓度为30%，乙缸里盐水浓度是丙缸盐水浓度的3倍，三缸盐水混合在一起的浓度为23%，求乙缸跟丙缸里原来的盐水浓度是多少？

【解题思路】这里第一个已知条件只知道各缸盐水的重量，暂时无法计算别的相关数字，先放一下；第二个已知条件是甲缸里盐水浓度为30%，可以求出甲缸盐水中的含盐量是1 200×30%=360(克)；从第三个已知条件可以求出三个缸里的含盐总量是(1 200+600+200)×23%=460(克)；那么乙、丙两缸的含盐总量是460−360=100(克)，又已知乙缸盐水浓度是丙缸的3倍，就是说，乙缸100克盐水的含盐量相当于丙缸300克盐水的含盐量，这600克就相当于600×3=1 800克丙缸同浓度的盐水，这样就可以求出丙缸的盐水浓度是100÷(1 800+200)=5%；那么乙缸的盐水浓度就是3×5%=15%，到这里问题就解决了。

可列式计算：

解法一：算术解题法

甲缸盐水中的含盐量：1 200×30%=360(克)

三缸盐水里的含盐总量：(1 200+600+200)×23%=460(克)

乙、丙两缸盐水的含盐总量：460−360=100(克)

乙缸600克盐水换算成丙缸同浓度的盐水：600×3=1 800克

丙缸的盐水浓度：100÷(1 800+200)=5%

乙缸的盐水浓度：3×5%=15%

验算：三缸盐水总盐量：1 200×30%+600×15%+200×5%=460(克) 符合题意

答：乙缸盐水浓度是15%，丙缸盐水浓度是5%。

解法二：列方程解题法

设丙缸盐水浓度为$x\%$，则乙缸盐水浓度为$3x\%$，依题意可列方程：

$(1\,200\times30\%+600\times3x\%+200\times x\%)\div(1\,200+600+200)=23\%$

$(360+18x+2x)\div2\,000=23\%$

$360+20x=460$

$20x=100$

$x=5$

$3x=3\times5=15$

答：乙缸盐水浓度是15%，丙缸盐水浓度是5%。

15 某实验室需要将酒精浓度分别为30%跟20%的酒精溶液混合后，配制成28%的酒精溶液250克，求需要这两种浓度的酒精溶液各多少克？

【解题思路】这道题目知道了两种酒精的浓度，还知道了混合后的浓度跟重量，这也是一道鸡、兔同笼问题，可以用这种方法来解题。250克混合溶液共有酒精：250×28%＝70(克)，假设250克酒精混合溶液全是浓度为30%的酒精溶液，则有酒精：250×30%＝75(克)；为什么多75－70＝5(克)酒精呢，是因为把浓度为20%的酒精溶液当成30%计算的；由此可知，混合溶液中有浓度为20%的酒精溶液5÷(30%－20%)＝50(克)；现在知道了一种溶液的重量，求另外一种溶液就容易了。

可列式计算：

解法一：算术解题法

250克混合酒精溶液共含酒精：250×28%＝70(克)

假设250克酒精混合溶液全是浓度为30%的酒精溶液含酒精：250×30%＝75(克)

比实有酒精含量多：75－70＝5(克)

浓度为20%的酒精溶液质量：5÷(30%－20%)＝50(克)

浓度为30%的酒精溶液质量：250－50＝200(克)

验算：(200×30%＋50×20%)÷250＝28% 符合题意

答：需要浓度为30%跟20%的酒精溶液分别是200克与50克。

解法二：列方程解题法

设需要浓度为30%的酒精溶液 x 克，则浓度为20%的酒精溶液为$(250-x)$克。依酒精量始终相等列方程：

$x\times30\%+20\%(250-x)=250\times28\%$

$0.3x+50-0.2x=70$

$0.1x=20$

$x=200$

20%的酒精溶液质量为：250−200=50(克)

答：需要浓度为30%跟20%的酒精溶液分别是200克与50克。

16 甲、乙、丙三缸盐水的浓度分别为28%、32%跟14.5%，三缸盐水质量共300克，其中乙、丙两缸的质量和是甲缸的$\frac{1}{2}$，三缸盐水混合后的浓度是27%，求乙缸盐水质量是多少克？

【解题思路】这道题目需要一步一步地分析与计算。先求出甲缸盐水质量跟乙、丙两缸盐水质量和来，甲缸盐水质量 $300\div(1+\frac{1}{2})=200$(克)，乙、丙两缸盐水的质量和是100克；现在来分析含盐量，三缸盐水共含盐 300×27%=81(克)，甲缸盐水含盐200×28%=56(克)，那么乙、丙两缸盐水共含盐81−56=25(克)；到这里要求出乙、丙两缸盐水各自的质量来，又需要用到鸡、兔同笼问题的解题方法，假设这100克盐水全是丙缸的，则含盐量为100×14.5%=14.5(克)，比实际少25−14.5=10.5(克)，这是因为将浓度为32%的乙缸盐水当做浓度为14.5%的丙缸盐水来计算的，到这里就能计算出乙缸盐水质量是10.5÷(32%−14.5%)=60(克)。

可列式计算：

解法一：算术解题法

甲缸盐水质量：$300\div(1+\frac{1}{2})=200$(克)

乙、丙两缸盐水质量和：300−200=100(克)

三缸盐水共含盐：300×27%=81(克)

甲缸盐水含盐：200×28%=56(克)

乙、丙两缸盐水共含盐：81−56=25(克)

假设乙、丙两缸全是丙缸盐水浓度，则含盐：100×14.5%=14.5(克)

比实际数量少：25−14.5=10.5(克)，

乙缸盐水质量：10.5÷(32%−14.5%)=60(克)

验算：200×28%+60×32%+40×14.5%=300×27%=81(克) 符合题意

答：乙缸盐水质量是 60 克。

解法二：列方程解题法

此题要先减去甲缸盐水的已知数字，再在乙、丙两缸盐水之间利用含盐量相等来列方程。

乙、丙两缸盐水质量和：$300-300\div(1+\frac{1}{2})=100$（克）

乙、丙两缸盐水含盐量为：$300\times27\%-200\times28\%=25$（克）。

设乙缸盐水质量为 x 克，则丙缸盐水质量为 $(100-x)$ 克，依含盐量前后不变列方程：

$x\times32\%+(100-x)\times14.5\%=25$

$0.32x+14.5-0.145x=25$

$0.175x=10.5$

$x=60$

答：乙缸盐水质量是 60 克。

17 有甲、乙两个玻璃缸，甲缸装着 300 克浓度为 6%的糖水，乙缸装着 200 克浓度为 20%糖水。现在要求只能用两缸的糖水相互调剂，调剂后两缸糖水的浓度要相同，求甲、乙两缸需要互换的糖水是多少克？

【解题思路】这道题目最后要求两缸的糖水浓度相同，其实就是这两缸全部溶液混在一起的浓度。有读者也许会想，把这两缸的溶液先倒进一个大缸里，然后按原有重量分好不就成了吗？这样做可以使两缸溶液的浓度相同，但是不知道交换了多少重量，所以，只能寻找正确的解题方法。

先分别求出两缸糖水的含糖量来，甲缸含糖 $300\times6\%=18$（克），乙缸含糖 $200\times20\%=40$（克）；再求两缸糖水的平均浓度 $(18+40)\div(300+200)=11.6\%$；有了平均浓度，就可以求出甲缸最后的含糖量是 $300\times11.6\%=34.8$（克），它原有糖 18 克，现在从乙缸换了 $34.8-18=16.8$ 克糖过来；这里以 10 克互换一次来计算，甲缸每 10 克糖水含糖 $10\times6\%=0.6$ 克，乙缸每 10 克糖水含糖 $10\times20\%=2$（克），有了这两个数据，就可以知道，甲、乙两缸每互换一次 10 克的糖水（这里是假设互换法，只能用别的容器装着，先放在外面，不能倒进甲、乙缸里，否则两缸里的浓度就提前变化了），甲缸里就会增加糖 $2-0.6=1.4$（克），因为甲缸最后从乙缸互换了 16.8 克糖过来，用 16.8÷1.4=12(次)，说明甲、乙两缸互换了糖水 10×12=120(克)后，两缸糖水的浓度相同。加进来上述分析可通俗易懂一点，其实可以根据甲、乙两缸糖水含糖量的差别，直接求出 16.8÷(20%-6%)=120(克)就可以了。

可列式计算：

解法一：算术解题法

甲缸糖水含糖：300×6%=18(克)

乙缸糖水含糖：200×20%=40(克)

两缸糖水的平均浓度(18+40)÷(300+200)=11.6%

甲缸最后含糖量：300×11.6%=34.8(克)，

甲缸需要从乙缸交换过来的糖量：34.8-18=16.8(克)

甲、乙两缸需互换糖水：16.8÷(20%-6%)=120(克)

验算：

互换后甲缸糖水浓度：(180×6%+120×20%)÷300=11.6%

互换后乙缸糖水浓度(80×20%+120×6%)÷200=11.6% 符合题意

答：甲、乙两缸需要互换的糖水是 120 克。

解法二：列方程解题法

设甲、乙两缸互换了 x 克糖水后浓度相同，依题意可列方程：

$[(300-x)\times6\%+x\times20\%]\div300=[(200-x)\times20\%+x\times6\%]\div200$

$36+0.28x=120-0.42x$

$0.7x=84$

$x=120$

答：甲、乙两缸互换了 120 克糖水。

18 甲缸有浓度为 5%的酒精溶液 200 克，乙缸里有浓度为 8%的酒精溶液若干克，从乙缸中取 50 克溶液倒入甲缸，之后往乙缸中加水，在加入一定水量后，乙缸的酒精浓度跟甲缸的酒精浓度相同，且酒精溶液的质量是甲缸的 2 倍，求乙缸需要加水多少克？

【解题思路】题目中第一个已知条件有具体数字，可以从这里入手，先计算出甲缸混合后的酒精浓度跟酒精含量来，酒精含量为 200×5%+50×8%=14

（克），酒精浓度为 14÷(200+50)＝5.6%；知道了这两个数字后，就可以进行下一步的分析计算了；后来乙缸里酒精溶液质量是甲缸的 2 倍，就是 250×2＝500（克），还有浓度相同，那么酒精含量也应该是甲缸的 2 倍，就是 14×2＝28（克）；说明乙缸在倒出 50 克溶液后，剩下的溶液里还含有 28 克酒精，已知乙缸原有的酒精浓度是 8%，就可以求出乙缸在倒出 50 克后且没有加水前，它的溶液质量是 28÷8%＝350（克）。到这里就能求出答案来了。

解法一：算术解题法

甲缸混合后酒精溶液质量：200+50＝250（克）

甲缸混合后酒精含量：200×5%+50×8%＝14（克）

甲缸混合后酒精浓度：14÷(200+50)＝5.6%

后来乙缸的酒精浓度跟甲缸的酒精浓度相同，且酒精溶液质量是甲缸的 2 倍，则乙缸有酒精溶液 250×2＝500（克），有酒精含量：14×2＝28（克）

乙缸倒出 50 克溶液后且没有加水前的溶液质量：14×2÷8%＝350（克）

乙缸需要加水：250×2−350＝150（克）

验算：14×2÷(350+150)＝5.6% 符合题意

答：乙缸需要加水 150 克。

解法二：列方程解题法

甲缸混合后酒精溶液质量：200+50＝250（克）

甲缸混合后酒精含量：200×5%+50×8%＝14（克）

甲缸混合后酒精浓度：14÷(200+50)＝5.6%

设乙缸需要加水 x 克，依甲、乙两缸最后溶液相等可列方程：

$x+(14\times2\div8\%)=250\times2$

$x+350=500$

$x=150$

答：乙缸需要加水 150 克。

19 甲缸里有水 12 杯，乙缸里有浓度为 100% 的纯酒精 7 杯，先将乙缸里纯酒精的一部分倒入甲缸进行混合后，再将甲缸混合溶液的一部分倒入乙缸，这时甲缸里酒精溶液的浓度为 20%，乙缸的酒精浓度为 60%，求从甲缸倒入乙缸的混合酒精溶液有多少杯？

【解题思路】这道题甲缸跟乙缸只互换了两次，并不复杂，不过，这里只能从两缸最后的浓度倒着往回分析，才能寻找到问题的答案。先看甲缸里酒精溶液的浓度为20%，是如何配制出来的，甲缸里原来全是水，现在酒精浓度为20%，说明酒精只占溶液的$\frac{1}{5}$，这里计量是以杯为单位的，就可以确定，这20%的浓度是由4杯水跟一杯100%的纯酒精混合而成的；甲缸里原有水12杯，肯定要按4杯水跟1杯纯酒精的比例来混合，将甲缸里的水全部混合完成，才能变为20%的酒精溶液，到这里可以确定，乙缸里是倒了3杯纯酒精到甲缸，还剩下4杯；现在来看乙缸了，乙缸里最后的酒精浓度为60%，剩下那4杯的酒精浓度为100%，甲缸里的酒精浓度为20%，可以发现，如果这里按1杯跟1杯的比例来混合的话，$(100\%+20\%)\div2=60\%$，正好是60%的浓度，这说明从甲缸倒入乙缸的混合酒精溶液是4杯。这道题目分析到这里可以直接回答，不用再列算式了。

20 甲、乙、丙三个玻璃杯分别装有100克、300克跟500克水。现在将一定浓度的糖水溶液100克先倒入甲杯里，混合后又取出100克倒入乙杯里，混合后又取出100克倒入丙杯里。这时测得丙杯里的糖水浓度为1%，求混合前这100克糖水的浓度是多少？

【解题思路】这道题目其实就是将糖水溶液不断稀释的过程，只要经过细心的计算，就会得出正确的答案来。不管事前这糖水的浓度是多少，只要在100克的溶液里加入100克的水，那么它的浓度就是原来的$\frac{1}{2}$；再在取出的100克溶液里加入300克水，就成了原有浓度的$\frac{1}{2}\times\frac{1}{4}=\frac{1}{8}$；再在取出的100克溶液里加入500克水的话，就成了原有浓度的$\frac{1}{8}\times\frac{1}{6}=\frac{1}{48}$。最后测得糖水浓度为1%，依次倒算回去就行了。

可列式计算：

$1\%\times6\times4\times2=48\%$

答：原来那100克糖水的浓度为48%。

21 将甲、乙、丙三种浓度分别为 30%、22%跟 20%的盐水混合在一起后，得到浓度为 26.5%的盐水 200 千克。其中浓度为 22%的乙种盐水比浓度为 20%的丙种盐水多 20 千克，求甲、乙、丙这三种盐水各有多少千克？

【解题思路】这道题目可以先求出混合溶液的含盐量来，200×26.5%=53(千克)；已知条件还说，其中浓度为 22%的乙种盐水比浓度为 20%的丙种盐水多 20 千克，三种盐水在一起，难以进行某些运算，那么就想办法把不可比的数字变成可比的数字才可以；在混合盐水中，先假设把乙种盐水多的这 20 千克拿出来，这样乙、丙两种盐水就一样多，等量的盐水混在一起，它们的浓度就是它们的平均数，如果把乙、丙两种盐水看成是浓度相同的盐水时，它俩的浓度就是(22%+20%)÷2=21%；这样一变动，就等同于混合盐水中只有甲种盐水跟浓度为 21%的这两种盐水了，是这两种盐水组成了 200−20=180(千克)的混合盐水；再把 200 千克混合盐水的含盐量 53−20×22%=48.6(千克)，这 48.6 千克就是这 180 千克混合盐水的含盐量。到这里就可以运用鸡、兔同笼的方法来解题了。

假设这 180 千克的混合盐水全部是甲种盐水，那么含盐量是 180×30%=54(千克)，比实有量多 54−48.6=5.4(千克)，这是把浓度为 21%的盐水当成浓度为 30%的盐水来计算的假设性结果，可以求出浓度为 21%的盐水是 5.4÷(30%−21%)=60(千克)。

解法一：算术解题法

混合盐水总含盐量：200×26.5%=53(千克)

减去 20 千克乙种盐水后的含盐量：53−20×22%=48.6(千克)

乙、丙两种盐水质量相等时的平均浓度：(22%+20%)÷2=21%

假设这 180 千克的混合盐水全部是甲种盐水的含盐量：180×30%=54(千克)

比实有含盐量多：54−48.6=5.4(千克)

假设后，乙、丙两盐水质量和：(54−48.6)÷(30%−21%)=60(千克)

丙种盐水质量：60÷2=30(千克)

乙种盐水质量：30+20=50(千克)

甲种盐水质量：200−50−30=120(千克)

验算：120×30%+50×22%+30×20%=200×26.5%=53(千克) 符合题意

答：甲、乙、丙这三种盐水分别是120千克、50千克跟30千克。

解法二：列方程解题法

设丙种盐水为x千克，则乙种盐水为$(x+20)$千克，甲种盐水为$(180-2x)$千克。依混合前、后含盐量相等可列方程：

$(180-2x)\times30\%+(x+20)\times22\%+x\times20\%=200\times25.6\%$

$54-0.6x+0.22x+4.4+0.2x=53$

$0.18x=5.4$

$x=30$

丙种盐水质量：30(千克)

乙种盐水质量：30+20=50(千克)

甲种盐水质量：200−50−30=120(千克)

答：甲、乙、丙这三种盐水分别是120千克、50千克跟30千克。

22 将甲、乙、丙三种浓度分别为15%、6%跟20%的糖水溶液混合起来，得到浓度为16%的糖水600克。其中浓度为15%的甲种糖水溶液是浓度为6%的乙种糖水溶液质量的2倍，求甲、乙、丙三种糖水在混合溶液中各占多少克？

【解题思路】 这道题目跟前面的题目是类似的，只是这里溶液的多少是倍数关系而已。题目告诉了混合糖水的浓度跟重量，那么就先求出它的含糖量来，600×16%=96(克)；已知条件还说，其中浓度为15%的甲种糖水是浓度为6%的乙种糖水质量的2倍，三种糖水在一起，难以进行某些运算，那么就想办法把不可比的数字变成可比的数字才可以；在混合糖水中，先把200克甲种糖水跟100克乙种糖水混合在一起，它们的浓度就变成(200×15%+100×6%)÷300=12%；这样一变动，就等于混合糖水中只有丙种糖水跟浓度为12%的这两种糖水了，到这里就可以运用鸡、兔同笼的方法来解题。

假设这600克的混合糖水全部是丙种糖水，那么含糖量是600×20%=120(克)，比实有含糖量多120−96=24(克)，这是把浓度为12%的糖水当成浓度为20%的糖水来计算的假设性结果，可以求出浓度为12%的糖水是24÷(20%−12%)=300(克)。

解法一：算术解题法

混合糖水总含糖量：600×16%=96(克)

假设混合糖水全是丙种溶液的含糖量：600×20%=120(克)

甲、乙两种溶液的平均浓度：(200×15%+100×6%)÷300=12%

甲、乙两种糖水的质量和：(120-96)÷(20%-12%)=300(克)

甲种糖水质量：$300\div(1+\frac{1}{2})=200$(克)

乙种糖水质量：300-200=100(克)

丙种糖水质量：600-200-100=300(克)

验算：200×15%+100×6%+300×20%=600×16%=96(克) 符合题意

答：在混合溶液中，甲、乙、丙这三种糖水分别是 200 克、100 克跟 300 克。

解法二：列方程解题法

设乙种糖水为 x 克，则甲种糖水为 $2x$ 克，丙种糖水为 $(600-3x)$ 克。依混合前、后含糖量相等可列方程：

$2x\times15\%+x\times6\%+(600-3x)\times20\%=600\times16\%$

$0.3x+0.06x+120-0.6x=96$

$0.24x=24$

$x=100$

甲种糖水质量：100×2=200(克)

乙种糖水质量：100×1=100(克)

丙种糖水质量：600-200-100=300(克)

答：在混合液中，甲、乙、丙这三种糖水分别是 200 克、100 克跟 300 克。

23 奶奶用杯子装着浓度为 30%的糖水 1 000 克放在桌上，突然被两个孙子碰倒后，糖水倒出了一部分；他俩怕奶奶发现，于是，大孙子找来一小瓶 18%的糖水加进去，小孙子直接把冷开水加进去，加到原糖水质量的 80%才停下来，已知小孙子加的水量是大孙子加的糖水质量的 2 倍；后来测试出这杯混合糖水的浓度为 21%，求大孙子加进去的糖水是多少克？

【解题思路】这道题目初看起来有一定的难度，只能跟着题目中的已知条件一步一步地分析下去。1 000 克糖水倒掉一些不知剩下多少克，再加到原糖水质量的 80%就是 800 克；这 800 克混合溶液里有水跟两种不同浓度的糖水，直接计算是行不通的，不过，根据大、小孙子加入量的倍数关系，想办法将这些水跟糖水当成一种溶液来计算浓度就行了，假设大孙子加入的糖水是100克，那么小孙子加入的水就是200克，它们的混合浓度就是$100\times18\%\div(100+200)=6\%$；这样一来，杯子里又变成两种不同浓度糖水的混合溶液，又可以用鸡、兔同笼的方法来解题了。

解法一：算术解题法

800克混合糖水的含糖量：$800\times21\%=168$（克）

两孙子加入水跟糖水的混合溶液平均浓度：是$100\times18\%\div(100+200)=6\%$

假设全是30%糖水的含糖量：$800\times30\%=240$（克）

后加入的水跟糖水的质量和：$(240-168)\div(30\%-6\%)=300$（克）

大孙子加入的糖水质量：$300\div(2+1)=100$（克）

答：大孙子后来加入的糖水质量是100克。

解法二：列方程解题法

设大孙子加入的糖水质量为x克，则小孙子加入的水量为$2x$克，杯中剩下糖水质量为$(800-3x)$克，依含糖量前后相同可列方程：

$(800-3x)\times30\%+x\times18\%=800\times21\%$（$2x$克水量不含糖，故不列入算式）

$240-0.9x+0.18x=168$

$0.72x=72$

$x=100$

答：大孙子后来加入的糖水质量是100克。

第17讲　见识方程好开心

什么叫方程？方程就是含有未知数的等式。

在解答数学应用题时，往往将要求的未知数设为 x 跟 y 或者别的字母，然后再根据此未知数与题目中其他数字的关系列出一个方程来，最后求出 x 跟 y 的具体数字，找出题目的答案，这就是解方程。下面的题型只涉及一元一次方程和二元一次方程组。

1 军军想在商场买几支钢笔，他将口袋里的钱全拿出来才知道，如果买 5 支钢笔就少 2 元，买 4 支钢笔就多 6 元。求每支钢笔的价格是多少元？军军身上一共带了多少元？

【解题思路】 这道题目虽然有两问，但是都比较简单。军军身上带的钱数不会变，钢笔的价格也不会变，可以设每支钢笔的价格是 x 元，再根据军军身上钱数前后不变的关系可列方程，先求出每支钢笔的价格，再根据每支钢笔的价格求出军军身上所带的钱数来。

列方程解答：

设每支钢笔的价格为 x 元，依军军身上钱数前后不变的关系可列方程：

$5x-2=4x+6$

$x=8$

军军身上带的钱：$5\times8-2=38$(元) 或者 $4\times8+6=38$(元)

答：每支钢笔的价格为 8 元，军军身上带了 38 元。

2 某班 50 位同学参加期中考试，其中语文成绩优秀的 28 人，数学成绩优秀的 32 人，两门成绩都优秀的人数是两门成绩都不优秀人数的 3 倍，求两门成绩都不优秀的同学有多少人？

【解题思路】这是一道包含类型的题目，题目中有两项人数没有说出具体数字，无法用算术方法来解答，只好用方程来解。设两门成绩都不优秀的同学为 x 人，则两门成绩都优秀的同学为 $3x$ 人。

列方程解答：

设两门成绩都不优秀的同学为 x 人，则两门成绩都优秀的同学为 $3x$ 人。

用包含类型题目中介绍过的：某班人数＝单科成绩优秀同学人数和－两门成绩都优秀的同学人数和＋两门成绩都不优秀的同学人数和的计算方法来列方程：

$28+32-3x+x=50$

$2x=10$

$x=5$

答：两门成绩都不优秀的同学有 5 人。

3 一些果农要摘两棵苹果树上的苹果，各人工作效率相同且上午跟下午的工作时间相等。大苹果树上的苹果个数是小苹果树上苹果个数的 2 倍，上午大家都在摘大苹果树上的苹果，下午留一半人刚好摘完大苹果树上的苹果；另一半人下午摘小苹果树上的苹果，收工时小苹果树上还剩下一部分苹果，这部分苹果需要 1 人用一天的时间才能摘完。求这次参与摘苹果的果农有多少人？

【解题思路】两棵苹果树上的苹果数量是 2 倍跟 1 倍的关系，设这次采摘的人数为 x 人，再来分析两棵苹果树已完成工作量的情况；这里把一整天做为一个工作日来看待，那么全部人员上午在大苹果树上摘，完成的工作量就是 $\frac{x}{2}$，下午各有一半人员在两棵苹果树上摘，说明两棵苹果树上各完成的工作量为 $\frac{x}{2}\times\frac{1}{2}=\frac{x}{4}$；小苹果树在完成 $\frac{x}{4}$ 的工作量后，还剩下 1 个工作日的量，到这里，就可以利用采摘大苹果树的工作量是采摘小苹果树工作量 2 倍的关系，列出一个方程来。

列方程解答：

设这次采摘苹果的果农是 x 人，依题意可列方程：

$$\frac{x}{2}+\frac{x}{4}=2(\frac{x}{4}+1)$$

$$\frac{3x}{4}=\frac{2x}{4}+2$$

$$3x-2x=8$$

$$x=8$$

验算：$\left(\frac{8}{2}+\frac{4}{2}\right)\div\left(\frac{4}{2}+1\right)=2$ 倍 符合题意

答：这次采摘苹果的果农是 8 人。

4 一货轮从甲码头驶出，顺水而下，到达乙码头卸货后，继续顺水而下到达丙码头，装货后再逆水返回乙码头，除去装、卸货的时间外，货轮在水上共行驶 8 小时。已知甲、乙两码头相距 110 千米，货轮在静水中的速度是每小时 35 千米，甲、丙码头之间的水流速度是每小时 5 千米，求乙、丙两码头之间的距离是多少千米？

【解题思路】题目中已知货轮在静水中的速度跟水流速度，就可以知道货轮的顺水跟逆水速度。这道题目的关键点还得从时间上想办法，可以设货轮顺水航行为 x 小时，则逆水航行为 $(8-x)$ 小时。这样就能够通过时间跟速度的关系去求出两码头之间的距离来。

列方程解答：

设货轮顺水航行为 x 小时，则逆水航行为 $(8-x)$ 小时。依甲、丙两码头距离相等可列方程：

$$(35+5)\times x=(35-5)\times(8-x)+110$$

$$40x=240-30x+110$$

$$70x=350$$

$$x=5$$

乙、丙码头的距离：$(35+5)\times5-110=90$（千米）

验算：$90\div(35-5)=8-5=3$(小时) 符合题意

答：乙、丙两码头之间的距离是 90 千米。

5 李师傅要加工一批钢管，如果他将工作效率提高 50%，就可以比原计划提前 3 小时完成任务。求李师傅原计划用几小时加工完这批钢管？

【解题思路】 李师傅实际工作效率跟原计划的工作效率之比是$(1+50\%):1=1.5:1$，那么他的工作时间之比就是$1:1.5$；从已知条件可知，他将工作效率提高 50%，就可以比原计划提前 3 小时完成任务；设原计划 x 小时完成任务，就可以依题意列出方程来。

列方程解答：

设李师傅原计划用 x 小时完成任务，则实际用了$(x-3)$小时。依题意列方程：

$1\div1.5=(x-3)\div x$

$x=1.5x-4.5$

$0.5x=4.5$

$x=9$

答：李师傅原计划用 9 小时加工完这批钢管。

6 一棵苹果树，第一天摘下苹果的$\frac{1}{3}$多 4 个，第二天摘下苹果的$\frac{1}{4}$多 5 个，第三天摘下苹果的$\frac{1}{5}$多 6 个，树上还有 11 个苹果，求这棵苹果树上原有苹果多少个？

【解题思路】 这道题目比较简单，因为每天都是摘了树上苹果总数的几分之几，可以将苹果树上原有苹果设为 x 个，再一步一步地减掉就行了。

列方程解答：

设苹果树上原有苹果为 x 个，依题意可列方程：

$x-\left(\frac{x}{3}+4\right)-\left(\frac{x}{4}+5\right)-\left(\frac{x}{5}+6\right)=11$

$\frac{13x}{60}-15=11$

$13x=1\ 560$

$x=120$

答：这棵树上原有苹果 120 个。

7 甲、乙两人在一条笔直的公路上，分别从相距 600 米的东、西两地相向而行，6 分钟后两人相遇时离东地距离相等，相遇后双方继续前行，120 分钟后两人距东地的距离又相等，求这时甲、乙两人离东地多少米？

【解题思路】甲从东往西，乙从西往东，两人第一次相遇时在同一地点，肯定距东地的距离相等；120 分钟后，两人距东地的距离又相等，因为甲一开始就离开东地往西走，他走多远就是离东地多远，乙需要走完从西地到东地的那 600 米距离后，才能开始计算离东地的距离，所以说，在 120 分钟的时间里，乙比甲多走了 600 米；可以设甲、乙每分钟的速度分别为 x 米跟 y 米，就能根据已知条件列出方程来。

列方程解答：

设甲每分钟的速度为 x 米，乙每分钟的速度为 y 米，依题意列方程组：

$$\begin{cases}600-6x=6y\cdots\cdots① \\ 120x+600=120y\cdots\cdots②\end{cases}$$

由①式得 $x=100-y$，代入②式解得

$120(100-y)+600=120y$

$12\ 000-120y+600=120y$

$240y=12\ 600$

$y=52.5$

$x=100-52.5=47.5$

甲 120 分钟后距东地：$47.5\times120=5\ 700$(米)

乙 120 分钟后距东地：$52.5\times120-600=5\ 700$(米)

答：120 分钟后甲、乙两人距东地 5 700 米。

8 一辆小型客车不但送客去县城，也经常帮当地人将农产品带到县城销售。车主规定每人可平价带一定重量的产品，超过部分要加价收费。有甲、乙、丙、丁四人同一天带货 52 千克进城，结果他们四人分别被加价收费 3 元、3

元、4 元跟 2 元；车主算了算，他们如果由一个人带这些货进城的话，就要加收 42 元。求车主规定每人可平价带货的重量是多少千克？每千克加价收费多少元？

【解题思路】这道题目中四人同时带货跟一人带货时，加价收费区别较大，说明有三个人平价带货的重量变成加价带货的重量了；于是，可以设车主规定每个人能平价带货的重量为 x 千克，再根据两次带货的加价数字就可以列出一个方程来。

列方程解答：

设车主规定每个人能平价带货的重量为 x 千克，依超重部分每千克货物收费相等可列方程：

$(3+3+4+2)\div(52-4x)=42\div(52-x)$

$2\ 184-168x=624-12x$

$156x=1\ 560$

$x=10$

每千克加价收费：$12\div(52-10\times4)=1$（元） 或者 $42\div(52-10)=1$（元）

答：车主规定每人可平价带货的重量是 10 千克，超过部分每千克加价收费 1 元。

9 某车间有职工 36 人。如果男职工每人每天加工 5 个零件，女职工每人每天加工 3 个零件，则刚好完成当天任务；如果男、女职工人数互换，则还差 8 个零件才能完成当天任务。求这个车间分别有男、女职工多少人？

【解题思路】题目中的已知条件相当明确，假设男、女职工的人数分别为 x 人跟 $(36-x)$ 人，就可以直接列方程来计算了。

列方程解答：

设男职工的人数为 x 人，则女职工为 $(36-x)$ 人。依互换前后完成零件数可列方程：

$5x+3\times(36-x)=3x+5\times(36-x)+8$

$5x+108-3x=3x+180-5x+8$

$4x=80$

$x=20$

女职工：36-20=16(人)

答：这个车间分别有男、女职工 20 人跟 16 人。

10 甲、乙、丙三人在公园里跑步，甲的速度是乙速度的$\frac{3}{5}$，丙的速度是乙速度的$\frac{2}{3}$；已知丙每分钟比甲快 12 米，求乙每分钟分别比甲跟丙快多少米？

【解题思路】题目中甲、丙跑步的速度都是以乙的速度为标准而定下的分数，在解题时就应该将乙的速度当做单位“1”来看待，这样就便于确定甲、丙的速度。设乙每分钟的速度为 x 米，则甲为$\frac{3x}{5}$米，丙为$\frac{2x}{3}$米，这样就可以根据题意来列方程。

列方程解答：

设乙每分钟的速度为 x 米，则甲为$\frac{3x}{5}$米，丙为$\frac{2x}{3}$米。依丙跟甲的速度差可列方程：

$\frac{2x}{3}-\frac{3x}{5}=12$

$\frac{x}{15}=12$

$x=180$

乙每分钟比甲快：$180-180\times\frac{3}{5}=72$(米)

乙每分钟比丙快：$180-180\times\frac{2}{3}=60$(米)

验算：丙每分钟比甲快：$180\times\frac{2}{3}-180\times\frac{3}{5}=120-108=12$(米) 符合题意

答：乙每分钟分别比甲跟丙快 72 米与 60 米。

11 有一堆红砖，第一天用了全堆的$\frac{2}{7}$，第二天用了 80 块，第三天用了剩下的$\frac{3}{5}$，最后剩下 128 块。求这堆红砖一共有多少块？

【解题思路】 题目中第一天用砖的分数是相对于一整堆红砖来定的，第三天用砖的分数是相对于两天后剩下的数字来定的，这点要注意；如果将全堆红砖设为 x 块，那么第一天用了$\frac{2x}{7}$块红砖，第二天用了 80 块红砖，第三天用了$\left(x-\frac{2x}{7}-80\right)\times\frac{3}{5}$块红砖，再依据三天用的砖加上剩下的砖等于这堆砖总数的关系，列出一个方程来进行解答。

列方程解答：

设这堆红砖为 x 块，依题意可列方程：

$$\frac{2x}{7}+80+\left(x-\frac{2x}{7}-80\right)\times\frac{3}{5}+128=x$$

$$\frac{2x}{7}+80+\frac{3x}{5}-\frac{6x}{35}-48+128=x$$

$$10x+2\ 800+21x-6x+2\ 800=35x$$

$$10x=5\ 600$$

$$x=560$$

答：这堆红砖一共有 560 块。

12 甲、乙两只蜗牛同时从一根木头的下端爬向上端，已知甲蜗牛爬到上端需要 10 分钟，乙蜗牛爬到上端需要 15 分钟。求几分钟后，乙蜗牛剩下的距离是甲蜗牛剩下距离的 2 倍？

【解题思路】 因为两只蜗牛的速度有快有慢，所以爬完同一根木头的时间不一样。可以将这根木头的全长看成是单位“1”，设 x 分钟后，乙蜗牛剩下的距离是甲蜗牛剩下距离的 2 倍；那么这时甲蜗牛剩下的距离为 $1-\frac{x}{10}$，乙蜗牛剩下的距离是 $1-\frac{x}{15}$。可以根据它们剩下的距离列出方程来：

列方程解答：

设 x 分钟后，乙蜗牛剩下的距离是甲蜗牛剩下距离的 2 倍。依题意可列方程：

$1-\frac{x}{15}=2\times\left(1-\frac{x}{10}\right)$

$15-x=30-3x$

$2x=15$

$x=7.5$

验算：

$1-\frac{7.5}{15}=1-\frac{1}{2}=\frac{1}{2}$

$1-\frac{7.5}{10}=1-\frac{3}{4}=\frac{1}{4}$

$\frac{1}{2}\div\frac{1}{4}=2$ 倍 符合题意

答：它俩同时开始爬行 7.5 分钟后，乙蜗牛剩下的距离是甲蜗牛剩下距离的 2 倍。

13 7 个鱼缸里装有数量相等的观赏鱼，从每个鱼缸里拿走 9 条后，这时 7 个鱼缸里剩下的鱼，正好等于原来 4 个鱼缸里面鱼数的和。求原来每个鱼缸里有观赏鱼多少条？

【解题思路】 在这道题目中，可以设原来每个鱼缸里有观赏鱼 x 条，再根据拿走 9 条鱼后，按照已知条件中给出的等量关系，列出一个方程来就能解决问题了。

列方程解答：

设原来每个鱼缸里有观赏鱼 x 条，依题意可列方程：

$7x-9\times7=4x$

$3x=63$

$x=21$

验算：$(21\times7-9\times7)\div4=21$（条） 符合题意

答：原来每个鱼缸里有观赏鱼 21 条。

14 有两缸糖水若干升，甲缸浓度是 80%，乙缸浓度是 50%，两缸糖水混合后浓度是 68%；如果两缸都减少 5 升后再混合，则浓度是 74%。求甲、乙两缸原有糖水各多少升？

【解题思路】这类两种溶液混合的题目，要注意溶质、溶剂跟溶液这三种物质是否发生了变化，是如何变化的；在这道题目中，两种溶液在两次混合时，虽然升数发生了变化，但是每次混合前后的溶质是不变的，是相等的，可以利用这种溶质在混合前后相等的关系来列方程就行了。

列方程解答：

设甲缸糖水原有 x 升，乙缸糖水原有 y 升，依题意可列方程：

$$\begin{cases}80\%\times x+50\%\times y=68\%\times(x+y)\cdots\cdots①\\80\%\times(x-5)+50\%\times(y-5)=74\%\times(x+y-5\times2)\cdots\cdots②\end{cases}$$

①式计算得：$2x=3y$，将 $x=\frac{3y}{2}$代入②式得

$0.15y=0.9$

$y=6$

$x=\frac{3y}{2}=\frac{18}{2}=9$

验算：

$(9\times80\%+6\times50\%)\div(9+6)=10.2\div15=68\%$

$(4\times80\%+1\times50\%)\div(4+1)=3.7\div5=74\%$ 符合题意

答：甲、乙两缸原有糖水分别是 9 升跟 6 升。

15 一年前，哥哥的年龄是弟弟年龄的 6 倍，七年后，哥哥的年龄是弟弟年龄的 2 倍，求今年哥哥跟弟弟的年龄各是多少岁？

【解题思路】题目已知条件中说了一年前跟七年后哥哥跟弟弟年龄的倍数关系，解题时不能将未知数设在今年的年龄，应设在一年前或者七年后这个时间，因为这两个时间里他俩年龄有明确的倍数关系。设弟弟一年前的年龄为 x 岁，则哥哥为 $6x$ 岁，这样就可以列方程解题了。

列方程解答一：

设弟弟 1 年前的年龄为 x 岁，则哥哥为 $6x$ 岁，根据 7 年后哥哥的年龄是弟弟年龄的 2 倍这个已知条件可列方程：

$6x+1+7=2\times(x+1+7)$

$4x=8$

$x=2$

弟弟今年：2+1=3（岁）

哥哥今年：2×6+1=13（岁）

答：哥哥跟弟弟今年分别是 13 岁跟 3 岁。

列方程解答二：

设弟弟 7 年后的年龄为 x 岁，则哥哥为 $2x$ 岁，根据 1 年前哥哥的年龄是弟弟年龄的 6 倍这个已知条件可列方程：

$2x-7-1=6(x-7-1)$

$4x=40$

$x=10$

弟弟今年：10−7=3（岁）

哥哥今年：2×10−7=13（岁）

答：哥哥跟弟弟今年分别是 13 岁跟 3 岁。

16 小新跟小景各带了一些学习卡片。如果小新拿 3 张卡片给小景，小景的卡片就是小新的 3 倍；如果小景拿 7 张卡片给小新，他俩的卡片就相等。求小新跟小景原来各带了多少张学习卡片？

【解题思路】从题目中可以知道，小新跟小景在已知条件中都相互交换过一次卡片，将这道题用二元一次方程来解容易理解一些，设小新原有卡片 x 张，小景原有卡片 y 张，这样就能列方程来解答此题了。

列方程解答一：

设小新原有卡片 x 张，小景原有卡片 y 张。依题意可列方程：

$$\begin{cases}3(x-3)=y+3\cdots\cdots① \\ x+7=y-7\cdots\cdots②\end{cases}$$

由②式得 $x=y-14$，代入①式得

$2y=54$

$y=27$

$x=27-14=13$

答：小新跟小景原来各有学习卡片 13 张跟 27 张。

列方程解答二：

根据小景拿 7 张卡片给小新，他俩的卡片就相等这个已知条件可以确定，小景的学习卡片比小新多 $7\times2=14$(张)。

设小新的学习卡片为 x 张，则小景的学习卡片为 $(x+14)$ 张，依第一个已知条件列方程：

$3(x-3)=x+14+3$

$2x=26$

$x=13$

小景有学习卡片：$13+14=27$(张)

答：小新跟小景原来各有学习卡片 13 张跟 27 张。

17 小陈从县城开车去省城，他出发前计算了一下，如果车速比原计划提高 25%，则可提前 1 小时到达；如果按计划速度行驶 50 千米后，再将速度提高 50%，则可提前 1.25 小时到达。求小陈家所在县城到省城的距离多少千米？

【解题思路】这道题目中的两个已知条件都是提高车速后能节约多少时间，这里要先求出他原计划用的时间来。小陈将车速提高 25%后，跟原计划速度比就是 $1.25:1=5:4$，跟原计划时间比就是 $1:1.25=4:5$；小陈所用时间为原计划的 $\frac{4}{5}$，比原计划节约 $1-\frac{4}{5}=\frac{1}{5}$，已知条件中提前的 1 小时就相当于原计划的 $\frac{1}{5}$，则原计划时间为 $1\div\frac{1}{5}=5$(小时)；现在知道了小陈原计划的时间，再设他原计划的车速为每小时 y 千米，那么县城到省城的距离就是 5y 千米；到这里可根据题目中的第二个已知条件列出方程来。

列方程解答：

设小陈原计划车速每小时为 y 千米。依题意可列方程：

$\frac{50}{y}+(5y-50)\div1.5y=5-1.25$（等式两边同乘以 $1.5y$）

$75+5y-50=5.625y$

$0.625y=25$

$y=40$

县城到省城距离：$40\times5=200$（千米）

验算：

$200\div40-200\div(40\times1.25)=1$（小时）

$5-50\div40-(40\times5-50)\div(40\times1.5)=1.25$（小时） 符合题意

答：小陈家所在县城到省城的距离是 200 千米。

18 明明跟阳阳两人各拿一辆玩具赛车在赛道上玩。明明的车在前，阳阳的车在后，前后间有一段距离。当两人同时启动手中的遥控器后，明明的车只跑了 16 米就被阳阳的车追上了；第二次开始时，阳阳将车速增加 60%，明明的车速不变，结果明明的车只跑了 4 米就被阳阳的车追上了。求明明跟阳阳两人发车时的起点距离是多少米？

【解题思路】这道题目只知道前后两次追上的距离以及阳阳赛车加速的事情，此题很难用算术方法来解它，只好列方程来解答（建议读者尽量用算术方法解题，因为它比方程解题更有益于提升读者的思维能力）。在此题中，可以将前后两点的距离以及两辆遥控车的速度都用未知数来表示，接着就可以根据两辆赛车前后在赛道上时间相等的关系列出一个方程来。

列方程解答：

设前后两发车点的距离为 a 米，阳阳第一次每秒的车速为 x 米，阳阳第二次每秒的车速为 $1.6x$ 米，明明每秒的车速为 y 米。依两次两车在赛道上时间相等的关系可列方程：

$$\begin{cases}(a+16)\div x=16\div y\cdots\cdots①\\(a+4)\div1.6x=4\div y\cdots\cdots②\end{cases}$$

①-②经过计算后得：$x=1.25y$

用 $x=1.25y$ 代入①式得：$4y=ay$，$a=4$

验算：设明明车速为 4（米/秒），则阳阳第一次车速为 5（米/秒），第二次车速为 8（米/秒）。代入方程得：

$(4+16)\div5=16\div4=4$（秒）

$(4+4)\div8=4\div4=1$（秒）

（只要将两车速度按 1∶1.25 去假设，计算结果都是符合题意的）

答：明明跟阳阳两人发车的起点距离是 4 米。

19 玩具箱里一共有红球跟绿球 150 个，如果将红球减少 20%，将绿球增加 30%，玩具箱里的球数不变。求原有红球跟绿球各是多少个？

【解题思路】已知条件说两种球一共是 150 个，经过绿球增加 30%跟红球减少 20%以后，球数没有变化，仍然是 150 个；可以设红球为 x 个，则绿球为 $150-x$ 个，再根据两种球的变化情况，列一个方程来解答此题就行了。

列方程解答：

设红球为 x 个，则绿球为 $(150-x)$ 个。依两次变化后，球数仍然相等的关系列方程：

$x\times(1-20\%)+(150-x)\times(1+30\%)=150$

$0.8x+195-1.3x=150$

$0.5x=45$

$x=90$

绿球 $=150-90=60$（个）

验算：$90\times(1-20\%)+60\times(1+30\%)=72+78=150$（个）符合题意

答：玩具箱里原有红球 90 个，绿球 60 个。

第18讲　奥数难题谁怕谁

除了前面17讲的那些主要题型外，这一讲还要解答了一些其他类型的奥数应用题。

❶ 上体育课时，60名学生面向老师站成一排，然后依次报数，先让报数是3的倍数的同学向前一步；然后让留下来的同学重新报数，报数是5的倍数的同学后退一步；求这时留在原队伍中的学生还有多少人？

【解题思路】 这60名学生，报数时是3的倍数的学生共有60÷3=20(人)，这20人向前一步后，原队伍中只留下40名学生；这40名学生中，重新报数时，是5的倍数的学生有40÷5=8(人)；这8人后退一步后，那么原队伍中还有学生60-20-8=32(人)。

可列式计算：

60-60÷3-(60-20)÷5=32(人)

答：原队伍中还有学生32人。

❷ 兄弟俩比赛爬楼梯，每层楼的台阶级数相等。哥哥爬到5楼时弟弟爬到3楼，按照这样的速度，当哥哥爬到15楼时，弟弟爬到几楼？

【解题思路】 凡是楼房，地面的楼层都叫一楼，一楼是不需要爬楼梯的；题目中哥哥爬到5楼，实际上是爬了4个楼层；同样的道理，弟弟爬到3楼时，只爬了2个楼层；这说明哥哥爬楼的速度是弟弟速度的2倍，所以当哥哥爬到15楼时，他爬了14层楼梯，用14÷2=7(层)，说明这时弟弟已经爬完7层楼梯，来到了大楼的第 8 楼。

这道题目可直接回答弟弟来到 8 楼就行。如果要列式计算的话，可按以下步骤进行。

可列式计算：

哥哥速度是弟弟的：$(5-1)\div(3-1)=2$ 倍

弟弟后来爬的楼层：$(15-1)\div2=7$(层)

弟弟到达几楼：$7+1=8$(楼)

答：当哥哥爬到 15 楼时，弟弟爬到了 8 楼。

3 两姐妹摘苹果比赛，前 9 分钟两人共摘 108 个，比赛结束时，姐姐摘 190 个，妹妹摘 266 个，求姐妹俩每分钟平均各摘苹果多少个？

【解题思路】从姐妹俩在 9 分钟内一共摘了 108 个苹果这个已知条件来看，在这里是暂时找不到问题答案的；再来看第二个已知条件，姐妹俩在相同的时间里，摘了数量不同的苹果，按照这个条件，可以分析出姐妹俩的工作效率来，用 $190:266=5:7$，说明姐姐每摘 5 个苹果，妹妹可以摘 7 个；有了这个工作效率比，就可以来计算那 108 个苹果，各人摘了多少个了，因为 $5:7$ 合起来是 $5+7=12$(份)，姐姐占 12 份中间的 5 份，妹妹占 12 份中间的 7 份；于是，可以算出，姐姐在 108 个苹果中摘了 $108\times\frac{5}{12}=45$(个)，妹妹摘了 $108\times\frac{7}{12}=63$(个)；知道了姐妹俩在 9 分钟内各摘了多少个，就能求出姐妹俩每分钟摘的个数来。

可列式计算：

姐妹俩工作效率比：$190:266=5:7$

姐姐 9 分钟摘的苹果：$108\times\frac{5}{12}=45$(个)

妹妹 9 分钟摘的苹果：$108\times\frac{7}{12}=63$(个)

姐姐平均每分钟摘苹果：$45\div9=5$(个)

妹妹平均每分钟摘苹果：$63\div9=7$(个)

答：姐妹俩平均每分钟摘的苹果分别是 5 个与 7 个。

4 东、西两地相距 560 千米，其中有一段是平原路，有一段是山区路。一辆小车从东地开到西地需要 10 小时，已知小车在平原路段上的时速是 70 千米，在山区路段上的时速是 50 千米，求山区路段长多少千米？

【解题思路】这道题目是鸡、兔同笼类型的，可采用那种解题方法。假设这东、西两地间都是平原路段，就可以利用这个假设去找到题目的答案。

可列式计算：

假设东、西两地间都是平原路段，则小车 10 小时可行驶 $70\times10=700$（千米）

比实际距离多：$700-560=140$（千米）

应该在山区路上行驶的时间：$140\div(70-50)=7$（小时）

山区路段的长度：$50\times7=350$（千米）

验算：$50\times7+(10-7)\times70=560$（千米） 符合题意

答：这东、西两地间的山区路段长度是 350 千米。

此题还可列方程解答：

设山区路段的长度是 x 千米，则平原路段的长度是 $(560-x)$ 千米。根据两段路上行驶的时间和等于 10 小时可列方程：

$$\frac{x}{50}+\frac{560-x}{70}=10$$

$$7x+2\ 800-5x=3\ 500$$

$$2x=700$$

$$x=350$$

答：这东、西两地间的山区路段长度是 350 千米。

5 有一缸水，可供 8 只鹅跟 8 只鸡喝 10 天，可供 9 只鹅跟 15 只鸡喝 8 天，已知鹅跟鸡每天的饮水量不同，求这缸水可供 6 只鹅跟 10 只鸡喝几天？

【解题思路】这里的鹅跟鸡的饮水量不能直接进行对比，只能在总水量上面想办法，因为这缸水量总是相等的，先看它一天能供多少只鹅跟鸡饮水；第一次是供鹅 $8\times10=80$（只）跟鸡 $8\times10=80$（只）喝一天；第二次是供鹅 $9\times8=72$（只）跟鸡 $15\times8=120$（只）喝一天；这两组数字的饮水量是相等的，则有：80 鹅 +80 鸡 = 72 鹅 + 120 鸡，将等式两边移项后就有 8 鹅 = 40 鸡，就是说，1 只鹅一天的饮水量等于 $40\div8=5$（只）鸡的饮水量；经过这样转换后，就容易求出题目中的答案来。

可列式计算：

由上述分析知道：

80 鹅+80 鸡=72 鹅+120 鸡

1 鹅=5 鸡

1 缸水可供多少只鸡喝一天：(8×5+8)×10=480(只)

6 只鹅跟 10 只鸡相当于多少只鸡：6 鹅+10 鸡=6×5+10=40(只)

1 缸水 40 只鸡能喝：480÷40=12(天)

答：这缸水可供 6 只鹅跟 10 只鸡喝 12 天。

6 甲与一群朋友去逛超市，甲带了 120 元钱；他跟朋友们身上的钱合起来，平均每人为 110 元；甲不参与，朋友们身上的钱合起来，平均每人为 105 元。求甲与几位朋友在逛超市？

【解题思路】这道题目应该这样分析，甲由 120 元到平均为 110 元，说明甲拿了 10 元出来补平朋友的钱数，这 10 元要么补给了两位朋友，每人 5 元，要么补给了 5 位朋友，每人 2 元，还有一种可能就是补给了 10 位朋友，每人 1 元，因为两次平均数都是整元的，没有出现小数；如果补给了 5 位朋友，说明他们身上所带钱数合起来以后，平均数为 108 元(因为每人只补了 2 元就是 110 元)，这与第二个已知条件相矛盾，因为甲不参与时，他们所带钱的平均数是 105 元，不是 108 元；否定了是 5 位朋友后，10 位朋友更不可能，因为是这样的话，他们所带钱的平均数就会是 109 元，更加不符合平均数是 105 元的要求；再来看看 2 位朋友的情况，甲拿出 10 元来补给两位朋友，每人 5 元，这跟他俩的平均 105 元正好相吻和，说明只有两位朋友在跟甲逛超市。

可列式计算：

(120−110)÷2+105=110(元)

答：甲是跟 2 位朋友在逛超市。

7 一个长方形的蔬菜大棚，眼下长是宽的 3 倍；大棚主人想将它的面积扩大，且要求扩建后的长是宽的 2 倍。设计人员说，这个不难，只要把原大棚的长跟宽各增加 10 米就行了。求原大棚的长跟宽各是多少米？

【解题思路】原来大棚的长是宽的 3 倍，现在长跟宽各增加 10 米，就变成长是宽的 2 倍了；先来分析这个变化过程，现在的宽加 10 米是 1 倍，那么现在的长加 10 米就是 2 倍，将原来长的 3 倍中的 1 倍拿出来加上 10 米，看成新的 2 倍中的 1 倍，正好跟宽相等；那么剩下原有长的 3 倍中的 2 倍，也要等于新的 1 倍才符合题目的要求，新的 1 倍是由老的 1 倍加上 10 米组成的，现在这 2 倍老的，把 1 倍放着不动，再加上另一倍，这个另一倍必须是 10 米才行；这就是说，原来大棚的长是 30 米，每 1 倍的长是 10 米，宽也是 10 米，现在各增加 10 米，长是 40 米，宽是 20 米，正好符合题意。

可列方程解答：

设原大棚的宽是 x 米，则长是 $3x$ 米。依题意可列方程：

$3x+10=2\times(x+10)$

$3x+10=2x+20$

$x=10$

原大棚长：$10\times3=30$（米）

答：原大棚的长跟宽各是 30 米跟 10 米。

8 一根 3 米长的木头，要将它锯成 30 厘米跟 40 厘米的小段（不能有剩余），每锯断一次需要 6 分钟，同时还要休息 2 分钟，求锯成若干小段后，最少需要多少分钟？

【解题思路】这道题目看似简单，但是需要留意两个关键的地方，一是要求用的时间最少，这样就需要尽量多锯 40 厘米的小段；二是锯完最后一段时，就不需要休息 2 分钟了。想到这两个方面后，就可以回答这个问题了。

可列式计算：

3 米 = 300 厘米

锯的时间尽量少，就是：$40\times6+30\times2=300$（厘米）

需要锯的次数：$6+2-1=7$（次）

所需时间：$6\times7+(7-1)\times2=54$（分钟）

答：按题目要求锯完这根木头最少需要 54 分钟。

9 某活动中心组织象棋比赛，采用每两人都要比一局的单循环制，比赛期间，一共赛了 28 局，求参加这次象棋比赛的一共是多少人？

【解题思路】这种比赛的单循环制，就是要求凡是参赛的人，跟参赛的每位选手都要比一次；可以将他们看成是站在一排上，然后由最后或者最前一个人开始，沿队前到队后(或队后到队前)与每个人依次握手后离开，这样所握手的总次数就等于从1开始，1、2、3……地连续往上加，加到总人数减1的那个数为止。比如是5个人握手，那么握手总次数就是1+2+3+4=10(次)；按照这样的计算方法，可以依次加上去，发现是1+2+3+4+5+6+7=28(局)，符合题目中的要求，所以参加象棋比赛的选手是7+1=8(人)。

可列式计算：

因为：1+2+3+4+5+6+7=28(局)

所以参加比赛人数：7+1=8(人)

答：参加象棋比赛的选手是8人。

10 在一条与铁路平行的人行道上，有一人以每秒2米的速度在人行道上步行，有一人在前方不远处以每秒5米的速度在跑步，两人都是同方向前行。这时，一列匀速前行的火车从两人的后面开过来，从火车车头与步行人并列到车尾离开，共用了20秒；接着以同样的方式追上并离开跑步人则用了25秒。求这列火车的长度是多少米？

【解题思路】这列火车用相同的速度在不同的时间里超过了两个行人，题目要求出火车的长度，要求火车长度，必须要有相应的时间跟速度才成；这里没有具体的时间与速度，只能从火车两次超过行人的时间里面去寻求突破口，第一个已知条件是说，当火车头跟步行人在一条线上时，两者都在均速前进，在经过20秒以后，火车才超过步行人，这里要想清楚一个问题，这20秒，火车不但行完了自身长度这段距离，还行完了步行人这20秒向前走的距离；理解了这一点后，同样的道理，火车在25秒内行完了自身长度的这段距离且加上跑步人这25秒所跑的路程；如果这两个地方理解清楚了，就会发现，其实火车在后面多行的这25−20=5(秒)时间，就是行驶了跑步人在25秒所跑距离跟步行人在20秒所行距离之差；用5×25−2×20=85(米)，这85米就是火车在5秒内所行驶的距离。

可列式计算：

火车速度为：(5×25−2×20)÷(25−20)=17(米/秒)

火车的长度：$17\times20-2\times20=300$（米）或者 $17\times25-5\times25=300$（米）

答：火车的长度是 300 米。

此题还可列方程解答：

设火车长度为 x 米，根据火车速度前后相等的关系可列方程：

$$\frac{x+2\times20}{20}=\frac{x+5\times25}{25}$$

$$20x+2\ 500=25x+1\ 000$$

$$5x=1\ 500$$

$$x=300$$

答：火车长度是 300 米。

11. 某同学在计算$\frac{5}{6}$，$\frac{3}{7}$，$\frac{2}{5}$，$\frac{7}{9}$，$\frac{8}{11}$这 5 个分数的平均数时，由于粗心大意，将其中一个分数的分子跟分母颠倒过来了，问他是颠倒哪一个分数后，计算出来的平均值跟正确的平均值相差的数值最大？

【解题思路】某同学在计算这 5 个分数的平均值，要想颠倒后计算出来的平均值跟正确的平均值相差的数值最大，那么应该是分数值最小的分数颠倒后数字才最大，这样计算出来的平均值才增加得最多。这 5 个分数中，分数值最小的是$\frac{2}{5}$，如果将它颠倒过来，对这 5 个分数的平均数增加是最多的。

可列式计算：

$$\left(\frac{5}{2}-\frac{2}{5}\right)\div5=\frac{21}{50}$$

答：颠倒$\frac{2}{5}$后，计算出来的平均值跟正确的平均值相差的数值最大，会多$\frac{21}{50}$。

12. 一棵苹果树上有苹果若干个，如果每天摘 80 个，那么 3 天摘不完，4 天又不够摘；如果每天摘 70 个，那么 3 天摘不完，4 天又不够摘；如果每天摘 x 个，凑巧在 x 天可以摘完，求这棵树上有苹果多少个？

【解题思路】这棵树上的苹果，如果每天摘 80 个，那么 3 天摘不完，4 天又不够摘，说明它比 80×3＝240（个）要多，比 80×4＝320（个）要少；如果每天摘 70 个，那么 3 天摘不完，4 天又不够摘，说明它比 70×3＝210（个）要多，比 70×4＝280（个）要少；将上述两组数字进行比较，说明树上的苹果数应在 241 个跟 279 个之间；这两个数字之间有哪个自然数的平方符合要求呢？用 15×15＝225（个）来试一下，它少于 240 个，不符合要求；再用 16×16＝256（个）来试一下，发现它正好符合要求，说明苹果树上的苹果是 256 个。

可列式计算：

80×3＝240（个）

80×4＝320（个）

70×3＝210（个）

70×4＝280（个）

说明苹果树上的苹果数应在 241 个跟 279 个之间

经过试算，241<16×16＝256<279，符合题意

答：这棵苹果树上的苹果有 256 个。

18 兄弟俩最初共存款 3 000 元，弟弟中途取出 700 元，哥哥又存入 200 元，这时哥哥的存款是弟弟的 4 倍。求兄弟俩最初的存款各为多少元？

【解题思路】这道题目给出了各项具体数字跟最后的倍数关系，可以先求出兄弟俩最后在银行的存款一共是 3 000－700+200＝2 500（元），在这 2 500 元里，哥哥存款是弟弟的 4 倍，那么弟弟就是 1 倍，哥哥是 4 倍，两人一共是 5 倍，所以弟弟最后的存款是 2 500÷（4+1）＝500（元）；弟弟最后的存款是 500 元，他中途取出 700 元，那么他最初的存款是 500+700＝1 200（元）；现在知道了弟弟最初的存款，哥哥最初的存款就容易求出来了。

可列式计算：

兄弟俩最后的存款和：3 000－700+200＝2 500（元）

弟弟最后的存款：2 500÷（4+1）＝500（元）

弟弟最初的存款：500+700＝1 200（元）

哥哥最初的存款：3 000－1 200＝1 800（元）

答：哥哥跟弟弟最初的存款分别是 1 800 元跟 1 200 元。

14 某超市有甲、乙两种商品，成本价共 1 000 元，其中甲商品按 30%的利润标价，乙商品按 20%的利润标价，后来甲商品按标价的 95%售完，乙商品按标价的 90%售完，结果两种商品共获利 173 元。求甲、乙两种商品的成本各是多少元？

【解题思路】题目中分数比较多，先要弄清楚各分数的含义，再将它们运用到算式中去；这里可以设甲种商品的成本为 x 元，则乙种商品的成本为(1 000-x)元，根据两种商品的折扣价及获利金额可列出一个方程来。

可列方程解答：

设甲种商品的成本为 x 元，则乙种商品的成本为(1 000-x)元，依题意可列方程：

$x(1+30\%)\times95\%+(1\ 000-x)(1+20\%)\times90\%=1\ 000+173$

$1.235x+1\ 080-1.08x=1\ 173$

$0.155x=93$

$x=600$

乙种商品成本：$1\ 000-600=400$(元)

验算：$600\times130\%\times95\%+400\times120\%\times90\%-1\ 000=741+432-1\ 000=173$ 符合题意

答：某超市甲、乙两种商品的成本分别是 600 元跟 400 元。

15 有甲、乙两个车间职工共 150 人参加节日大合唱比赛，男职工有 115 人，其中甲车间参赛女职工占甲车间参赛人数的$\frac{1}{3}$，乙车间参赛女职工占乙车间参赛人数的$\frac{1}{6}$，求甲、乙两车间各有参赛职工多少人？

【解题思路】这道题目是有相当难度的，但在计算时采用一种合理的变换后，答案就比较明显了。两车间参赛职工一共是 150 人，男职工有 115 人，那么女职工就是 $150-115=35$(人)。于是就有下列关系：

甲车间参赛人数$\times\frac{1}{3}$+乙车间参赛人数$\times\frac{1}{6}=35$(人)，

仅凭上面这个等式是看不出什么眉目的，需要变换一下才行。将这个等式两边同时扩大到3倍(这个扩大到3倍的方法是相当高明的，这样就将甲车间全部参赛人员进入等式中，好为下一步的计算提供依据)，就会有以下等式：

甲车间参赛人数+乙车间参赛人数$\times\frac{1}{2}=105$(人)，

这105人中间，只差乙车间参赛职工的$\frac{1}{2}$没有进来了，那么乙车间参赛职工的$\frac{1}{2}$就等于$150-105=45$(人)，这样就能求出乙车间参赛职工人数是$45\div\frac{1}{2}=90$(人)；甲车间参赛职工人数为$150-90=60$(人)。

可列式计算：

甲车间参赛职工人数$\times\frac{1}{3}+$乙车间参赛职工人数$\times\frac{1}{6}=150-115$

甲车间参赛职工人数+乙车间参赛职工人数$\times\frac{1}{2}=105$　(是将上面等式两边同时扩大到3倍)

乙车间参赛职工人数$\times\frac{1}{2}=150-105$

乙车间参赛职工人数：$(150-105)\div\frac{1}{2}=90$(人)

甲车间参赛职工人数：$150-90=60$(人)

验算：

参赛男职工人数：$150-60\times\frac{1}{3}-90\times\frac{1}{6}=115$(人)

参赛总人数：$60+90=150$(人) 符合题意

答：甲、乙两车间参赛职工分别是60人跟90人。

此题还可列方程解答：

设甲车间参赛职工为x人，则乙车间参赛职工为$(150-x)$人，依据两车间参赛女职工人数的关系列方程：

$\frac{x}{3}+(150-x)\times\frac{1}{6}=150-115$

$2x+150-x=210$

$x=210-150=60$

乙车间参赛职工：150−60=90(人)

答：甲、乙两车间参赛职工分别是 60 人跟 90 人。

16 一辆小车以每小时 60 千米的速度由甲地开往乙地。在两地之间的某镇有兄弟俩分别骑车跟小车同时出发，向甲、乙两地前行且速度相同。往甲地方向的哥哥骑行了 5 千米时与小车相遇，从这个时点起，弟弟又行了 15 分钟才被小车追上，求甲地到某镇的距离是多少千米？

【解题思路】这兄弟俩从某镇出发，速度相同，方向相反，当哥哥往甲地方向行了 5 千米与小车相遇时，弟弟也往乙地方向行了 5 千米，兄弟俩这时相距 5×2=10(千米)；从这个时点开始，小车再经过 15 分钟才追上弟弟，因为小车速度每小时为 60 千米，所以这 15 分钟小车行驶了 $60\times\frac{15}{60}=15$(千米)，这 15 千米先要走完兄弟俩刚才相距的 10 千米，再继续前行了 5 千米才追上弟弟；要注意，这 5 千米正好是弟弟在 15 分钟内所行的距离(因为这 15 分钟是从哥哥与小车相遇时算起的)，只要理解了这一点，问题就好解决了，因为小车在 15 分钟行驶了 15 千米，弟弟在 15 分钟骑行了 5 千米且与哥哥速度相同，说明小车速度是兄弟俩骑行速度的 3 倍；到了这里要找题目的答案就比较容易了，因为哥哥跟小车同时出发骑了 5 千米跟小车相遇，小车速度是哥哥骑行速度的 3 倍，说明小车在相遇时已经行驶了 5×3=15(千米)，那么甲地离某小镇的距离就是小车行驶的 15 千米跟哥哥行驶的 5 千米之和，15+5=20(千米)。

可列式计算：

小车与哥哥相遇后，继续行驶 15 分钟的距离：$60\times\frac{15}{60}=15$(千米)

弟弟 15 分钟骑行的距离：15−5×2=5(千米)

小车速度是兄弟俩速度的：15÷5=3 倍

甲地离某小镇的距离：5+5×3=20(千米)

答：甲地离某小镇的距离是 20 千米。

17 某小区一、二、三栋有若干户居民团购一批茶油回来，如果平均分给每户可得6千克。如果只分给第一栋的居民，每户平均可得12千克；如果只分给第二栋的居民，则每户平均可得18千克；求如果只分给第三栋的居民，每户平均可分得茶油多少千克？

【解题思路】从平均分给每户可得6千克，如果只分给第一栋的居民，每户平均可得12千克这个已知条件可知，第一栋居民户数是这三栋居民户数和的$\frac{6}{12}=\frac{1}{2}$；如果只分给第二栋的居民，则每户平均可得18千克，同样的道理，第二栋居民的户数是这三栋居民户数和的$\frac{6}{18}=\frac{1}{3}$；假设这三栋居民的户数和是单位“1”，第一栋占$\frac{1}{2}$，第二栋占$\frac{1}{3}$，那么第三栋占$1-\frac{1}{2}-\frac{1}{3}=\frac{1}{6}$，如果只分给第三栋居民，每户平均可得$6\div\frac{1}{6}=36$(千克)。

可列式计算：

将小区三栋居民户数和看成单位“1”，则

第一栋居民户数占总户数：$\frac{6}{12}=\frac{1}{2}$

第二栋居民的户数占总户数：$\frac{6}{18}=\frac{1}{3}$

第三栋居民的户数占总户数：$1-\frac{1}{2}-\frac{1}{3}=\frac{1}{6}$

如果只分给第三栋居民，每户平均可得：$6\div\frac{1}{6}=36$(千克)。

答：如果只分给第三栋居民，每户平均可得茶油36千克。

18 某篮球队10名运动员的平均身高是1.85米，后来增加了2名运动员，这时这12名运动员的平均身高为1.88米，求后来这2名运动员的平均身高是多少米？

【解题思路】这里10名运动员的平均身高是1.85米，合计总高度是$1.85\times10=18.5$(米)；现在12名运动员的平均身高是1.88米，合计总高度是$1.88\times12=22.56$米；后来2名运动员的合计高度是$22.56-18.5=4.06$(米)，他俩的平均高度是 4.06÷2=2.03(米)。

可列式计算:

原来 10 名运动员的总高度:1.85×10=18.5(米)

现在 12 名运动员的总高度:1.88×12=22.56 米

后来 2 名运动员的高度和:22.56−18.5=4.06(米)

后来 2 名运动员的平均高度:4.06÷2=2.03(米)

答:后来这 2 名运动员的平均身高是 2.03 米。

19 有一批小面包,如果每次拿 5 个出来,最后余 4 个;如果每次拿 6 个出来,最后余 5 个;如果每次拿 7 个出来,最后余 6 个,求这批面包最少有多少个?

【解题思路】通过已知条件可以发现一个规律,就是无论每次拿几个出来,最后都比整数倍少 1 个;如果这批面包多 1 个的话,就会是 5、6、7 的整数倍;由此可知,要求这批面包的最少数,应该是这三个数的最少公倍数减去 1 就行了。

可列式计算:

先求 5、6、7 的最小公倍数:5×6×7=210(个)

这批面包最少是 210−1=209(个)

验算:

209÷5=41……4

209÷6=34……5

209÷7=29……6 符合题意

答:这批面包是 209 个。

20 超市用相同的钱从批发市场买回来两种糖果,每千克进价分别是 10 元跟 6 元,现在要将两种糖混合成一种什锦糖出售,要想获得 20%的利润,超市应将这批什锦糖按每千克多少元出售?

【解题思路】题目只告诉超市用相同的钱买了两种糖回来进行混合,但没有具体重量,说明只要是买这两种糖的钱数相同,不管钱多钱少都是符合题意的;可假设用 10 元跟 6 元的最小公倍数的钱(这是为了便于整除)30 元分别买回这两种糖,10 元的糖买回 3 千克,6 元的糖买回 5 千克;现在将两种糖混合后，重量是 3+5=8(千克)，共花钱是 30×2=60(元)，混合糖的平均成本价是 60÷8=7.5(元)；要想获得 20%的利润，售价就是 7.5×(1+20%)=9 元。

可列式计算：

假设超市各花 30 元买回每千克 10 元跟 6 元的两种糖果回来，则

混合什锦糖的成本价：30×2÷(30÷10+30÷6)=7.5(元)

按 20%利润计算的售价：7.5×(1+20%)=9(元)

验算：9×8÷60=120% 符合题意

答：超市这种什锦糖每千克的售价是 9 元。

21 大树、大林、大山三人在文具店各人拿出一样多的钱，买了同一型号的钢笔若干支。回来以后，大树比大山多要了 9 支，大山比大林少要了 9 支，后来大树跟大林一共补给大山 30 元。求每支钢笔的价格是多少元？

【解题思路】他们三人各自拿出了一样多的钱，如果钢笔平分的话，就不存在谁补谁的钱这个问题。现在题目中大树跟大林两人都比大山多 9 支钢笔，是不是每人需要另外付 9 支钢笔的钱给大山呢？这就是解题时往往会被误导的地方。他俩每人多要了 9 支钢笔，共 18 支，如果将这 18 支暂时放在一旁不分它，那么这时他们三人所分得的钢笔数是相等的；现在再将放在一旁的 18 支钢笔平均分一次，就是每人可分 6 支，由此可知，大山不是比他俩少 9 支，而是只少了 6 支钢笔，说明他俩每人只需要拿出 3 支，一共 6 支的钱给大山就行了。现在他俩共补了 30 元给大山，用 30÷6=5(元)，这 5 元就是每支钢笔的价格。

可列式计算：

大山比三人平均少拿的钢笔：9×2÷3=6(支)

每支钢笔的价格：30÷6=5(元)

答：每支钢笔的价格是 5 元。

22 小玉买 3 支钢笔 6 个练习本共付款 27 元，小芳买 1 支钢笔 14 个练习本也付款 27 元。求 1 支钢笔跟 1 个练习本的价格各是多少元？

【解题思路】题目中两人买的用品数量不同，但付款金额一样。这里要把不可比较的数字变成可以比较的数字才可以，这点可以在钢笔跟练习本的数字上做调整，把她俩所买用品的数量对比一下就能发现，小玉比小芳多买了 2 支

钢笔，小芳比小玉多买了 8 个练习本，既然两人付的款相等，说明 2 支钢笔跟 8 个练习本的价格是相等的，就是说，1 支钢笔的价钱等于 4 个练习本的价钱；这样就可以把两种用品当做一种用品来计算，把钢笔换算成练习本，那么小玉相当于一共买了练习本 3×4+6=18(本)，每个练习本的价格是 27÷18=1.5(元)，每支钢笔的价格是 1.5×4=6(元)。

可列式计算：

根据付款数相等的已知条件，有等式：

3 支钢笔+6 个练习本=1 支钢笔+14 个练习本

2 支钢笔=8 个练习本

1 支钢笔=4 个练习本

将钢笔换算成练习本：3×4+6=18(本) 或者 1×4+14=18(本)

每个练习本价格：27÷18=1.5(元)

每支钢笔价格：1.5×4=6(元)

验算：6×3+1.5×6=6×1+1.5×14=27(元) 符合题意

答：1 支钢笔跟 1 个练习本的价格分别是 6 元跟 1.5 元。

23 甲、乙、丙三人需要合作检验一批产品入库，已知他们检验的速度不一样，在相同的时间内，甲检验 3 件，乙可检验 4 件，丙可检验 5 件。他们在一起检验 3 天，检完了全部产品的 $\frac{1}{4}$；接着甲休息了 3 天，丙休息了 3 天，乙没有休息。求从他们开始检验到最后检验完毕这批产品一共用了多少天？

【解题思路】 这道题目中有个问题需要明确，就是他们在相同的时间内，甲检验 3 件，乙可检验 4 件，丙可检验 5 件，这是一个工作效率之比的数字，并不是他们一天各自只检验 3 件、4 件或者 5 件，他们每天检验的件数应该是各自数字的若干倍，在题目中是无法确定具体件数的；不过，他们 3 天检完了这批产品的 $\frac{1}{4}$，这是一个确定数字，可以确定他们原计划是用 $3\div\frac{1}{4}=12$(天)完成任务的；现在在检验过程中，甲、丙各休息 3 天，这里需要找出他俩休息的这 3 天，相当于 3 人合作的几天就行了；刚才说了，他们在相同时间内检验的件数不是各人具体的工作量，但可以代表他们各自在一天的总工作量中所占的份数，就是说，不管三人一天合作检验了多少件产品，甲、乙、丙三人始终各自占$\frac{3}{12}$、$\frac{4}{12}$跟$\frac{5}{12}$；这次甲休3天，丙休3天，他俩休息的时间合起来相当于三人的工作时间就是$3\times\left(\frac{3}{12}+\frac{5}{12}\right)=\frac{24}{12}=2$（天）；这样就明白了，三人原计划12天检验完这批产品，现在中途耽误了2天，所以一共是12+2 =14（天）。

可列式计算：

计划检验完这批产品时间：$3\div\frac{1}{4}=12$（天）

中途甲、丙各休息3天，等于耽误三人工作时间：$3\times\left(\frac{3}{12}+\frac{5}{12}\right)=\frac{24}{12}=2$（天）

实际工作时间：12+2=14（天）

答：从他们开始检验到最后检验完毕一共用了14天。

24 小丽玩商场，发现食品柜的面包正在搞“买10送1”的促销活动，于是便买了10个，带着11个面包回家；第二天她在商场发现，跟昨天一样的面包，一样的价格，现在打9折。如果她现在再买跟昨天数量相等的面包，比昨天花钱多还是花钱少？

【解题思路】遇到这类面包缺少具体价格的题目，可以假设一个价格来计算容易一些。假设面包的售价是10元一个，小丽昨天花100元买到11个面包；今天价格打9折，就是每个面包卖9元，她买11个，需要9×11=99（元），同样是11个面包，今天比昨天要节约1元钱。

可列式计算：

假设每个面包价格是10元。

小丽昨天买10个得11个需付款：10×10=100（元）

今天买11个需付款：10×0.9×11=99（元）

答：如果小丽今天买昨天一样多的面包要比昨天花钱少一些。

25 老师要将36个苹果分给班上的小朋友，开始每人分一个，剩下若干个，老师在心里计算了一下，如果剩下的苹果，再让每三个小朋友合分一个的话，刚好分完。求这个班上的小朋友有多少人?

【解题思路】这道题目如果用算术方法来解的话，只能一步一步地推算，因为有一点是肯定的，班上的小朋友人数必须是 3 的倍数，而且要多于 18 人(因为少于或等于 18 人，每人可分 2 个多或 2 个)；因此可以假设班上小朋友是 21 人、24 人或 27 人跟 30 人等等，一路试算上去，看哪个数字符合要求，$21+21\div3=28$(个)，$24+24\div3=32$(个)，这两种人数都不符合要求；只有 $27+27\div3=36$(个)是符合要求的。说明这个班有 27 个小朋友。

此题可列方程解答：

设班上有小朋友 x 人，则分掉苹果 x 个，剩$(36-x)$个。依据 3 人合分一个等于剩下苹果的关系列方程：

$$\frac{x}{3}=36-x$$

$$x=108-3x$$

$$4x=108$$

$$x=27$$

答：这班小朋友有 27 人。

26 某班上体育课，学生们刚好可以站成横排、竖排人数都相等的正方形方队。小张站在中间某一个位置上，他暗自数了一下，从左边数他是第 3 人，从右边数他是第 5 人，从前面数他是第 6 人，从后面数他是第 2 人。求某班学生一共有多少人?

【解题思路】这种横排、竖排人数都相等的正方形方队，只要用横排人数乘以竖排人数就是总人数；现在小张数的这个数，能不能将这两组数字相加后再相乘$(3+5)\times(6+2)=64$(人)就行了呢? 这肯定是不成的，因为小张在左右数跟前后数的时候都将自己重数了一次，所以这里要在横排跟竖排的数字里都要减去小张重数的一次才行。

可列式计算：

某班学生人数：$(3+5-1)\times(6+2-1)=49$(人)

答：某班学生人数是 49 人。

27 有一栋16层的楼房，每层楼梯的台阶数是相等的。小林均速地从1楼爬到6楼用了10分钟，如果他按照原速继续向上，求他爬到16楼还需要多少分钟？

【解题思路】 这种题目，只要知道一个关键地方就行了。小林从1楼爬到6楼，实际上只爬了5层楼的台阶，因为他的一双脚刚踏上6楼，就算是到达6楼了；照这样计算，小林爬到16楼，实际上只需要爬15层楼的台阶，用$(16-1)\div(6-1)=3$倍时间；那么小林继续爬到16楼需要$10\times3-10=20$(分钟)。

可列式计算：

爬到16楼的时间是爬到6楼的：$(16-1)\div(6-1)=3$倍

从6楼到16楼还需要：$10\times3-10=20$(分钟)

答：小林继续从6楼爬到16楼还需要20分钟。

28 甲、乙、丙三位老朋友在一个星期天于某公园相遇，由甲请大家吃饭。在闲聊中得知，甲每2天来公园一次，乙每5天来公园一次，丙每8天来公园一次；他们约定，各自来公园的时间没必要改变，等到下次再一起在公园相遇时由乙请客。求乙下次请客的那一天是星期几？

【解题思路】 这次以后，下次相遇的最短时间应该是2、5、8这三个时间的最少公倍数，就是$5\times8=40$(天)；就是说，他们相遇的这一天不计算在内，还需要40天才能相遇；题目中问的是星期几，可以用40除以7，结果是商5余5，就是说，除了5个整的星期以外，还剩下5天时间；他们这次是星期天，那么这5天应该从星期一算起，说明乙下次请客的时间是星期五。

可列式计算：

2、5、8的最小公倍数：$5\times8=40$(天)

$40\div7=5\cdots\cdots5$(天)，从星期一算起的第5天就是星期五

答：乙下次请客的时间是星期五。

29 某超市有一种玩具，如果按原定价出售，每件可获利润15元；后来发现销量不理想，只好降价出售，结果销售数量增加到原来的2倍，获得利润却只比原销售利润增加了$\frac{1}{3}$。求每件玩具降价多少元？

【解题思路】凡是这种没有给出具体销售数字的题目，为了通俗易懂，这里都可以假设一个最方便的数字来计算，最后答案是相同的。假设超市最初卖了 10 件玩具，那么获得利润是 $15\times10=150$(元)；降价后销量是原来的 2 倍，就是 $10\times2=20$(件)，利润比原销售利润增加$\frac{1}{3}$，就是 $150\times(1+\frac{1}{3})=200$(元)；如果这 20 件不降价，它可获利润 $15\times20=300$(元)，现在只获利 200 元，说明超市将每件玩具降价了 $(300-200)\div20=5$(元)。

可列式计算：

假设原来销售 10 件获得利润：$15\times10=150$(元)

降价后销售 20 件获得利润：$150\times(1+\frac{1}{3})=200$(元)

每件玩具降价：$(15\times20-200)\div20=5$(元)

答：超市每件玩具降价 5 元。

30 有甲、乙两根绳子共长 316 米，各自剪去 5 米后，甲绳的长度是乙绳长度的 2.4 倍。求甲、乙两根绳子原来各自的长度是多少米？

【解题思路】这两根绳子各自剪去 5 米后，便形成了倍数关系，这是一道和倍应用题；在这里，乙绳应该是最小的 1 倍量，甲绳就是 2.4 倍量，这 3.4 倍量的长度就是 $316-5\times2=306$(米)；再运用和倍问题的基本计算方法，是容易找到答案的。

可列式计算：

乙绳剪去 5 米后的长度：$(316-5\times2)\div(1+2.4)=90$(米)

甲绳剪去 5 米后的长度：$90\times2.4=216$(米) 或者 $306-90=216$(米)

甲绳原来的长度：$216+5=221$(米)

乙绳原来的长度：$90+5=95$(米)

验算：

$221+95=316$(米)

$216\div90=2.4$ 倍 符合题意

答：甲、乙两根绳子原来的长度分别是 221 米跟 95 米。

31 甲、乙两个缸子里分别装着等量的酒精溶液，甲缸溶液中酒精与水的体积比为4∶1，乙缸溶液中酒精与水的体积比为5∶2；若将两缸溶液混合后，混合溶液中酒精与水的体积比是多少？

【解题思路】题目中酒精溶液没有具体数量，只有体积比，那么这类题目中，只要两缸的酒精溶液是等量的，体积比符合题目的要求，无论数量多少，最后的体积比都是一样的；既然是这样，就可以设一个具体数字进来解题，为便于理解，可以用4+1与5+2的最少公倍数35升来计算；假设两缸都是35升酒精溶液，那么甲缸溶液中酒精与水的体积比是28∶7，乙缸溶液中酒精与水的体积比是25∶10；这时将甲、乙两缸溶液混合后，酒精是28+25＝53(升)，水是7+10＝17(升)，那么混合溶液中酒精与水的体积比是53∶17。

可列式计算：

假设甲、乙两缸的酒精溶液都是35升，则：

甲缸溶液中酒精与水的体积比：28∶7

乙缸溶液中酒精与水的体积比：25∶10

两缸混合后，溶液中酒精与水的体积比：(28+25)∶(7+10)＝53∶17

答：甲、乙两缸混合溶液中酒精与水的比是53∶17

此题还可设未知数解答：

设两缸酒精溶液都为x升，则甲缸有酒精$\frac{4x}{5}$升，有水$\frac{x}{5}$；乙缸有酒精$\frac{5x}{7}$升，有水$\frac{2x}{7}$升。

甲、乙两缸溶液混合后共有酒精：$\frac{4x}{5}+\frac{5x}{7}=\frac{53x}{35}$(升)

甲、乙两缸溶液混合后共有水：$\frac{x}{5}+\frac{2x}{7}=\frac{17x}{35}$(升)

甲、乙两缸溶液混合后酒精与水之比：$\frac{53x}{35}:\frac{17x}{35}=53:17$

答：甲、乙两缸混合溶液中酒精与水的比是53∶17。

32 小胖步行每小时走6千米，他跑步时每千米要比步行少用4分钟，求小胖每小时跑步是多少千米？

【解题思路】先求出小胖步行 1 千米所用的时间来，1 小时等于 60 分钟，60 分钟走 6 千米，每 1 千米需要 60÷6＝10（分钟）；再来看他跑步的情况，他走 1 千米需要 10 分钟，跑步少用 4 分钟，就是 10－4＝6（分钟）跑 1 千米；知道了小胖 6 分钟跑 1 千米，就能计算出他每小时跑步的距离来。

可列式计算：

小胖步行 1 千米所需时间：60÷6＝10（分钟）

小胖跑步 1 千米所需时间：10－4＝6（分钟）

小胖每小时跑步的距离：60÷6×1＝10（千米）

答：小胖每小时跑步的距离是 10 千米。

33 有 8 位工人需要加工 1 128 个机器零件，前 3 天共加工 264 个，其中有位工人请假 2 天；如果以后没有人请假，这 8 位工人还需要几天才能完成任务（假设每位工人的工作效率相同）？

【解题思路】这道题目是归一类型的，只要求出每位工人每天的工作效率，再把工作总量除以工作效率，就能找到题目的答案。前 3 天共加工 264 个零件，8 位工人就是 24 个单人工作日，除去有位工人请假的 2 天，就是 22 个单人工作日，那么每位工人每天加工的零件个数是 264÷（3×8－2）＝12（个）；有了每位工人每天的工作效率，要求出题目中的答案就容易了。

可列式计算：

每位工人每天加工的零件个数：264÷（3×8－2）＝12（个）

还需要工作天数：（1 128－264）÷（12×8）＝9（天）

答：还需要工作 9 天才能完成任务。

34 甲筐苹果比乙筐多 100 个，如果再从乙筐拿 30 个到甲筐，乙筐的苹果个数就是甲筐的 36%。求甲、乙两筐原有苹果多少个？

【解题思路】已知甲筐比乙筐多 100 个，再从乙筐拿 30 个到甲筐，这时甲筐就比乙筐多 100+30×2＝160（个），请注意，这里是多 160 个而不是多 130 个；这时乙筐的个数是甲筐的 36%，说明这 160 个就相当于甲筐的 1－36%，明确了这一点，就可以寻找答案了。

可列式计算：

甲筐苹果比乙筐多：$100+30\times2=160$(个)

甲筐现有苹果：$160\div(1-36\%)=250$(个)

甲筐原有苹果：$250-30=220$(个)

乙筐原有苹果：$220-100=120$(个)

验算：$(120-30)\div(220+30)=36\%$ 符合题意

答：甲、乙两筐原有苹果分别是 220 个跟 120 个。

此题还可列方程解答：

设乙筐原有苹果 x 个，则甲筐原有苹果$(100+x)$个。依题意列方程：

$x-30=36\%(100+x+30)$

$x-30=46.8+0.36x$

$0.64x=46.8+30$

$0.64x=76.8$

$x=120$

甲筐原有苹果；$120+100=220$(个)

答：甲、乙两筐原有苹果分别是 220 个跟 120 个。

35 小春、小秋跟小冬三人逛超市，想合买一个篮球。如果用小春身上的钱去买，还少 112 元；如果用小秋身上的钱去买，还少 93 元；如果用三人身上的钱合买，则剩下 33 元。已知小冬身上的钱是 50 元，求这个篮球多少元？

【解题思路】小冬身上有 50 元，三人合买能剩下 33 元，这说明小春跟小秋合买的话，只差 $50-33=17$(元)；用 17 元这个数字，可以计算出小春身上的钱是 $93-17=76$(元)，这里计算的依据是这样的，就是小秋个人买还少 93 元，这 93 元除了小冬拿进来的那 17 元以外，其余就是小春将身上全部的钱拿给小秋后，这样才买下一个篮球的；同样的道理，可以计算出小秋身上的钱是 $112-17=95$(元)。

可列式计算：

小春跟小秋合买还少：$50-33=17$(元)

小秋身上的钱：$112-17=95$(元)

小春身上的钱：$93-17=76$(元)

篮球的价格：76+95+17=188(元)

验算：

小春差钱：188-76=112(元)

小秋差钱：188-95=93(元)

三人的钱合买篮球：76+95+50-188=33(元) 符合题意

答：篮球的价格是 188 元。

36 有一桶水跟甲、乙两个空桶在一起，如果甲桶跟水一起称，重量是乙桶的 5 倍；如果乙桶跟水一起称，重量是甲桶的 2 倍。求这桶水的重量分别是甲桶跟乙桶重量的多少倍？

【解题思路】题目中给出了三件物品之间的两个倍数关系，但都没有给出任何一件物品的具体重量，，这里可以用三个未知数来代表物体的重量，再根据题目中的已知条件，先列出一个三元一次方程组来，再一步一步地去求得题目中的答案。

此题可列方程解答：

设一桶水重 a 千克，甲桶重 x 千克，乙桶重 y 千克。依据题目中的倍数关系可列方程：

$$\begin{cases} a+x=5y\cdots① \\ a+y=2x\cdots② \end{cases}$$

将①-②式得：

$x-y=5y-2x$

$x=2y$ 将 $x=2y$ 代入①式得

$a+2y=5y$

$a=3y$ 再将 $x=2y$，即 $y=\dfrac{x}{2}$代入②式得

$a+\dfrac{x}{2}=2x$

$a=1.5x$

验算：假设这桶水重 9 千克，则甲空桶重 6 千克，乙空桶重 3 千克。

$(9+6)\div3=5$ 倍

(9+3)÷6=2 倍 符合题意(不管这桶水重多少千克，只要按照答案中的倍数来计算，答案都是正确的。)

答：这桶水的重量是甲空桶重量的 1.5 倍，是乙空桶重量的 3 倍。

37 小方每天上班先步行 8 分钟，再跑步 2 分钟，恰好正点上班。有一天，他需要早点到单位，于是，他步行 4 分钟后便开始跑步，结果提前 2 分 40 秒到单位。求小方跑步的速度是步行速度的多少倍?

【解题思路】小方平时步行 8 分钟，跑步 2 分钟，恰好正点上班，说明他从家里出发后，需要 10 分钟才到单位；这一天他提前跑步，结果提前 2 分 40 秒到单位，说明他这次在路上的时间是 10 分钟减去 2 分 40 秒，只有 7 分 20 秒的时间在路上，除去 4 分钟步行的时间，他跑步的时间是 3 分 20 秒；因为小方平时也跑步 2 分钟，所以他这次只比平时多跑了 1 分 20 秒，也就是 80 秒的时间；他平时步行 8 分钟，今天只步行 4 分钟，说明他多跑的这 80 秒距离正好等于他平时步行 4 分钟的距离，用 4 分钟也就是 240 秒去除以 80 秒，240÷80=3 倍，这就是题目的答案(在计算过程中，需要统一将分钟换算成秒来计算)。

可列式计算：

小方平时到办公室需要：(8+2)×60=600(秒)

这一天提前 2 分 40 秒到办公室用了：600-(60×2+40)=440(秒)

这一天比平时多跑步的时间是：440-(60×4)-(60×2)=80(秒)

这一天比平时少步行 60×4=240(秒)

小方跑步 80 秒的距离等于步行 240 秒的距离

小方跑步的速度是步行速度的：240÷80=3 倍

答：这一天小方跑步的速度是步行速度的 3 倍。

38 有三位家长跟一群小朋友往一个木箱里共放入乒乓球 253 个，已知家长跟小朋们每人放入的乒乓球个数相同，如果将这些小朋友平均分成 4 组。求每组小朋友有多少人？每人放入木箱的乒乓球有多少个?

【解题思路】因为家长跟小朋友每人放入木箱里的乒乓球个数相同，那么家长跟小朋友们的人数和肯定是 253 的一个整数约数才行(因为人跟乒乓球都是整个的)；因为 253 除 1 外，整数约数只有 11 跟 23，11×23=253，所以只能从

11 跟 23 这两个约数中去找答案；这两个约数还要符合一个要求，就是它减去 3 位家长后，必须能被 4 整除才行，说明 11 是不符合要求的，只有 23 这个数字才符合题目的要求。

可列式计算：

因为 11×23＝253，所以家长跟小朋友们的人数和只能是 11 跟 23，11 不符合题意，只能用 23 这个数字。

(23−3)÷4＝5(人)

小朋友人数：5×4＝20(人)

每人放入木箱的乒乓球：253÷(3+20)＝11(个)

答：每组小朋友有 5 人，每人放入木箱的乒乓球有 11 个。

39 一套同样的餐桌，张老板比李老板的进货价要便宜 8%。到店后，张老板加价 35%出售，李老板加价 30%出售，结果张老板店里的售价比李老板店里的售价便宜 58 元。如果每人卖掉一套餐桌后，张老板跟李老板各赚钱多少元？

【解题思路】从题目中的已知条件来看，只知道张老板跟李老板进货相差的分数以及他俩加价的分数，对于此类大多是分数，只有一个具体数值的题目，关键点就是这个具体数值，要想办法找到这个具体数值对应的分数后，才能找出问题的答案来。

题目中说张老板进货价比李老板便宜 8%，是把李老板的进货价当做比较对象的，可以把李老板的进货价看成是单位“1”，那么张老板的进货价就是 1−8%＝92%＝0. 92 个单位；现在可以根据他俩加价后的售价，计算出售价跟李老板进货价单位“1”的相互关系来，李老板餐桌的售价为进货价的 1×(1+30%)＝130%，张老板餐桌的售价为李老板进货价的(1−8%)×(1+35%)＝124. 2%；这两个数字说明，同一套餐桌，张老板的售价比李老板的售价要低 130%−124. 2%＝5. 8%；售价低 5. 8%就是便宜 58 元的原因，用 58÷5. 8%＝1 000(元)，这 1 000元就是李老板餐桌单位“1”的进货价。

可列式计算：

把李老板餐桌的进货价看成是单位“1”，则张老板的进货价为单位“0. 92”

李老板餐桌的售价为进货价的：1×(1+30%)＝130%

张老板餐桌的售价为李老板进货价的：$(1-8\%)\times(1+35\%)=124.2\%$

同一套餐桌，张老板的售价比李老板的售价要低 $130\%-124.2\%=5.8\%$。

李老板这套餐桌的进货价：$58\div5.8\%=1\ 000$(元)

张老板这套餐桌的进货价：$1\ 000\times0.92=920$(元)

卖掉这套餐桌张老板赚钱：$1\ 000\times124.2\%-920=322$(元)

卖掉这套餐桌李老板赚钱：$1\ 000\times1.3-1\ 000=300$(元)

答：卖掉一套餐桌后，张老板跟李老板分别赚 322 元跟 300 元。

40 我国古代有一种诗叫五言绝句，每首诗共四句 20 个字；另一种诗叫七言绝句，每首诗共四句 28 个字。有一本诗集里选用了这两种诗各若干首，其中五言绝句比七言绝句多 11 首，但总字数却比七言绝句少 36 个字，求这本诗集中共选用这两种诗各多少首？

【解题思路】已知两种诗的字数分别是 20 个跟 28 个，说明每首七言绝句比五言绝句的字多 $28-20=8$(个)；现在五言绝句多了 11 首，反而少了 36 个字，如果在这本诗集里，所选七言绝句的首数不变，假设所选五言绝句跟七言绝句首数一样多的话，那么七言绝句比五言绝句多的字就会是 $20\times11+36=256$(个)，而不是 36 个字；因为每首七言绝句比五言绝句要多 8 个字，所以用 $256\div8=32$(首)，这 32 首就是诗集里选用的七言绝句；现在知道了七言绝句是 32 首，那么五言绝句就是 $32+11=43$(首)。

可列式计算：

每首七言绝句的字数比五言绝句多：$7\times4-5\times4=8$(个)

假设所选五言绝句跟七言绝句一样多，那么七言绝句的字数就会比五言绝句多：$20\times11+36=256$(个)

诗集中所选七言绝句：$256\div8=32$(首)

诗集中所选五言绝句：$32+11=43$(首)

验算：$28\times32-20\times43=36$(个)

答：这本诗集中选用的七言绝句跟五言绝句分别是 32 首跟 43 首。

此题还可列方程解答：

设诗集里选用七言绝句为 x 首，则五言绝句为 $(x+11)$ 首，依题目中的字数差别列方程：

$28x-20(x+11)=36$

$28x-20x-220=36$

$8x=256$

$x=32$

五言绝句：$32+11=43$(首)

答：这本诗集中选用的七言绝句跟五言绝句分别是 32 首跟 43 首。

41 用甲、乙两种糖混合后配成一种什锦糖，如果用 5 份甲种糖跟 7 份乙种糖混合后的什锦糖，比 7 份甲种糖跟 5 份乙种糖混合后的什锦糖每 500 克贵 2 元。求 500 克甲种糖比 500 克乙种糖便宜多少元？

【解题思路】 这道题可以根据已知条件，列一个二元一次方程来解答。

此题可列方程解答：

设甲种糖每 500 克为 x 元，乙种糖每 500 克为 y 元(因为题目中没有明确每份的具体重量，所以在这里将每份当做 500 克来解题是正确的)，依题意可列方程：

$(5x+7y)\div12-(5y+7x)\div12=2$

$2y-2x=24$

$y-x=12$(元)

验算：设甲种糖每 500 克为 3 元，则乙种糖每 500 克为 $3+12=15$(元)

$(3\times5+15\times7)\div12-(15\times5+3\times7)\div12=10-8=2$(元) 符合题意

答：500 克甲种糖比 500 克乙种糖便宜 12 元。

42 雷阿姨送孩子去省城上大学，由于高兴，便将每小时车速比原计划车速增加了 15 千米，结果所用时间是原计划的$\frac{4}{5}$；她返回时舍不得快速地离开省城，便将每小时车速比原计划车速减少了 15 千米，结果比原计划多用了 2 小时才到家。求雷阿姨的家离省城有多少千米？

【解题思路】 雷阿姨去省城时将车提速后，所用时间跟原计划时间比是 4∶5，那么提速后的速度跟原计划速度的比就是 5∶4，比原计划速度增加了$\frac{5}{4}-1=$

$\frac{1}{4}$，这$\frac{1}{4}$就是对应在原计划速度的基础上增加的那 15 千米，所以原计划速度每小时就是 $15\div\frac{1}{4}=60$（千米）；这样就知道雷阿姨返回时的速度每小时是 $60-15=45$ 千米，那么返回的速度跟原计划速度的比就是 $45:60=3:4$，所用时间比就是 $4:3$，比原计划多用了$\frac{4}{3}-1=\frac{1}{3}$的时间，这$\frac{1}{3}$就是对应在原计划的基础上增加的 2 小时，原计划时间就是 $2\div\frac{1}{3}=6$（小时）。现在知道了原计划的速度与时间，题目的答案就容易求出来。

可列式计算：

雷阿姨去省城，每小时车速增加 15 千米后，所用时间跟原计划时间的比是 $4:5$，则速度比为 $5:4$

原计划速度每小时为：$15\div\left(\frac{5}{4}-1\right)=15\div\frac{1}{4}=60$（千米）

返回时车速每小时为：$60-15=45$（千米）

返回时速度跟原计划速度的比是：$45:60=3:4$

返回时的时间跟原计划时间的比：$4:3$

原计划时间：$2\div\left(\frac{4}{3}-1\right)=2\div\frac{1}{3}=6$（小时）

雷阿姨家到省城距离：$60\times6=360$（千米）

验算：

去时时间是原计划的：$(360\div75)\div(360\div60)=\frac{4}{5}$

返回时比原计划时间多：$(360\div45)-(360\div60)=2$（小时）符合题意

答：雷阿姨家到省城的距离是 360 千米。

43 哥哥跟弟弟合运一堆红砖，如果各自单独运完，弟弟比哥哥所需时间多$\frac{1}{5}$；如果两人合作，等到运完时，弟弟比哥哥少运 300 块。求这堆红砖一共有多少块？

【解题思路】 在已知条件中，运完同一堆砖，弟弟比哥哥要多用$\frac{1}{5}$的时间，就是说，哥哥用$\frac{5}{5}$的时间，弟弟要用$\frac{5}{5}+\frac{1}{5}=\frac{6}{5}$的时间，也就是说，哥哥用 5 个小时做完的事情，弟弟需要6 个小时才能做完，由此可知，弟弟的工作效率是哥哥的$\frac{5}{6}$；明确了双方的工作效率后，可以继续往下分析，再看兄弟俩合作将这一堆砖运完，弟弟少运了 300 块这个已知条件，也可以说成是哥哥多运了 300 块，因为兄弟俩合作时，哥哥完成了$\frac{6}{6}$的工作量，弟弟完成了$\frac{5}{6}$的工作量，哥哥比弟弟多完成了$1-\frac{5}{6}=\frac{1}{6}$的工作量，这$\frac{1}{6}$就是哥哥多运的 300 块红砖，那么哥哥在合作过程中运了$300\div\frac{1}{6}=1\ 800$(块)，弟弟运了$1\ 800\times\frac{5}{6}=1\ 500$(块)。

可列式计算：

弟弟做完同一件事情，所需时间是哥哥的$1+\frac{1}{5}=\frac{6}{5}$

弟弟工作效率是哥哥的$\frac{5}{6}$

合作时哥哥多运 300 块红砖，是自身工作量的：$1-\frac{5}{6}=\frac{1}{6}$

合作时哥哥所运红砖：$300\div\frac{1}{6}=1\ 800$(块)

合作时弟弟所运红砖：$1\ 800\times\frac{5}{6}=1\ 500$(块) 或者 $1\ 800-300=1\ 500$(块)

这堆红砖一共有：$1\ 800+1\ 500=3\ 300$(块)

验算：

$3\ 300\div(6+5)=300$(块)

合作时哥哥所运红砖：$300\times6=1\ 800$(块)

合作时弟弟所运红砖：$300\times5=1\ 500$(块) 符合题意

答：这堆红砖一共有 3 300 块。

44 甲、乙、丙三人合种 63 棵果树，如果甲、乙两人合种，甲需要种 42 棵，乙种 21 棵；如果甲、丙两人合种，丙需要种 42 棵，甲种 21 棵。如果按照前面分配任务的方法，由甲、乙、丙三人同时种，各人应种多少棵果树？

【解题思路】这道题目其实是一道和倍问题。第一次甲种 42 棵，乙种 21 棵，说明甲的任务数是乙的 2 倍；同样的道理，在第二次种时，丙的任务数是甲的 2 倍；和倍问题需要找最小的那 1 倍量，这里的乙就是最小的 1 倍量，确定乙是 1 倍量后，那么甲就是 $1\times2=2$ 倍，丙就是 $1\times2\times2=4$ 倍；这样一来，他们三人一共就是 $1+2+4=7$ 倍。

可列式计算：

乙种果树：$63\div(1+2+4)=9$（棵）

甲种果树：$9\times2=18$（棵）

丙种果树：$9\times4=36$（棵）

验算：$9+18+36=63$（棵）符合题意

答：甲、乙、丙三人分别种果树 18 棵、9 棵跟 36 棵。

45 山上有段小路长 200 米，要在它的一旁，每隔 5 米种上一棵小松树，问一共能种上多少棵小松树？

【解题思路】植树问题的应用题，在题目中是有一些具体规定的。如果就这道题目而言，它可以出现三个答案，而且每个答案都可以说是正确的，这是为什么呢？因为规定不同，答案就会不一样，因为这道题目中没有说明具体规定，所以它可以有下面这三种答案。

情况一：如果小路两端都不种，种树棵数就是：$200\div5-1=39$（棵）

情况二：如果小路两端都种的话，种树棵数就是 $200\div5+1=41$（棵）

情况三：如果小路一端种，另一端不种的话，种树棵数就是：$200\div5=40$（棵）

（出这么一道题，主要是想提醒读者，植树类应用题的难度不太大，但如果不注意题目中已知条件的具体规定，也是容易出错的）

46 甲、乙、丙三人在路的同一旁，共种了 96 棵果树。现在从左往右数，从第 67 棵起都是甲种的；从右往左数，从第 73 棵起往左都是丙种的；问乙种了多少棵树？

【解题思路】根据已知条件来分析，甲种的树，是从左向右数的第 67 棵开始，说明第 67 棵树是甲种的，那么甲种的树就是 96－(67－1)＝30(棵)，这里(67－1)的意思就是说第 67 棵树是甲种的，只要减掉第 67 棵前面的那 66 棵就行了；同样的道理，丙种的树就是 96－(73－1)＝24(棵)；最后乙种的棵数就是总棵数减去甲、丙两人所种的树就行了，所以乙种的树就是 96－30－24＝42(棵)。

可列式计算：

甲种的树：96－(67－1)＝30(棵)

丙种的树：96－(73－1)＝24(棵)

乙种的树：96－30－24＝42(棵)

验算：30+42+24＝96(棵) 符合题意

答：乙种了 42 棵树。

47 某学校在教室到图书馆的小路两旁，以前采用封闭方式，每相距 3 米远种一棵小树，一旁共种了 25 棵。现在要将它们的株距从 3 米改为 4 米，请问，仍在原地不需要移动的小树有多少棵？

【解题思路】这道题应该这样想，先分析小路一旁的情况，到时再乘以 2 就行了；这一旁以前是 3 米一棵，现在是 4 米一棵，那么不移动的小树，只能在 3×4＝12(米)的倍数距离上；接着还要求出这段小路的距离来才行，由于是封闭植树，路的两端都种了一棵小树，其中的一棵是不占距离的，那么这条小路的长度就是(25－1)×3＝72(米)，72÷12＝6(棵)，因为这 6 棵只包括小路一端的那一棵，没有包括另一端的那一棵，所以，再把另一端的那一棵加进来就行了，即 6+1＝7(棵)不用移动；因为小路两旁都种了小树，这里要乘以 2，所以不需要移动的小树是 7×2＝14(棵)。

可列式计算：

小路的长度：(25－1)×3＝72(米)

小路一旁不需要移动的小树：72÷(3×4)+1＝7(棵)

小路两旁不需要移动的小树：7×2＝14(棵)

答：小路两旁不需要移动的小树是 14 棵。

48 某学校有180名运动员参加市里体育运动会的入场仪式，他们每5人排成一行，前后每行的间隔距离为1米。主席台全长25米，他们以每分钟30米的速度行走，求这个学校运动员的方队通过主席台用了多少分钟？

【解题思路】这道题跟植树问题有点相似，但又不完全相同。这180名运动员每5个人一行，可以先求出他们能排180÷5＝36(行)，再根据每行的间隔距离来求出队伍的总长；因为这36行总有1行(无论是从前往后，或是从后往前计算)是不占距离的，所以队伍的长度为：1×(36−1)＝35(米)。再将队伍的长度加上主席台的长度一共是35+25＝60(米)，这就是这个方队通过主席台的总距离(因为从方队第一行进入主席台的一端开始，到方队最后一行离开主席台的另一端结束，正好等于方队长度加主席台的长度，这跟火车过桥过隧道的道理是一样的)；现在知道了应该通过的距离跟队伍行走的速度，将距离除以速度就是方队通过主席台的时间60÷30＝2(分钟)。

可列式计算：

运动员排成的行数：180÷5＝36(行)

运动员队伍的长度：1×(36−1)＝35(米)

队伍通过主席台的时间：(35+25)÷30＝2(分钟)

答：某学校运动员方队通过主席台用了2分钟。

49 公园要在边长为100米的正方型地块上植树，每两棵树之间相距5米，且要求每条边上能数出20棵树来，求一共需要植树多少棵？

【解题思路】这道题的关键点是正方型四角上的那4棵树，它们在横线跟竖线上都要被数一次，有一棵当两棵来数的作用；所以计算这道题时应该考虑到这4棵树的重复计算问题，要用实际长度除以两树之间的距离后，记得减去4棵就行了。

可列式计算：

100×4÷5＝80 (棵)

80−4×1＝76(棵)。

答：一共需要植树76棵。

50 甲、乙两人沿着一块园型花坛的周围向同一方向行走。他俩一边走一边数花坛周围种的茶花树棵数。甲数到的第 18 棵茶花树，在乙这里是第 6 棵；甲数到的第 7 棵茶花树，在乙这里是第 66 棵。求这花坛周围一共种了多少棵茶花树？

【解题思路】这甲、乙两人是一前一后在花坛散步，且开始进入花坛的地点也不一样。从甲数的第 18 棵是乙数的第 6 棵这个已知条件知道，甲在前，乙在后，且双方的起步点相距 18−6＝12(棵)，由此可知，乙是把甲数的第 13 棵，当做第一棵来数的；从甲数的第 7 棵是乙数的第 66 棵这个已知条件知道，乙从甲的第 13 棵数起，现在又将甲数过的 1 至 7 棵也数进去了，那么，除了这 66 棵，乙没有数到的，就是前面还有 12−7＝5(棵)，也就是甲开始数的 8、9、10、11、12 这 5 棵；因此，花坛周围的茶花树数，应该以乙已经数过的 66 棵加上没有数到的 5 棵为正确数字，就是说，花坛周围的茶花树是 71 棵(这道题可以直接回答，要写出计算步骤也行)。

可列式计算：

刚开始甲数过乙没有数过的棵数：18−6＝12(棵)

乙数到 66 棵时还没有数完的棵数：12−7＝5(棵)

花坛周围共有茶花树棵数：66+5＝71(棵)

答：花坛周围共有茶花树 71 棵。

51 张师傅做好两个圆柱形木桶后，虽然高度不一样，但是两个木桶的装水量相同。接着他量出两木桶的高分别是 75 厘米跟 60 厘米，等下午放学后，他家读小学的孩子帮他计算出矮木桶的底面积是 380 平方厘米。求张师傅这个高木桶的底面积是多少平方厘米？

【解题思路】题目中给出两个木桶装水量相同的已知条件，其实就是说两个木桶的体积相等；因为圆柱体木桶的体积等于底面积乘以高，那么矮木桶的体积是 380×60＝22 800(平方厘米)；已知两个木桶的体积相同，现在知道了矮木桶的体积(等于知道了高木桶的体积)，又知道高木桶的高是 75 厘米，再用矮木桶的体积除以高木桶的高，就是高木桶的底面积了。

可列式计算：

矮木桶的体积：380×60＝22 800(平方厘米)

高木桶的底面积：22 800÷75＝304(平方厘米)

答：高木桶的底面积是304平方厘米。

52 一棵树有30米高，一只蜗牛从树下开始往上爬，它每个白天往上爬6米，晚上往下爬4米，求这只蜗牛多少天才能爬到树顶?

【解题思路】这道题目只要知道一个关键点就行了，就是当蜗牛第一次爬上树顶后，它就不用再往下爬了；它平时每天(24小时)只往上爬6-4=2(米)，但是到最后一天就不是这种情况了，最后那天它从24米的地方，往上爬了6米，到达树顶后就算完成了任务，所以在解答题目时，记得区别对待最后这一天，就能找出正确答案来。

可列式计算：

$(30-6)\div(6-4)+1=13$(天)

答：蜗牛用13天就能爬到树顶。

53 某市自来水公司对居民用水实行阶梯价格。用水在20立方米以内，每立方米水价为2.9元；在20(含20)至30立方米以内，每立方米水价为3.6元；在30(含30)立方米以上部分，每立方米水价为4.5元。陈大爷家7月份用水42立方米，求陈大爷家应交水费多少元?

【解题思路】这种阶梯水价，只要对照自来水公司的具体规定，将每个区间的费用算准确就行了。不过这里还要注意一个问题，因为已知条件中出现了(含20)跟(含30)的字眼，说明20跟30立方米这两个数字是往上一个区间计费的，清楚了这一点，要算出陈大爷家7月份的水费就容易了。

可列式计算：

陈大爷家7月份的水费：$19\times2.9+(29-19)\times3.6+(42-29)\times4.5=55.1+36+58.5=149.6$(元)

答：陈大爷家7月份应交水费149.6(元)。

54 某饭店老板为了吸引客人增加消费金额，他想出了一个阶梯打折办法，就是以菜单的标价为依据，消费金额越多，折扣越大。他的办法是，消费200元以内不打折，200(含200)至300元部分按85%结算，300(含300)至500元部分按80%结算，500(含500)元以上按70%结算。某次钟老板在该店请客，按店里菜单标价消费了800元，求钟老板需要实际付款多少元?

【解题思路】这是一道按规定结账的题目，只要懂得计算方法，把各部分的折扣计算到位就行了。

可列式计算：

钟老板应付款：199+(299−199)×85%+(499−299)×80%+(800−499)×70%=199+85+160+210.7=654.7(元)

答：钟老板实际付款 654.7 元。

55 哥哥跟弟弟合砌 9 600 块红砖，哥哥比弟弟每小时多砌 50 块，弟弟先砌 6 小时后，哥哥跟弟弟在一起，用了 12 小时才将这 9 600 块红砖砌完。求哥哥跟弟弟每小时各砌多少块红砖？

【解题思路】题目中的已知条件暂时不可比，需要把不可比的数字变成可比的数字才可以。哥哥工作了 12 小时，每小时比弟弟多砌 50 块，可以暂时先把哥哥这 12 小时多砌的红砖数减出去，那么他就跟弟弟的速度是一样了，这样就相当于弟弟工作了 12×2+6=30(小时)，砌完了 9 600−50×12=9 000(块)；这样一转换，条理就清楚了。

可列式计算：

哥哥 12 小时多砌：50×12=600(块)

弟弟每小时砌：(9 600−600)÷(12×2+6)=300(块)

哥哥每小时砌：300+50=350(块)

验算：350×12+300×(6+12)=9 600(块) 符合题意

答：哥哥跟弟弟每小时分别砌红砖 350 块跟 300 块。

56 在与铁路平行的一条公路上，一列火车先通过一辆同向而行的电动车，从车头与电动车并排到车尾离开用了 30 秒，电动车速度是每小时 18 千米；接着就用同样的方式 10 秒通过了一辆相向而行的小车，小车速度是每小时 72 千米。求这列火车的长度是多少米？

【解题思路】这道题目先要理解同向而行跟相向而行的意思。火车跟电动车同向而行，在通过的时间里，火车不但要跑完自身的长度，还要跑完电动车在这段时间里跑的路程；火车跟小车相向而行，是火车跟小车合起来跑完火车自身的长度(这里问火车长度是多少米，应该把电动车跟小车的速度换算成每秒多少米来计算)。电动车速度每秒为 18 000÷3 600=5(米),小车速度每秒为 72 000÷3 600=20(米);因为火车的速度在前后是相等的,现在来分析它前后两次跑的距离,第一次火车跟电动车同向而行,它除了跑完自身长度的距离外,还跑完了电动车在 30 秒里跑的 5×30=150(米)距离;第二次火车跟小车相向而行,它不但没跑完自身长度的距离,还比自身长度少跑了小车在 10 秒跑的 20×10=200(米)距离;从这里可以知道,火车第二次少用了 30-10=20(秒),少跑了 150+200=350(米),说明火车速度每秒为 350÷20=17.5(米);知道了火车的速度,就可以计算出火车的长度来。

可列式计算:

火车速度每秒为:(5×30+20×10)÷(30-10)=17.5(米)

火车的长度:17.5×30-5×30=375(米) 或者 17.5×10+20×10=375(米)

答:火车车身全长 375 米。

此题还可列方程解答:

设火车车身全长 x 米,依火车速度相等的关系可列方程:

$(x+5\times30)\div30=(x-20\times10)\div10$

$30x-6\ 000=10x+1\ 500$

$20x=7\ 500$

$x=375$

答:火车车身全长 375 米。

57 甲、乙两人同时在同一银行存款 6 万元,甲存的是三年定期,乙采用的方法是存一年定期,到期后他立即将利息取出,再将本金继续存一年。银行三年期的年利率是 2.85%,一年期的年利率是 1.92%,等到三年到期时,求甲、乙两人的银行利息相差多少钱(乙每年取出的利息没有继续存银行)?

【解题思路】在回答此题前要清楚银行的一个规定,凡是定期存款的利率指的都是年利率。如果客户存一年的定期,等到存满一年后,银行会在客户存款本金的基础上,一次性增加 1.92%的利息给客户,而不是每月都按这个利率来付利息的;知道了银行的这种付利方式后,就可以计算出甲、乙两人各自应得的利息了。

可列式计算：

甲应得利息：60 000×2.85%×3 = 5 130(元)

乙应得利息：60 000×1.92%×3 = 3 456(元)

甲比乙多得利息：5 130−3 456 = 1 674(元)

答：三年到期时，甲比乙多得利息 1 674 元。

58 某儿童娱乐场平时入场券 50 元一张，为了增加游客，星期天将入场券降价出售。如果降价后游客增加 50%，而收入增加 20%，求每张入场券降价多少元？

【解题思路】遇到这类没有具体游客人数的题目，可以假设降价前后的一个具体游客人数来计算，这样通俗易懂一些。假设平时游客是 10 人，收入为 50×10 = 500(元)，则降价后游客是 10×(1+50%) = 15(人)，收入为 500×(1+20%) = 600(元)；用 600÷15 = 40(元)，用 50−40 = 10(元)，这 10 元就是每张入场券降价的金额。

可列式计算：

假设平时的游客是 10 人，则星期天游客为 15 人。

平时 10 人游客收入：50×10 = 500(元)

星期天 15 人游客收入：500×(1+20%) = 600(元)

星期天每张入场券价格：600÷15 = 40(元)

星期天每张入场券降价：50−40 = 10(元)

答：星期天每张入场券降价 10 元。

此题还可设未知数来解答：

设平时游客是 $2x$ 人，则收入是 $2x×50 = 100x$

那么降价后的游客是 $3x$ 人，则收入是 $100x×(1+20\%) = 120x$

星期天降价后入场券的价格：$120x÷3x = 40$(元)

星期天每张入场券降价：50−40 = 10(元)

答：星期天每张入场券降价 10 元。

59 大胜家的墙上有一个挂钟，这个挂钟每到整点就会通过来回晃动的钟摆自动报时，是几点就会响几声。大胜发现 7 点时挂钟用 12 秒钟响完 7 声，求挂钟在11点报时的时候，需要几秒钟才能响完11声？

【解题思路】挂钟几点响几声，第一次响声是不占时间的，以后每响一次的中间都有一次相等的停顿时间；挂钟7点时响7声，其实只有6次停顿时间，那么它每次的停顿时间为$12 \div (7-1) = 2$(秒)；由此可知，挂钟在11点报时，虽然响11声，但中间只停顿10次，所以需要$2 \times (11-1) = 20$(秒)。

可列式计算：

挂钟从第2次响声起，每次响声前停顿时间：$12 \div (7-1) = 2$(秒)

11时报时需要：$2 \times (11-1) = 20$(秒)

答：挂钟在11点报时的时候，需要20秒钟才能响完11声。

60 甲、乙两数的和为327.8，如果甲数的小数点往右移动一位后就跟乙数相等，求乙数是多少？

【解题思路】已知条件说，如果甲数的小数点往右移动一位后就跟乙数相等，其实就是说，甲数是乙数的$\frac{1}{10}$，乙数是甲数的10倍，因为任何小数的小数点往右移动一位，就是将自身扩大到10倍；清楚了这一关键点以后，就可以用和倍问题的计算方法来运算，这里的甲数是最小数，是1倍，乙数是10倍。

可列式计算：

甲数为：$327.8 \div (1+10) = 29.8$

乙数为：$29.8 \times 10 = 298$ 或者 $327.8 - 29.8 = 298$

答：乙数是298。

此题还可列方程解答：

设乙数为x，则甲数为$\frac{x}{10}$，依甲、乙两数和可列方程：

$$x + \frac{x}{10} = 327.8$$

$$10x + x = 3\ 278$$

$$11x = 3\ 278$$

$$x = 298$$

$$\text{甲数} = 298 \times \frac{1}{10} = 29.8$$

验算：298+29.8=327.8 符合题意

答：乙数是 298。

61 弟弟骑自行车，哥哥步行，弟弟的速度是哥哥的 3 倍，两人同时去离家 1 500米远的舅舅家。在途中某地，弟弟的自行车坏了，便修理了若干分钟，当哥哥到达舅舅家时，弟弟还离舅舅家 300 米。求弟弟修理自行车时，哥哥步行了多少米？

【解题思路】此题可以这样想，如果弟弟不修理自行车，当哥哥走完 1 500 米到舅舅家时，弟弟应走完 1 500×3=4 500(米)的路程，现在比应走的路程少了 4 500-(1 500-300)= 3 300(米)；这 3 300 米就是弟弟修理自行车时少走的路程，因为弟弟的速度是哥哥的 3 倍，所以哥哥在弟弟修理自行车时，步行了 3 300÷3=1 100 米。

可列式计算：

哥哥到舅舅家时，弟弟应走完路程：1 500×3=4 500(米)

弟弟实走路程：1 500-300=1 200(米)

弟弟因修车少走路程：4 500-1 200=3 300(米)

弟弟修车时哥哥所走路程：3 300÷3=1 100(米)

验算：除了修车时间，弟弟行了 1 200 米，除了弟弟修车时间哥哥走的 1 100米外，哥哥走了 1 500-1 100=400(米)。弟弟速度是哥哥的：1 200÷400=3 倍 符合题意

答：弟弟修车时哥哥走了 1 100(米)